소금꽃나무

소금꽃나무

1판 1쇄 | 2007년 5월 10일
1판19쇄 | 2023년 3월 13일

지은이 | 김진숙

펴낸이 | 안중철, 정민용
책임편집 | 박미경
편집 | 윤상훈, 이진실, 최미정

펴낸 곳 | 후마니타스(주)
등록 | 2002년 2월 19일 제2002-000481호
주소 | 서울 마포구 신촌로14안길 17, 2층 (04057)
전화 | 편집_02.739.9929/9930 영업_02.722.9960 팩스_0505.333.9960

블로그 | humabook.blog.me
트위터, 페이스북, 인스타그램 | @humanitasbook
이메일 | humanitasbooks@gmail.com

인쇄 | 천일문화사_031.955.8083   제본 | 일진제책사_031.908.1407

값 12,000원

ⓒ 김진숙, 2007
ISBN 978-89-90106-38-4 04300
     978-89-90106-16-2 (세트)

이 도서의 국립중앙도서관 출판시도서목록(CIP)은 e-CIP 홈페이지(www.nl.go.kr/ecip)에서
이용하실 수 있습니다(CIP제어번호: CIP2007001323).

소금꽃 나무

우리시대의 논리 ⑤

김진숙

차 례

서문 7

하나 / 이 땅에서 노동자로 산다는 것

20년 만의 복직 13
동네 사람들아! 24
음지 27
그 시절의 이력서 33
사는 것 같던 날 51

둘 / 거북선을 만드는 사람들

"난 일기짱으루다 갈키여" 61
일편단심 상집 78
땜쟁이 발등 93
노동자 훈장 101

넷 / 더 이상 죽이지 마라!

끝나지 않은 기다림 113
전태일과 김주익의 유서가 같은 나라 119
준하에게 125
호루라기 사나이, 그를 아십니까? 131
오래된 미래 137
언제 밥그릇에 불이 붙을지 몰라 기름밥이지요 143

넷 / 비정규직은 정규직의 미래다

봄이 오면 무얼 하고 싶으세요? 151
그때 우리는 158
노동자와 예술가 164
반성문 170
나이팅게일의 꿈 177
아내들에게 183
사회적 교섭과 조카 188

다섯 / 손가락을 모아 쥐면 주먹이 된다

'차부상회' 민근부의 고백 197
박근혜에게 보내는 편지 200
눈이 없는 용 207
봄은 만인에게 평등했는가 216
학번에 대하여 224

여섯 / 상처

어머니, 내 사랑하는 어머니 231
해고된 동지에게 236
돌아온 아이 240
부고 없는 죽음 243
우리들의 행복한 시간 247
항소이유서 250

부록 / 조공노동자 신문과 노동조합 277

책을 내며

1

잎사귀도 없이 꽃만 흐드러지게 피어나는 나무를 본 적이 있는가.
황금이 주렁주렁 열리는 나무를 본 적이 있는가.
아침 조회 시간에 사람들이 '나래비'를 죽 서 있으면 그들의 등짝엔 허연 소금꽃이 만개하곤 했다.
내 뒤에 선 누군가는 내 등짝을 또 그렇게 보며
"화이바 똑바로 써라. 안전화 끄내끼 단디 매라. 작업복 단추 매매 채아라."
그 지엄하신 훈시를 귓등으로 흘리고 있었을 게다.
이른 봄 피어나기 시작해서 늦가을이 되어서야 서러이 지는 꽃.

2

나는, 글을 잘 쓰는 사람은 아니다.
중학교 때 일기장에 칼을 그리고 선생한테 얻어맞은 뒤로
일기조차 진실을 은폐한 관제 일기만 썼고
글 쓰는 걸 취미로 삼아 본 적도 없다.

원고지를 쓰는 법은 이렇고,
편지를 쓸 때는 상대방의 안부를 먼저 묻고,
그날의 기후를 쓰고 어쩌고 하는 '쓰잘데기' 없는 지식이
내가 배운 작문 교육의 전부다.
그런 내가 지금껏 썼던 글들은 원고지에 쓸 수가 없는 글이었다.

3

한진중공업에서 해고된 뒤 난 철저히 격리되었고
가슴속에선 비등점을 넘어선 뭔가가 늘 들끓어 넘쳐흘렀다.
글을 쓰고 싶었던 게 아니라 말을 하고 싶었다.
억울하다고, 이럴 수는 없는 거라고, 난 빨갱이가 아니라고…….
회사 앞에 나타나는 순간 우악스러운 손들이 내 입을 틀어막았고 내가
가장 빈번히 출입하던 곳은 유치장이었다.
그때 현장에 있는 아저씨들과 소통할 수 있는 유일한 방법이 유인물이었다.
밤새 쓰고 가리방 긁어 등사기로 밀고
동이 미처 트지도 않은 새벽에 한진 아저씨들이 모여 사는 영도 산복도로
기울어 가는 집집마다 그 유인물을 끼워 놓는 일이
그때 내가 할 수 있는 유일한 일이었다.
그렇게나마 할 수 없었다면 아마도 난 살 수 없었을 것이다.

4

난 아직도 세상을 바꾸고 싶다.
인간이 돈에 왕따당하는 이 지리멸렬의 세상은 바뀌어야 한다.
이 땅 이 강산 공장마다, 사무실마다 울울창창 흐드러지게 소금꽃을 피우며 서 있는 나무들.
그 나무들이 500년 전 남해 바다를 주름잡던 거북선을 만들었다.
배를 만들고, 차를 만들고, 길을 만들고, 집을 만들고, 기름을 만들고, 전기를 만들고, 전화를 만들고, '포크레인'을 만들고, TV를 만들고, 컴퓨터를 만들고, 빵을 만들고, 밥을 만들고, 옷을 만들고, 신발을 만들고, 김을 만들고, 우유를 만들고, 시계를 만들고, 종이를 만들고, 악기를 만들고, 술을 만들고, 술 깨는 약을 만들고…….
그야말로 세상을 만들어 온 것도 그들이고, 청소를 하고 쓰레기를 치우는 것도 그들이고, 온갖 재화를 생산하는 것도 그들이고, 그 재화를 지켜 주는 것 또한 그들이다. 바다 위를 달리고, 길 위를 달리고, 하늘을 가르는 것도 그들이다. 아픈 이들에게 희망을 주는 것도 그들이고, 아이들에게 꿈을 심어 주는 것도 그들이다.

5

그럼에도 단 하루도 세상의 주인이 될 수 없었던 노동자들.
그들이 세상의 주인이 되기까지 싸우고, 쫓기고, 잡혀가고,

쫓겨나고, 그리고 죽어 가는 일들이 일상처럼 이어질 것이다.
지금 이 순간에도 누군가는 싸우고 있고 오늘도 사무실 앞엔 빈소가 차려져 있다.
그들의 한 맺히고 처절한 이야기를 만인이 공감할 수 있는 언어로 풀어낼 능력이 모자란다는 게 부끄럽고 죄송스러울 뿐이다.

6

후마니타스라는, 좀체 와 닿지 않는 이름의 출판사에서 연락을 받았을 때, 처음엔 가당찮은 일이라고만 생각했다. 그따위 걸 책이랍시고 만드느라 잘려 나갈 나무가 아까운 일이라고 생각했다. 그러다가 한 가지 욕심과 끝내 타협했다. 성찰할 때가 되지 않았나…….
민주노조 운동 20년.
부모형제 내팽개치고 살면서 내가 이 바닥에서 온몸으로 굴러온 게 20년이 넘었는데, 두렵더라도 나부터 돌아볼 때가 되지 않았나.

허덕거리며 살다 보면 불현듯 고향에 몹시 가고 싶은 날이 있듯이.

하나 / 이 땅에서 노동자로 산다는 것

사진ⓒ 노순택

세상을 새롭게 보게 되었다. 내가 곧 그들이라는 사실이
이제 더 이상 부끄럽지도 치욕스럽지도 않았다. 같이 살아야 된다는 생각.
내가 달라져야 그들이 달라진다는 생각. 그들이 딛고 선 땅이 변화해야
내가 딛고 선 땅도 변화한다는 생각. 눈물은 곧 다짐이 되었고 가슴 벅찬 환희가 되었다.
인간이 참 고귀한 존재라는 생각이 처음으로 들었다.

20년 만의 복직

그때 17년 전, 세상 그 많은 사람들이 오로지 탈퇴자와 해직자로만 인류를 구성했던 시절. 한쪽은 외로워도 슬퍼도 내놓고 울 수도 없었던 캔디가 되고, 또 한쪽은 기운 센 천하장사 무쇠로 만든 마징가제트처럼 느닷없이 살아야 했던 그때.

옥이라는 친구가 있었다. 모든 남자는 다 '짭새'들로 보이고, 버스에서 내릴 때도 맨 마지막에 내리고, 바로 앞에 목적지를 두고도 빙빙 돌아 다녀야 했고, 다방을 가건 식당을 가건 뒷문과 퇴로를 확인하고야 자리에 앉을 수 있었던 수배 시절, 내게 옷을 주고 밥을 주고 잠자리를 주던 친구였다.

"니보덤 똑똑헌 사램덜 말캐 다 빠지는데 니가 와 거 들어가 이 난리버꾸를 직이노? 전교조 안 해도 니만 깨깟게 하고 아아들한테 돈 안 받고 지금맨치로 그라먼 될 거 아이가? 오늘 학교 가거들랑 내는 피치 못할 집안 사정도 있고 이래이래 해가 인자 빠질랍니다, 그라고 오이라이. 어이?"

몇 번씩이나 되풀이되는 어머니의 성화로 불편한 아침이 시작됐고,

"그래 하고 왔나? 니가 우짤라꼬 이라노, 이라기를. 어이? 아무캐도 집터를 잘못 잡았기나 조상 무덤을 잘못 썼기나 구신이 곡절을 한 기

아이먼 이랄 수가 읎다. 이기 무신 곡절이고, 곡절이."

퇴근하는 딸내미를 기다리며 대문 앞에서부터 시작된 어머니의 장탄식은 자정을 넘어서면 "니가 질게 이라민 내가 마 팍 죽어 뻴끼다." 하는 협박으로 뒤숭숭한 꿈자리까지 이어지곤 했다.

교장이나 교감한테서 집으로 전화가 온 날은 그 강도와 빈도가 훨씬 심했고, 그런 공간에선 전교조가 추구하던 이상은 더 이상 해맑지도 않았고 참교육의 꿈이 뽀얗지도 않아, 가족 모두가 등을 돌리고 앉아 각자의 신경세포를 줄톱으로 날카롭고 뾰족하게 갈아 전교조가 드리운 암운을 무찔러대는 게 할 수 있는 일의 전부였다.

어느 날. 여름방학 시작 무렵이었다고 기억한다. 더는 피할 수 없었던 교장의 전화를 이 친구가 받을 수밖에 없는 날이 있었고, 방학 중 학교로 향하는 이 친구의 곁을 동행한 날이 있었다. 힘이 되고자 했다기보다는 내가 이러고 있는데 니가 탈퇴를 해? 솔직히 그런 마음이었다.

그 친구가 교장실로 들어간 뒤 나는 학교 운동장 한가운데서 폭포처럼 쏟아져 내리던 한여름 햇살을 고스란히 받으며 나무처럼 몇 시간을 서 있었다. 그 친구가 당할 고통의 시간을 그렇게라도 나누고 싶었던 의리의 차원이 아니라, 그 친구가 탈퇴서를 쓰고 나온다면 추상같이 들이밀 원칙 같은 게 필요했기 때문이었을 거다.

점심도 굶고 사위어 가던 햇빛 탓이었을 테지만, 저만치 흔들리며 허깨비처럼 계단을 걸어 내려오던 친구. 그날 태양은 서산으로 진 게 아니라 그 친구의 눈 속에서 서럽게 지고 있었다.

땅만 보고 걷다가, 영도다리 위에서 그 친구 걸음을 멈추고. 그때도 나는, 탈퇴했다는 말을 듣게 되면 내가 해야 할 비판이나 충고 종류의 수칙 같은 말들만 가슴속에 잔뜩 재어 놓고 있었다.

이미 검어진 바다는 장마 진 여름날 툇마루에서의 낮잠처럼 끈적이며 혼곤히 뒤척이는데, "죽고 싶어." 옥이는 그 바다를 보며 그렇게 말했다. 게으른 도시의 바다마저 당황스러워했을 그 절망 앞에, 내가 지닌 것의 전부였던 주옥 같은 원칙들은 별안간 사소하기 짝이 없어졌고, 그 뒤 우리는 마주 보는 일, 웃는 일을 도무지 할 수가 없어서…… 헤어졌다.

그 뒤로 10년, 합법화되어 마침내 학교로 돌아가는 선생님들을 보면서 나는 그 갈채 뒤에 숨죽인 수많은 옥이들을 떠올렸다. 느닷없이 끌어안고 살아야 했던 그이들의 부채감에 대해, 막상 복직하는 당사자보다 사실은 더 기뻤을 터이나 내놓고 기색하는 것조차 조심스러웠을, 마침내 그이들의 안도감에 대해, 그 안도감을 얻기까지…….

정문 앞에서 끌려 나가던 동료들을 창문 너머로 지켜볼 수밖에 없었던 무수한 자괴감에 대해, 피켓을 들고 서 있는 동료들을 밖에 둔 채 들어가서는 수많은 시간을 죽고 싶은 채 살아 있어야 했던 열패감에 대해, 그리고 비겁이라는 감옥을 제 손으로 짓고 제 발로 들어가 10년을 장기수로 복역해야 했던 그들이 그 감옥에서 이제는 출감하기를 진심으로 바랐다.

그리하여 따뜻한 밥상 앞에서 더 이상 목 메지 않기를, 누군가가 두들겨 맞는 시위 장면을 보더라도 더 이상 채널을 돌리지 않기를, 빨래를 걷다 말고 멍하니 하늘을 바라다보는 일이 없기를, 아이들에게 정의라는 단어를 말할 때, 도리 같은 단어를 말할 때, 공연히 창밖을 바라보는 일이 더 이상은 없기를…….

한진중공업 해고자로 만 20년을 견뎠던 박영제 형, 이정식 형이 새해 1월 1일 복직을 한다.

단지 나 때문에 해고됐다고 말하면 그 형들의 신념이나 자존감들을 폄훼하는 일이 될 수도 있겠으나, 그것과는 상관없이 20년 세월 내가 지니고 있었던 건 분명 부채감이었다. 말당을 키운 건 8할이 바람이었을지 모를 일이나 나를 여기까지 꾸역꾸역 떠메고 온 9할은 사실 부채감이었다. 저들이 저 자리를 지키고 있는 한 내가 먼저 떠날 수는 없는, 그러면 어디 가서 뭔 일을 하고 살더라도 필시 응징을 당하고야 말 것 같은…….

이제 와 말이지만 떠나고 싶은 날들이 얼마나 많았는지. 이제는 정말 벗어나고 싶었던 순간들이 얼마나 시시때때였는지. 그래서 내가 막 못되게 굴어도, 고랑을 파고도 남았을 상처들을 주었음에도 날 한번 세우지 않던 그들의 둔함이, 쇠심줄 같던 늑수굿함이 권태기처럼 지긋지긋했던 날들이 또 얼마나 많았는지. 제발 내일 아침에는 저들 중 누구 하나라도 안 나타나기를, 힘들어서 더는 못 하겠다 취중이라도 선언해 주기를 얼마나 빌었는지. 차마 먼저 가겠단 말은 못 하고 그걸 빌미로라도 그만 떠나고 싶을 만큼 고단했던 날들.

질풍은 일언반구도 없이 외부로부터 불어 닥쳤고, 의지와는 별개로 노도가 되어 내달려야 했던 우리들의 청춘. 내가 스물여섯, 정식이 형 스물일곱, 영제 형 스물여덟.

그래서 나는 청춘이 참 싫다. 떠올리는 것만으로도 지레 여기저기 쑤시고 아픈 대공분실, 세 번의 부서 이동, 대기 발령, 해고, 그리고 출근 투쟁……. 머리띠를 매 본 적도 없었고, 남들이 맨 걸 본 적도 없었고,

복수에 빛나는 총탄 같은 물건이 세상에 있는 줄도 모르던 천둥벌거숭이 때였다.

우린 저길 들어가야 한다고, 저기 '화이바'도 있고 안전화도 있고 작업복도 있고 공구통도 있고 수건도 빨아야 하고 쥐가 안 먹게 비누 뚜껑도 챙겨야 한다고, 들어가게 해 달라고 경비 아저씨들 팔에 대롱대롱 매달리는 게, 그때 우리의 출근 투쟁이란 거였다. 싸우러 간 놈이 경비 아저씨를 보면 저절로 인사를 하게 되던 오래된 노예 습성조차 부끄러운 줄 모르고 자행하던 때였다. 그런데 지금 생각하면 웃기도 민망한 그 남루한 출투에 대한 대접은 너무나 심오했다.

어용노조 간부 수십 명, 회사 관리자 수백 명, 경비 수십 명, 그걸로도 우리 세 사람의 막강한 힘을 감당할 수가 없어, 국가기간산업을 불순분자의 준동으로부터 사수하기 위해 등장한 공권력, 그리고 줄지어 선 닭장차들. 많이 맞았다. 수천 대도 더 맞았고, 수백 번도 더 짓밟혔다. 매일 아침마다. 배나 허벅지처럼 표면적이 넓은 부위엔 발자국이 그대로 멍 자국으로 찍혀 있는 날도 있었다. 그렇게 맞으면서도 그때는 욕 한마디 할 줄 몰라 "왜 파! 왜 자꾸만 파!"만 입술에 침버캐가 허옇게 말라붙도록 되풀이했던 진짜 촌스러운.

어느 날 밤엔 회사 앞에서 식당을 한다는 아주머니가 일부러 내 자취방까지 오셔서, "그래 뚜디리 맞아 가매 말라꼬 맨날 오노. 어데 치직할 데 없이모 내가 치직 시키 주꾸마. 지발 낼버턴 오지 말그라. 너거 그라는 거 아칙마다 보머 하로 왼종일 심장이 고마 벌렁거리 싸서 살 수가 읎다. 그라다 죽어 삐모 누가 알아줄끼고. 니야 죽어 삐모 고마이라 생각카겠지

하나 / 이 땅에서 노동자로 산다는 것　17

마 맞아 죽으모 저승인들 지대로 가겄나. 억울해가 우예 가겄노. 그 몸띠로 저승이나 찾아가겄나. 느그도 부모가 기시고 헹제가 있일 거 아이가. 부모 헹제간이 그 꼴로 봤다 캐 바라 그 가심이 으떻겄노. 전 길래 만 갈래 안 째지겄나. 지발이지 한 날이라도 더 산 내 말 듣고 다시는 오지 말그라 이. 어디 먼 디로 가가 안 보고 살모 고마 이자 삐고 살아진다." 신신당부를 하고 가시기도 했다.

언젠가부터는 아예 집 밖을 나오지 못하게 집 주변을 겹겹이 둘러싸고도 남아 산복도로 위까지 진을 친 그들을 보며, 주인 할머니는 "저 사램덜은 쥐두 새두 몰르게 사램을 쥑이." 하는 말씀을 "저짝 뻘갱이덜보덤 이짝 퍼랭이덜허구 양코배기덜이 더 쥑였어. 그 늠덜은 들어올 때 쥑이구 나갈 때두 죄 쥑이구덜 나갔어." 하며 목소리를 낮추시고 '에무완'이라는 총의 방아쇠를 당기는 시늉까지 하시던 '육니오즌쟁' 얘기만큼이나 은밀하게 하셨다.

그런 말들이 아니어도 충분히 무서웠다. 꿈에서조차 울었던 시간. 머리 밑이 아파 베개를 벨 수도 없었고 머리에 손이 가면 암 환자처럼 한 움큼씩 묻어나던 머리카락들. 밤마다 떨어진 단추 다시 달고 뜯어진 바지랑 남방을 일과처럼 꿰매고 자리에 누우면 공포만이 저 혼자 밤을 새워 땅을 갈아 씨를 뿌리고 잎을 틔우고 울울창창한 숲을 이루어 비옥한 영토를 늘려 가던 밤들. 미네르바의 부엉이처럼 밤이 이어지기를 간절히 빌었던 시간.

그래도, 그럼에도 불구하고 가야 했던 건 오로지 그들이 거기 오기 때문이었다. 단 한 번도 위로 같은 걸 서로에게 해 준 적은 없으나 나만 당하는 사변이 아니라는 유일무이한 위안.

쓰다가 생각난 일.
매일 아침 만나 거의 하루 종일 붙어 다녔는데, 어느 날 두 사람 모두 안 보이던 날이 있었다. 대공분실, 그냥 덮어놓고 무작정 거기가 가장 먼저 생각나던 그런 시절이 분명 있었다. 두 번을 보자기 덮어쓴 채 오갔던 길이었다. 극도로 공포스러운 상황에선 오감이 참으로 예민해지는 경험을 그때 했다. 감으로만 더듬어 찾아갔는데, 거기에 그곳이 있었다.
좌천동에 있는, 간판엔 버젓이 한국해양개발공사라고 쓰여 있는, 군인들이 총 들고 서서 해양을 개발하는 곳. 박영제 내놓으라고, 이정식 내놓으라고, 혼자 미친 듯이 소리소리 지르고, 짐승처럼 울부짖으며 그 건물을 빙빙 돌았다. 걷잡을 수 없는 분노 때문이기도 했지만, 그런 곳에서 혼자 당하는 일들의 두려움을 알기에. 직접 육신에 가해지는 위해보다 여기서 이러다 혼자 죽게 되는구나, 내가 여기서 이렇게 죽는 걸 세상 사람 아무도 모르겠구나, 저들 말대로 송도 앞바다에 돌멩이 매달아서 던져 버리면 정말 감쪽같이 아무도 모르겠구나, 하는 절망이 훨씬 크다는 걸 알기에, 형들에게 내가 여기 있다는 걸, 그러니 형들이 그렇게 죽게 되더라도 아무도 모르는 건 아니라고 알려 주고 싶었다. 세 사람을 한꺼번에 감쪽같이 처리하기엔 아무래도 어려운 점이 있을 테니까.
사지가 번쩍 들려 안으로 끌려 들어가선 살아 있는 입부터 방성구로 채우고 또 맞았다. 이번엔 겁대가리 없다고. 내 발로 걸어 찾아간 곳에서 여기 왔다갔다는 사실을 아무에게도 발설하지 않는다는 각서에, 이미 힘이 빠져 늘어진 내 손가락을 끌어당겨 지장을 찍는 절차까지 일점의 차질도 없이 마무리한 뒤에 보자기를 덮어씌운 채 나를 데려간 곳은 산복도로 위도 아니고 태종대도 아닌 영도 경찰서였다. 아…… 쓰니, 이번엔 강력계 '짭새'들이 줘팰랑갑다 하고 부려졌는데 다행히(?) 형들은 그곳에 있었고, 벅찬 것도 아니고 감격스러운 것도 아닌 참 복잡한 조우를 하면서 생각했다. '우린 결국 아무도 떠나지 못하겠구나.'

그렇게 20년이었다. 중풍으로 쓰러지신 어머니 대소변 받아 내며, 모임을 하다가도 집으로 달려가 진지 챙겨드리고 다시 나오던 참 착하고 무던한 아들 영제 형의 홀어머니도 돌아가시고. 나를 보자 거동도 잘 못 하시는 몸으로 벌떡 일어서서는 지팡이로 내 등짝을 후려치셨던 정식이 형 아버님도 돌아가시고. 나만 보면 "어이예이. 우리 식이 좀 놔 주게이. 우리 식인 맥여 살릴 식구가 많다이. 그러니 고만 놔 주게이." 간절히 애원하셨던 정식이 형 어머님도 돌아가시고. 뻑하면 수배 중이던 딸 때문에 입원을 해도 경찰들이 진을 치는 바람에 남부끄러워 입원도 못 하신다며 7년을 누워 계시면서도, 몇 년 만에 한 번씩 바람처럼 왔다가는 딸에게 "복직했냐?" "은제 허냐?"를 제일 먼저 물으시던 우리 아버지도 돌아가시고. 20년은 그렇게 긴 세월이었다.

수백 번이고 장담하건대 그 형들이 없었으면 나도 없었다. 네가 앞으로 가야 할 길이 이런 길이란다. 누군가 미리 일러 줬더라면 단 한 발짝도 떼지 못했을 길을 그 형들의 등에 업혀 여기까지 왔다.

생계를 책임지고 있으면서도 그 역할을 암만해도 수행할 수 없었던 죄책감 때문에, 버스를 타면 따라 타고 택시를 타도 같은 차에 따라 타는 미행도 아닌 아예 동행이랄 상황을 견딜 수 없어 집을 나와 전포동에서 영도까지 토큰 하나가 없어 뛰어다녀야 했던 날. 새벽 유인물을 뿌리러 달려가다가 어느 집 대문간에 내놓은 사잣밥을 주워 먹으며 전날 진종일 굶은 허기를 메우던 날들.

 날마다 해일만 일던 그 바다를 형들이 만든 뗏목에 얹혀 건너왔으면서도, 막상 빛나야 할 자리에서는 나 혼자 빛나기를 주저하지 않았고 그런 만큼 형들은 가려져야 했다. 자아비판과 상호비판이 해고자 끼니보다 빈번했던 시절에도 형들은 그에 대한 불평 한 번 없었기에 나는 서슴없이 오만할 수 있었고 망설임 없이 우쭐했다. 그 오만과 방자에 일말의 가책도 느끼지 못하게 할 만큼 무던했던 형들. 그때는 그 무던함의 가치를 잘 몰랐다.

 그 형들이 복직을 한다. 그때 우리가 아저씨라고 불렀던, 세상에 못 만드는 게 없었고 못 하는 게 없었던 그 하늘 같던 아저씨들의 나이를 훌쩍 넘어선 정식이 형이 마흔여덟, 영제 형이 마흔아홉. 그 나이에 이르러서야 복직을 한다. 그렇게 들어가고 싶어 산복도로 위에서 수천 번도 더 내려다본 공장엘 이제야 들어간다. 길에서 마주치는 날이면 온종일 가슴에서 냇물 흐르는 소리가 나곤 했던, 저걸 언제 다시 타 보게 될까 했던 통근 버스를 타고 출근이란 걸 하게 된다. 세 사람 잡겠다고 영도다리에서부터 버스며 택시 일일이 세워 이 잡듯 뒤지곤 했던 그 영도다리를 버젓이 건너 출근을 하게 된다. 아무리 버둥거려도 한 뼘도 들어갈 수 없었던 그 정문을 걸어서 들어가게 될 거다.

 20년 동안 뭐가 달라졌느냐고 하지만, 쥐 똥이 콩알처럼 섞여 나오던,

여름이면 쉬고 겨울이면 살얼음이 덮이던 도시락이 아니라, 30억을 들여 새로 지은 식당에서 밥을 먹게 될 거다. 1년에 단 한 벌뿐이던, 여름이면 허연 소금꽃이 수백 송이 피고 지기를 반복하던 '빵꾸' 난 작업복이 아니라, 사계절이 구분되는 작업복을 입게 될 거다. 추운 날 바다에 빠져 죽은 동료의 죽음에 대해 옷을 많이 껴입어서 죽었다는 목격자 진술서에 도장을 찍고는, 죽은 이의 집을 피해 빙 둘러 다니는 일도 이젠 없을 거다. 그리고 빨갱이들 곁에 오지도 못 하던 아저씨들이 먼저 와 악수를 청하게 될 것이고, 블록에 함께 앉아 담배를 나눠 피우는 소원도 이루게 될 거다. 억지로 금치당했던 작업복이며 안전모며 안전화며 명찰이며 출근 카드며 공구통에 새로 생긴 사번을 새기게 될 것이고 박영제, 이정식이라는 이름을 내내 써넣게 될 것이다.

배가 아주 안 아픈 건 아니오나 그보다는 20년 동안 두레박처럼 매달려 걸핏하면 쿠당탕탕 가슴속 여기저기를 부딪곤 하던 육중하고 녹슨 쇳덩어리 하나가 후두둑 더께 앉은 녹 찌꺼기를 분주히 날리며 비로소 철거되는 기쁨이 훨씬 크다. 내가 그런 게 아니야, 나 때문에 그렇게 된 게 아니야, 내 잘못이 아니야······. 골백번도 더 중얼거렸던 업장 같기만 하던 그 길고 둔중하던 부채감을 이제야 내려놓게 되었다.

며칠 전, "20년 만에 역사적으로 유례가 없는 대단한 복직인데 잔치는 못 하더라도 하다못해 정문 앞에서 조합원들께 인사라도 해야지요." 하던 내 말에 "뭘 그래까지 하요." 하시던 영제 형. 세 사람이 같이 서서 인사를 하다가 두 사람은 들어가고 한 사람은 밖에 남겨지는, 내가 비로소 내려놓는 그 만성적이고 고질적인 부채감을 형들에게 고스란히 되지우는 게 아니길 바랄 뿐이다.

박창수, 김주익, 곽재규, 그들에 대한 부채감도 20년 아니 40년이 걸리더라도 이렇게 내려놓을 수 있다면 얼마나 좋을까.

:
:
:
:

2003년, 한진중공업 노조 김주익 지회장이 홀로 농성하던 크레인 위에서 129일 만에 목을 맸고, 2주 뒤 곽재규가 도크에서 투신했다. 두 분의 희생으로 그동안 한진중공업 노조 활동으로 해고된 사람들이 모두 복직되었다. 해고된 지 20년이 된 박영제, 이정식도 2006년 1월 1일 복직되었다. 그러나 김진숙은 제외됐다. 한국경영자총협회에서 반대한다는 것이 이유였다.

동네 사람들아!

20여 년 전인 1986년, 기억도 아스라한 군부독재 정권 시절이다. 푸르름이나 신록 따위는 안중에도 없었던, 그렇지만 분명 계절은 5월이었고 나는 대공분실에 있었다. 몸이 먼저 압수 수색을 당했다. 잠바의 주머니를 샅샅이 뒤지자 사탕 한 알이 나왔다. 어버이날 회사 여직원회에서 나눠준 사탕 한 알을 아끼느라 안 먹고 넣고 다녔던 건데 아끼면 똥 된다더니 그 사탕도 나도 그렇게 됐다. "독극물 묻었는지 검사해 봐." 이 한마디에 사탕 한 알의 운명은 졸지에 반공전시관이나 전쟁박물관 같은 데 보면 반드시 전시돼 있는 남파 간첩들의 필수품인 독극물 앰플의 품위로 격상돼 버렸고 그걸 소지한 나는 남파 간첩의 예우에 조금도 부족함이 없는 처우를 유감없이 당하게 됐다.

홀딱 벗기고 군복을 갈아입히더니, 그들은 웃으면서 묻고 답한다. 왜 군복을 갈아입히는지 아느냐고. 알몸으로 작업을 하면 기분은 좋은데 살점이 묻어나 나중에 거추장스러워지노라고. 알갱이가 터져 껍질에 즙이 배어 나오도록 매질을 해도, 그 상태로 거꾸로 매달아 놓아 눈으로 즙이 흘러내려도 알리바이가 안 나오는 거다. 나도 답답했다. 한 조직만 불면,

한 사람만 불어 주면, 이 죽을 고생이 끝난다는데, 살려 준다는데! 아무리 머릿속 구석구석을 후후 불어 봐도 조직도 선도 없는 거다.

다음 날 새벽이었다. 눈을 가린 채 싣고 가 내려놓은 곳은 영도 내 자취방이었다. 구둣발로 내 방에 들어선 그들은 닥치는 대로 뒤집었다. 주워 온 '호마이카' 장롱에 붙은 휴대폰 액정만 한 거울까지 뜯어내고 천장을 작대기로 통통 찔러 보고. 혼비백산은 천장의 쥐들만 했겠나. 당시 내 방에선 그들을 만족시킬 만한 어떤 물건도 없었다.

문제는 단 네 글자가 적힌 메모지였다. 거기엔 '갈까 말까' 그렇게 적혀 있었다. 아무리 생각해도 언제 쓴 건지 뭘 고민하면서 쓴 건지, 아니 내가 쓴 건지 기억도 안 나는데, 두어 마디 끝에 급기야 북으로 갈까 말까 아니냐. 어쩌야 쓰거나? 천상의 언어로 묻는 자들에게 "몸이 너무 피곤해서 일요일 특근을 갈 건지 말 건지…… 그거거든요." 그렇게 지상의 언어로 대답한다는 건 너무 아득했다. 두들겨 맞는 것보다 더 기가 질렸다. 동네 사람들을 수백 명쯤 불러 모아서 저지해야 할 상황이 명백했지만 나는 그 새벽에 새벽잠이 없는 주인 할머니가 깨실까 봐 두려웠고, 그 상황이 조용히 마무리되기만을 빌고 또 빌었다.

다시 눈을 가린 채 대공분실로 돌아간 나는 한결 온순해져 있었고, 내 의식은 이미 간첩이 되어 있었다. 아무것도 불 수 없어 저들이 상부에 보고한 대로 '자생적 공산주의자'에 머물고 말았지만 그 불안은 아직도 내 영혼을 잠식하고 있다. '팜'이라 부르던 자료들을 읽고는 성지곡 수원지 으슥한 숲에서 몇 시간 동안 염소 새끼마냥 오물오물 씹어 먹은 적도 있었다.

내가 사는 집은 아직도 행정 주소와 일치하지 않는다. 주민등록 일제 정리 기간이 되면 그 가장 기본적인 일이 두려워 과태료를 물고 만다. 대한민국에 살면서 마흔이 넘어 비로소 생긴 투표권도 실거주지가 아닌 곳에서 하는 어수선한 짓을 아직도 한다. 14년을 같은 곳에 살면서 저들이 내가 사는 집을 모를 거라는 아날로그적 확신을 이 디지털시대에 굳게 지닌 채.

노무현 정권의 필살기는 투쟁이나 구속이나 수색 같은 특수하고도 전문적인 분야들을 좀 더 대중화해 일반인들도 누구나 향유할 수 있게 한 점과 음지에서 했던 일들을 양지에서 내놓고 하게 한 게 아닐까. 이게 절차적 민주주의다. 저 시절엔 기가 질려 "동네 사람들아!"를 못했다면, 이 시절엔 절차대로 한 일이니 아무리 불러도 동네 사람들이 안 오는 거다.

공청회장에서 소리 몇 마디 질렀다고 수갑 차고 오랏줄에 묶인 채 끌려간 선생님들! 새벽에 털린 전교조 부산지부 사무실! 못질까지 한 공무원노조 사무실! 통일을 가르쳤다고 집까지 털린 선생님들! 그들 중에 노무현을 찍은 사람? 있다. 돼지저금통을 쾌척한 사람도 있을 것이다. 아니 최소한 노무현이 당선되고 웃은 사람들일 것이다.

역사는 그렇게 질척거리지만 끊임없이 각성하라고 채찍을 휘두르며 간다.

음지

붉은 방. 벽도 빨갛고 천장도 빨갛고 욕조 변기 세면기가 다 빨갛다. 여기가 어딜까. 그리 좁지 않은 방을 꽉 채우며 나를 빙 둘러선 사내들의 눈빛마저 붉다. 저들은 날 어쩌려는 것일까. 여긴 도대체 어딜까. 시커먼 보자기에 덮여 싸인 채 끌려왔으니 짐작조차 할 수가 없다. 그때만 하더라도 설마 저들이 날 어쩌랴 싶었다. 사람을 잘못 보고 잡아 온 줄 알았으니까. 내 신분만 확인되면 미안하다는 사과를 정중히 받고 금방 나갈 수 있다고 생각했으니까. 무엇보다 그런 이상한 데 잡혀갈 짓은 아무리 생각해도 안 했으니까. 26년 어용노조를 조합원의 권익을 대변하는 민주노조로 만들어 보겠다는 건 죄가 아니니까.

언제 고향엘 다녀왔는지 묻는다. 설날 갔다 왔다고 답한다. 가서 누굴 접선했냐고 묻는다. 예에? 접선? 그건 특수한 집단이 쓰는 전문용어다. 빙 둘러섰던 사람 가운데 하나가 "강화가 특히 간첩들이 천지빼깔인 데 아이가." 한다. 삼촌을 언제 만났느냐고 묻는다. 북한이 고향인 아버지로부터 삼촌이랑 고모들, 할아버지 할머니 모두 북한에 계신다는 얘기만 들었을 뿐, 생사조차 아니 그들의 존재조차 한 번도 실감할 수 없었는데, 그들은 그 낯선 이와의 접선 여부를 내게 묻고 있다. 삼촌 이름도 모른다고 답한다. 김홍규라고 일러 준다.

순간 온몸을 조여드는 긴장감. 고향 이름이 나오고 삼촌이라는 사람 이름이 나오고. 아, 사람을 잘못 봤을 거라는 기대가 무너지고. 절망감……. 어찌해야 하나. 그러나 내가 어찌해 볼 수 있는 건 아무것도 없었다. 그들은 내가 대답할 수 없는 것들만 물었다. 배후 조종자가 누구냐, 이 사람을 아느냐, 저 사람을 아느냐. 절벽, 천길 낭떠러지에 떨어지는데 도대체 아무것도 거머쥘 수 있는 게 없다.

어차피 니가 여기 온 건 아무도 몰라. 니 하나 죽으면 돌멩이 매달아 바다에 던지면 그뿐야. 순순히 불어. 여기서 살아 나간 사람 벨로 없어. 니가 헵조해 주야 우리도 상부에 보고해가 목숨만은 건지도록 할 거 아이가. 니가 성의를 비 주야 우리도 상부에 할 말이 생길 거 아이가. 보기보다 독한 년이네. 입 아프게 말로 할 거 뭐 있노. 어차피 저년은 지령을 받고 민주주이를 전복하는 기 목적인데 그따우 말 몇 마디로 불겠나? 조지야 나오는 기지.

난 니가 완전히 공산주의에 빠진 건 아이라고 생각한다. 지금이라도 얼마든지 벗어날 수 있다니까. 니가 순순히 헵조만 하면 니를 구해 줄 수도 있어. 젊은 헬기로 이런저런 생각은 해 볼 수 있는 거 아이가. 그걸 갖고 머라 카겠나. 니를 꼬신 그놈들이 나쁜 놈들이제. 그놈들을 불어야 니가 살아 나갈 수 있는 기야. 아직도 몬 알아듣겠나. 할 수 없네. 어이, 운동들 좀 해야겠다(그들은 매질을 운동이라고 표현했다).

다 나가고 인상 좋게 생긴 사람이 혼자 들어온다. 그 사람들이 나갔다는 사실만으로도 사지에서 살아난 것 같은 순간에, 소곤거린다. 이 방에 도청 장치가 돼 있다면서. 어차피 증거가 다 있고 버텨 봐야 김진숙 씨만 다칩니다. 저 사람들은 인정사정없습니다. 어차피 다 나오게 돼 있어요. 여기 와서 버틴 사람 아무도 없어요. 다치고 나오냐 안 다치고 나오냐의 차이지. 사람이 현명해야지. 김진숙 씨 똑똑한 사람인 줄 알았는데……. 뭘 말해야 되는데요? 사실대로 불어요. 불 게 없어요. 난 진짜 모르는 사람들이에요. 그렇게 나오면 나도 김진숙 씨를 도와줄 수가 없어요. 내가 이러는 거 저 사람들이 알면 나도 짤려요.

그 사람 나가고 다시 그 사람들. 생각 좀 해 봤나? 기억이 나제? 우리도 니한테 이라고 싶겠나? 말해야 뭐하노? 조지는 김에 확 조져 뼈야 된다니까. 골수 뺄개이들도 첨엔 다 모린다 카지. 조지야 아이구 할배요 카제.

그 눈빛들. 스무 개 가까이 되는 눈들은 각자 다른 눈이었지만 같은 빛깔로 번득이고 있었다. 묘한 비웃음을 담고 붉게 번들거리던 그 눈빛들. 그들은 또한 씨발년과 김진숙 씨의 절묘한 차이를 잘 알고 있었다. 그 지옥과 천당의 차이를.

씨발년이었던 어느 시점에선가 오줌을 쌌다. 이 씨발년, 드럽게 오줌을 싸고 지랄이고. 재수없는 년, 골고리 지랄뻥하네. XX를 확 잡아 째 버릴라. 어디 뺄개이 년은 XX도 빨간가 함 보자. 내가 오줌을 쌌다는 사실이 견딜 수 없이 무서워지기 시작했다.

그들 중엔 껌도 씹었고, 자기 딸 얘기도 했고, 지리산 대원사 계곡에서 좆 내놓고 미역 감은 얘기도 했다. 처음엔 그게 위안 같기도 하고 구원 같기도 하고 그랬다. 그들도 사람이라는 사실이, 같은 인간끼리니까 어쩌면 통할 게 있을지도 모른다는 기대감이.

시간이 지나면서 그들의 입에서 나는 김치 냄새조차 절망이 되어 갔다. 저들이 인간이라는 사실이, 인간이 인산한테 이렇게까지 할 수 있다는 그 몸서리쳐지는 사실이, 무엇보다 내가 여기에 온 걸 아무도 모른다는 사실이 견딜 수 없는 절망이었다. 그냥 어딘지도 모르는 여기서 아무도 모르게 혼자 죽고, 내 시체가 바다에 던져지고, 바다에 가라앉아 수백 년이고 수천 년이고 혼자…… 그들은 아무 일도 없었다는 듯이 아무렇지도 않게 살아 있고……. 그런 생각만 수천 번도 넘게 들었다.

무슨 이유인지 그들은 내가 입고 왔던 줄무늬 '나이롱' 잠바랑 옷가지 신발 들을 가져와 갈아입혔다. 그것들을 보는 순간 목젖이 아프도록 반가웠다. 유일한 내 것. 유일하게 나를 알고 있는 것들.

다시 돌아온 세상은 너무나 아무 일이 없어 보였다. 길에서 내려다보이던 주인집 울타리엔 목련꽃이 지고 새잎이 돋아나고, 그게 참 서러웠다.

혼자 사시던 주인 할머니는 같은 경기도 사람이라고 나를 피붙이처럼 살가워하셨다. "말도 안 하고 어디 갔다 왔어? 철야했어? 피곤해 뵈네. 얼렁 자." 대답을 기다리지도 않고 기역자로 꺾인 허리로 바삐 부엌으로 들어가시고. 걸어도 발이 땅에 닿는 느낌이 안 들었다. 방에 혼자 있으면 순간적으로 여기가 어딘지 분간이 되질 않았다.

잠이 들면 짐승처럼 울부짖는 소리에 주인 할머니가 달려오셨다. 할머니 고향 사람이 정신 놓을 때 보니까 꼭 그러더라며 닭을 삶아 주시기도 했다. 삶아 놓은 닭을 보며 이 닭은 죽을 때 어떤 심정이었을까 하는 생각이 먼저 들었다.

낯선 사람은 전부 그 사람들처럼 보였다. 시내버스 기사 아저씨까지. 온통 나를 감시하는 눈빛들. 문을 잠그고 방 안에 앉아 있으면 방 안 어딘가에 도청 장치가 돼 있고, 어딘가에서 카메라 돌아가는 소리, 누군가 불쑥 방문을 열 것만 같고, 문을 열고 내다보면 산복도로 위에 서성거리는 그림자들. 그곳에 있을 때보다 더 무서웠고 더 숨이 막혔다. 열흘 후 그 일은 다시 현실이 되었다. 두 번째는 온통 노란방……

만 16년이 지난 일이다.

난 지금도 가끔씩 꿈을 꾼다. 시퍼렇게 멍든 채 퉁퉁 불은 내 시체가 바다에 둥둥 떠 있고, 고기들이 뜯어먹고, 내가 네모난 쇠 상자 안에 갇혀 있고, 밖에서는 두런두런 말소리, 같이 용접 일을 했던 허 씨 아저씨 목소리, 내가 갇힌 상자를 용접하는 불꽃……. 아저씨 나에요, 나 진숙이에요, 하지 마세요. 아무리 고함을 질러도 입은 막혀 있고 불꽃은 번쩍인다. 두 팔다리가 한꺼번에 뒤로 묶여 버둥거릴 수도 없는데 일류 용접사 허 씨 아저씨의 용접 불꽃은 번쩍이고…….

내가 거기서 살아 나온 게 견딜 수 없는 자책이었던 적이 있었다. 1년 뒤, 박종철 학생이 거기서 그렇게 죽어 나왔을 때, 이철규, 이내창 그들이 내가 그랬음직한 모습으로 저수지에서 떠올랐을 때……. 그리고 아직도 돌아오지 못하는 사람들, 시신조차 건사하지 못한 수많은 죽음이 있는데, 그 새빨간 눈빛들이 이 세상에서 없어진 것처럼 말하는 사람들이 있다. 한바탕 장대비 내리는 툇마루에서 꾸었던 어릴 적 악몽처럼 지나가는 말투로 말하는 사람들이 점점 많아진다. 간혹 영화에서 그런 장면을 보면 사람들은 감동적이었다고 얘기하기도 한다.

그들은 정말 지금쯤 어디서 뭘 하고 있을까. 〈박하사탕〉의 주인공 영호처럼 처절한 가책 끝에 자살이라도 했을까. 국민의 대표로 국회에도 들어가고 정부 요직에도 들어가고 언론에도 들어갈 만치 그들은 개과천선한 걸까. 그들이 반성하는 말이나 사죄하는 말을 한 번도 들어 본 적이 없는데 도대체 누가 그들을 용서한 걸까.

그들은 이제 더 이상 음지에서 번뜩거릴 필요가 없어졌다. 문민정부, 국민의정부를 거치면서 그 눈빛들은 당당히 합법화되었으니까. 세상이 달라졌다고 얼마나 좋아졌냐고 믿어 버리는 꼭 그만큼씩 그들은 자란다. 우리 머릿속에서 우리 가슴속에서 우리 눈 속에서.

그 시절의 이력서

　불이 꺼진 다락방. 나무로 얼금설금 엮어 놓은 '스레트'가 그대로 드러난 천장은 금방이라도 코앞에 부서져 내릴 듯 가깝다. 가운데 커튼을 가로질러 이쪽은 여자 방 저쪽은 남자 방이다. 여자 방은 커튼을 기준으로 순이가(순인지 순환지 아무튼 그렇게 불렀다) 누웠고, 열 명이 넘는 공원들 밥해 주시던 할머니 그리고 내가 누웠고, 남자 방에선 연신 키들거리는 백 마리의 하이에나가 고단한 밤을 서성거린다. 커튼이 들춰진다. 사내아이 하나가 커튼을 잡은 다른 사내아이의 어깨를 얼른 낚아챈다.
　"야이 씨발눔아. 오늘은 내가 먼저다."
　"알았다, 씹새꺄. 자는지 망봤지, 내가 했나, 임마."
　"빨리해라. 존만아."
　커튼이 들춰지고 사내아이 상반신이 불쑥 이쪽으로 건너온다.
　"했나? 빨리 나온나. 인자 내 차례다이. 내 할 때 씨부리는 씹새는 직이 뻔다이."
　머리통이 바뀌는 듯 커튼 펄렁이는 소리가 나고 그보다 더 크게 펄렁이는 숨소리가 코끝에 와서 끈적 달라붙는다.

"와, 순이 젖통 크네."

열예닐곱 살쯤 될까 한 사내아이들이 모두 다섯이었고 머리통 다섯 개가 그렇게 차례로 들락거리고, 그러고도 한참을 낄낄거림이 다락방을 휘저어야 코 고는 소리가 들린다.

매일 밤마다 이어지는 행사. 한복집에서 만들어 놓은 한복을 가져다 소매나 치마 밑단에 금박이나 은박으로 꽃무늬를 찍어 때깔을 내던 허름한 가정집을 세낸 그 공장에선, 밤마다 순이란 아이의 젖가슴을 주무르는 행사가 벌어졌다.

머리카락에 금가루가 들러붙어 아무리 감아도 금빛으로 번쩍거리던 것보다, 코를 풀거나 침을 뱉어도 금가루가 번쩍거리던 것보다, 은박 자리에 금박이 조금이라도 섞였을 때, 날아들던 사장님의 호통보다 더 무서운 건, 밤이었다.

머리맡에서 눈을 반짝이며 찍찍거리던 쥐보다 더 무서운 건 그 낄낄거림이었다.

사다리를 타고 다락에 올라가 맨 구석에 달팽이처럼 담요를 똘똘 감고 웅크리고 돌아누워 도배도 되지 않은 맨베니어판에 코를 박고 뚫어져라 벽을 바라보는 일 외에 내가 할 수 있는 일이란 없었다.

니들 왜 그러냐고 화를 낼 수도, 사장님한테 일러 줄 수도, 순이한테 왜 그렇게 당하고만 있냐고 화를 낼 수도 없었다.

낮에도 한 번씩 그런 행사는 치러지고 있었고, 당하는 순이는 다 찍은 한복을 훨훨 털어 개킬 때처럼 무심하고 천연덕스러웠다.

더구나 그 일은 사장님이나 할머니가 다 같이 일을 하는 번연한 대낮에

암암리에 처러지고 있었는데도, 얼굴이 벌게질 정도로 민망해하거나 시선을 어디다 둬야 할지 몰라 쩔쩔매는 건 나밖에 없었다.

결국 난 금도금한 추리닝 바지와 티셔츠 한 벌만 허물처럼 벗어 놓은 채 그 무섭고 이상한 집에서 일주일 만에 도망치듯이 나와야 했다.

그리고 우연히 찾아간 곳이 대우실업이라는 아주 큰 회사였다. 우리 동네 초등학교보다 더 큰 건물과 기숙사, 그리고 통근 버스 100대가 넘는다는 것만으로도 내 가슴은 자랑과 긍지로 끓어올랐다.

길쭉한 방은 열댓 명이 누워 자면 팔이 꼭 끼어, 잘 때는 팔에 지퍼를 달아 떼 버렸으면 좋겠다는 생각을 날마다 할 정도로 비좁았다. 옆 사람에게 짓눌려 팔이 저리고 어깨가 아파도 옆으로 돌아누우면 자리가 더 좁아져 다시는 바로 누울 수 없다는 걸 알기 때문에 좀처럼 돌아눕는 어리석은 짓은 하지 않았다.

"야, 새루 온 시아게. 글루 더 몬 땡기나. 이짝에 배잡아서 몬 눕는다 안 하나."

"귀때기에 말뚝을 박았나. 깔아뭉개 뻴라. 더 안 땡기나."

기숙사 방장이었던 성옥이라는 여자의 앙칼진 다그침에 가슴이 조마조마해도 자는 척하는 게 장땡이었다. 멋모르고 몇 번 밀려났다 아예 신발장까지 밀려가서 바로 코앞에서 나는 신발 냄새와 물 젖은 세숫대야 때문에 발치에 쭈그리고 앉았다가 고꾸라져 이 발길 저 발길에 차이던 며칠 동안의 경험은 머리채를 잡아 흔들고 뺨을 때려도 자는 척이 최고라는 걸 알려 줬다.

밤 11시쯤 들어오는 산업체 특별학교 학생들이나 야간작업을 마친 아이들이 돌아와 잘 데가 없어도 내 알 바 아니었다.

　신발장도 방에 있었고, 세숫대야, 수건, 칫솔 등 젖은 물건으로 늘 축축하던 방에는 빈대가 들끓었고, 경상도, 전라도, 제주도 등 오사리잡탕들이 모여 있던 그 방에는 애초 그들이 고향을 떠날 때 싸 들었던 보따리보다 더 컸을 청운의 꿈이 '슬라브' 벽에 얼룩진 빈대 핏자국처럼 흔적만 얼룩덜룩 남기고 있었다.

　아이들은 몸을 긁적이면서도 빈대가 득실거리는 담요를 서로 잡아당기며 짧고 고단한 청춘을 빈대에 피를 빨리듯 사그라뜨리고 있었다.

　입사 한 달 만에 처음 입고 갔던 바지가 회회 돌아갈 정도로 몸무게가 줄었고, 처음 입사할 때의 자랑과 긍지는 몸무게보다 더 빠르게 야위어 가고 있었다.

　생산 3부 생산 3과. 600명이 넘었던 그 부서의 작업장 한가운데 마치 유리성처럼 우뚝 버티고 섰던 사무실은 사방이 유리였고, 사무실 어느 쪽에서 내다봐도 현장 안에서 누가 뭘 하는지는 손바닥처럼 훤했다.

　그 사무실에선 늘 누군가가 팔짱을 끼고 현장을 내려다보며 마이크 앞에서 쉴 새 없이 고함을 질러대고 있었다.

　"야, 13조 오바로꾸. 껌 못 뱉나. 껌 씹을 기운 있으면 팍팍 밟으란 말이야."

　"야, 8조 카우스달이. 니는 좀 빨리빨리 못 따라 묵나. 니가 밀리니까 앞에 칼라달이하고 라벨하고 다 놀잖아."

　"야, 3조 시야게. 니는 와 그래 궁디가 무겁노. 그리고 쓰레빠 굽 낮은 걸로 갈아 신으라고 몇 번 말하데. 여가 술집이가. 그래 높은 신발을 신으니깐 빨리 빨리 몬 움직인다 아이가."

"야, 16조 단추달이. 아따 고만 좀 씨부리라. 니는 단추를 조디로 박나. 그래 씨부리니까 단추가 만날 찐빠 난다 아이가. 조디 야문 것만큼 일도 쫌 야무지게 해 봐라."

"9조, 9조, 집합! 5초 내로 집합!!"

집합 소리가 떨어지기가 무섭게 큰 소 여물통 같은 불량통 앞에 스무 남은 명의 아이들이 모여들면 맨 끝에 공정이 다 모이기도 전에 불호령이 떨어지고. 불량 난 와이셔츠가 머리 위로 날며 얼굴에 부딪쳐 떨어진다. 봉탈(실밥이 틀어진 경우), 봉비(미싱 땀수가 고르게 박히지 않고 한 땀이나 두 땀 정도 지나친 경우), 미싱에서 배어난 기름때가 계속 같은 자리에 묻은 오염 불량, 그리고 시다인 내가 실밥을 따다 쪽가위로 원단을 집어 먹는 경우 등 불량이 이어지면 하루에도 서너 차례씩 집합의 지옥명령이 떨어진다.

와이셔츠가 펑펑 날으면 자기 앞에 떨어진 불량들을 들고 각자 제자리로 돌아가고 내 앞엔 쪽가위가 날아들었다. 반장이나 조장이 내 쪽가위를 뺏어 들고 내 앞에서 "니보고 실밥 따랬지 원단 따라드나. 이래 쫌 똑바로 몬하나." 하면서 시범을 보이고는 "이 옷이 얼마 짜린지 아나? 니 그튼 건 석 달 열흘을 벌어도 몬 사 입는 기다. 또 한 번만 찝어 처무 바라. 손모가지를 확 뿐질러 삘끼다." 하면서 집어던지기 때문이다.

오후 너덧 시쯤 되면 드디어 발길질이 날아다닌다. 심할 경우 하루 대여섯 번씩 집합이 떨어지는데 같은 일로 반복 집합명령을 내리는 그들도 짜증이 날대로 나 있는 시간쯤이다. 그때쯤이면 으레 "느그가 소 새끼가. 이누무 가스나들아. 느그가 사람 새끼면 와 사람 말을 몬 알아묵노.

소 새끼처럼 뚜디리 패까? 엉?" 하는 소리가 추가되곤 했다. 우리도 물도 먹어 가며 일하고, 풀밭에 배를 깔고 쉴 짬도 있는 소가 참 부럽다고 생각할 때쯤이다.

다른 불량들의 경우는 그래도 박음질을 한 번 더 하거나 칫솔실로 때를 빼기만 하면 되는 비교적 간단한 것이지만 내가 저지르는 원단 불량의 경우는 소매를 떼어서 버리고 다시 달거나, 심한 경우 아예 몸통을 다 버려야 하는 경우까지 있었다. 그러다 보니 해당 미싱사들이 악다구니를 퍼붓거나 머리통을 갈기는 일은 예사였고, 쪽가위가 아차 잘못 나가는 순간 그만 오줌까지 찔끔거리게 되고, 정말 머리채를 잡혀 저승사자 앞으로 질질 끌려가는 순간이라도 지금보단 덜할 거란 기분이 온종일이었다.

실밥을 길게 따면 길게 딴다고 "이것도 실밥이라고 땄나, 앙?" 하면서 또 지랄이었다. 실밥을 따는 일뿐만이 아니라 재단방에서 소매니, 팔이니, 몸통이니, 칼라니, 라벨이니 나오는 대로 미싱사들 '다이' 앞에 갖다 바치는 일부터, 공정 분업으로 소매달이가 하루 온종일 소매만 박아대니, 줄줄이 사탕처럼 끝도 없이 밀려 나오는 그것들을 하나하나 끊어서 다음 공정 앞에 차곡차곡 나르는 일까지 도무지 정신이 없는데, 산더미처럼 쌓인 와이셔츠에 파묻혀 실밥을 따다 보면 손가락을 '기레빠시'(자투리)로 동여매고 있어도 물집이 터져 진물이 배어나고 나중엔 손가락에 아무런 감각이 없었다.

아예 귀머거리가 되거나 맷집이 좋은 게 아니면 온종일 눈물 바람이었다. 목표량을 못 채우면 목표량을 채울 때까지 수당도 없는 연장 작업을 밤 9시고 10시고 해야 했다. 공식 잔업을 하는 화요일과 금요일은 그나마 점심때 식당에서 먹다 남은 김칫국물 묻어 떡이 된 찬밥 덩어리나 목욕탕 수챗구멍에 걸린 때처럼 퉁퉁 불어 터진 국수나마 얻어먹을 수 있었지만, 비공식 연장 작업을 해야 하는 날은 허기가 져서 꿈속에서 뛸 때처럼 도무지 다리가 마음대로 움직이질 않았다. 퇴근 시간이 저녁 7시였는데 내 기억엔 제시간에 퇴근해 본 적이 별로 없다.

오늘 목표량이 1만 매이면, 반장이나 조장이 온종일 들들 볶아서 목표량을 꾸역꾸역 맞춰 내는데, 그 다음 날 사무실 앞 칠판엔 어김없이 "11,000장"이 적혀 있곤 했다. 출근하면서 아이들은 너나없이 그 칠판부터 보게 되고 칠판을 보자마자 한숨부터 쏟아 내며 들고 있던 신발주머니를 미싱 밑에 휙 집어던지곤 했다.

어떤 날은 점심시간에 식당까지 뛰어갔다가 줄이 너무 길어서 그냥 돌아오기도 하고, 온종일 와이셔츠에 코를 박고 그렇게 일을 해도 선적 날짜는 늘 코앞이었고, 클레임이라도 걸리는 날엔 곱빼기 철야(보통 철야작업은 새벽 4시까지 하고 잠깐이라도 눈을 붙일 수 있지만 곱빼기 철야는 아침 먹는 시간 빼고 계속 뺑뺑이였다)가 일주일씩 이어지고는 했다.

사람들은 이제 내가 땟국이 빠져서 얼굴이 허여멀건 게 도시 티가 난다고 했지만, 나는 햇빛을 못 봐서 허옇게 뜬 얼굴을 볼 때마다 설움이 왈칵 솟고는 했다.

회사 옥상에 높다랗게 붙어 있던 '수출만이 살길이다'라는 큰 간판이 언젠가 '수출강국'으로 바뀌어도 전혀 강하지 못했던 아이들은 그 간판 아래 짓눌린 채 버려진 배추 잎사귀처럼 누렇게 시들어 가고 있었다.

욕먹는 일, 매 맞는 일, 개중에 예쁜 아이들 엉덩이 주물리는 일, 매일 목표량이 고무줄처럼 늘어나는 일, 수당도 없는 연장 작업을 거의 매일 하게 되는 일, 그런 일이 부당한 일이라는 건 생각할 수도 없었지만, 점심 시간 줄 서 있다 어쩌다 한 번씩 하늘과 눈이 마주치면 갑자기 편도선이 부은 것처럼 목울대가 뻑뻑하게 아파서 밥이 잘 안 넘어간다든지, 집에 편지를 쓴다고 화창한 일요일 기숙사 창문 아래 배를 깔고 엎드려 '어머니 아버지 보세요.' 한 줄만 써 놓고는 편지지에 눈물 콧물 칠갑을 하면서 하루를 보낸다든지, 그럴 때는 뭔지 모르게 자꾸 억울하다는 생각이 치밀 고는 했다.

    욕을 먹어도 우리가 잘못했으니 그렇고, 매를 맞아도 자꾸 불량을 내니까 반장님도 화가 나서 그랬을 거고, 옥 주임이 애들 엉덩이를 만지고 지휘봉 같은 걸 애들 등에 넣어 브래지어 끈을 끊고 해도 그냥 예쁘다고 장난 좀 친 걸로 되고, 그런 일들은 한 달 2만 원이 채 안 되는 월급에 다 포함되는 일인 줄만 알았다.

    그 시절을 생각할 때 스스로에게 가장 부끄럽고 화가 나는 일은 열여덟 시퍼런 나이에 어찌 그리 모든 걸 빨리 체념하고 왜 그리 당당하지 못했을 까 하는 거다. 내가 조금도 당당하지 못하고 울타리 속으로 자꾸만 잦아지 던 건, 관리자들과 싸우고 나간 아이들이 서너 달을 넘기지 못하고 결국은 훨씬 비굴하고 주눅 든 모습으로 돌아오기 때문이기도 했다.

    그땐 노동조합이 뭔지도 몰랐고 단결이란 말은 꿈에서도 들어 보지 못했으니까, 그냥 혼자 싸우다 여기 아니면 먹고살 데 없다고 토시랑 작업 복이랑 벗어던지고 나간 아이들이 한동안 영웅이 되기도 했는데, 그런 아이들이 나가서는 다시 돌아와 눈빛도 달라지고 풀이 죽어 일하는 모습을 보면서 함부로 나설 게 아니라는 생각만 아이들 사이에 굳어지고는 했다.

옮겨 봐야 거기서 거기고 임금 체불이 다반사일 때라 그래도 제날짜에 월급 나오는 '큰 회사'가 그들을 돌아오게 만드는 마약 같은 구실을 했고, 그렇게 돌아온 아이들은 관리자들이 더 달달 볶는 걸 보면서 체념의 벽도 두터워 가기만 했다.

기숙사에서 자고 나면 밤새 보따리 싸서 도망가는 아이들이 아침마다 꼭 하나 둘씩은 있게 마련이어서(봄이 특히 심했다) 안 그래도 번잡스럽고 시끌벅적한 아침 세면장은 어느 방에 또 누가 도망갔다더라는 일기예보까지 겹쳐, 방으로 들어온 아이들은 물을 뚝뚝 흘리며 그 소식부터 나르느라 더욱 바빴다.

대부분 빚을 진 아이들이거나 소위 바람난 아이들이었다. 바로 옆에 삼해공업이라고 박스 만드는 공장이 있었는데, 그 공장 머스마들이 밤이나 일요일이면 서넛씩 몰려와 기숙사 담벼락 밑에서 은밀히 휘파람을 불어대며 돌을 끼운 연서를 창안으로 날리곤 했다. 워낙 통제가 심했던 기숙사에서 유일했던 그 통신수단은 아이들의 펄펄 끓는 혈관에 바늘 끝을 대 터뜨리는 역할을 하는 경우가 종종 생기곤 했다.

한참 호기심 많고 유혹에 거침없이 흔들릴 나이라 화장품 장사 아줌마가 한 번씩 기숙사를 훑고 가면 먼저 화장품을 덥석 받아 놓고는 그게 한 달치 월급을 훌쩍 넘는다는 사실을 감당하지 못하는 경우가 있는가 하면, 시골의 부모님 중 누가 큰 병이라도 들거나 뒷바라지를 해야 하는 동생이나 오빠가 있는 경우엔 어김없이 빚을 지고 있었고, 아무리 철야

작업으로 날밤을 새워도 도대체 빚산이 꺼지질 않으면 그들은 마지막 선택으로 빚산으로부터 도망치는 길을 택하곤 했다.

연애 사건으로 야반도주한 경우는 그래도 시샘 섞인 "그 가스나 샐샐 눈웃음칠 때부터 알아봤다." 정도로 끝나고 말지만, 이자 몇 푼에 돈을 빌려 줬다 떼인 아이들이 한둘이 아니고 보니 '어떻게 번 돈인데…….' 하는 애끓는 원망부터 '내 돈 띠 처묵고 얼매나 잘사나 보자'는 식의 거침없는 악담까지, 기숙사 옥상은 며칠 동안 새벽 동해처럼 통곡으로 출렁이곤 했다.

그런 일이 있고 며칠 동안은 다른 아이들에게 돈놀이를 했던 억척이 또순이들의 "내 돈 줄 끼가 안 줄 끼가." 하는 고함부터 "주고 싶어도 돈이 있시야 줄 꺼 아이가. 월급날 메칠 안 남았다 아이가." 하는 애걸이 뒤섞여 분위기가 뒤숭숭했다.

심한 경우 다른 아이들의 사물함에 숨겨 둔 돈이며(그때는 현금지급기 따위가 없을 때고 근무시간에 은행을 들락거리는 것도 불가능했으므로) 화장품에 양말에 속옷까지 털어 야반도주하는 경우도 한 번씩 있고 보니, 눈이 퉁퉁 부어서 출근하는 아이들은 대부분 그렇게 당한 경우곤 했다.

더군다나 객지에서 정붙일 곳 없어 마음이 내내 서 있던 여린 아이들이 모처럼 마음을 주저앉힌 친구에게 그런 일을 당하고 보면 상처 난 가슴들은 그 상처에 불신의 피딱지를 앉히고는 좀체 마음을 열지 않았다.

무슨 희망이 있었을까. '시다'는 하빠리라도 좋으니 미싱사가 되는 희망, 카우스달이는 일류 라벨달이가 되는 희망, 라벨달이는 주머니달이가 되는 희망, 단춧구멍은 '오바로꾸'가 되는 희망, 그렇게 한 칸씩 당겨서 조장이 되는 희망.

100원짜리 옥수수 식빵을 사다가 밤중에 이불을 덮어쓰고 쥐새끼처럼 빵을 파먹던 성자, 태숙이 들. 자면서도 "잘못했으에." 잠꼬대를 하며 흐느끼던 영숙이, 미순이, 상남이 들. 같이 일하다 그만둔 친구가 짙은 화장에 번쩍거리는 힐을 신고 나타나면 그가 어디서 어떤 일을 하는지도 모른 채 그저 빨갛고 노란 옷에 이끌려 어디론가 사라져 소문으로만 떠돌던 희야, 옥련이, 효진이 들. 설날 보온밥통 선물을 들고 모처럼 뿌듯하게 찾아간 고향집 아랫목이 너무 따뜻하고 김치가 너무 맛있어서 휴가 지나고도 이틀을 더 눌러앉았다가 출근하자마자 유리성 안에서 뺨이 붓도록 얻어터지고 "엄마, 회사가 무섭다." 밤새 눈물로 편지를 써 놓고는 부치지도 못한 채 그 무서운 곳으로 날마다 향하던 어린 옥선이, 태자, 미숙이, 딸끔이 들.

결국 난 그 아이들에게 아무것도 되어 주지 못한 채, 내 스스로에게도 아무것도 되어 주지 못한 채 짐 가방보다 더 큰 설움과 두려움만 한 보따리 안고 그곳을 나와 해운대 백사장의 아이스크림 장사, 신문 배달, 우유 배달 등으로 전전하게 된다.

수입이 일정하지도 않고 아무도 나를 인간 취급해 주지 않기는 마찬가지였지만 어쨌든 공장은 무서웠다. 6·25 전쟁이 터져 여기저기서 폭탄이 펑펑 터지고 엄마가 폭탄에 맞아 창자가 다 나온 채 눈을 뒤집고 돌아가시던 꿈보다 더 무서웠다. 학교 갔다 돌아오니 집에 불이 나서 나만 빼고 우리 식구가 다 타는 꿈을 꾸며 오줌을 쌌던 꿈보다 더 무서웠다. 다섯 개를 팔면 한 개를 거저 주던(그 한 개가 월급이자 수당이었다) 싸구려 샴푸(그때는 샴푸가 흔치 않던 시절이라 주로 큰 집만 다녔다) 가정 판매를 하다가 큰 개에게 바짓가랑이를 물렸을 때보다 더 무서웠다. 정수기 외판을 할 때 말 잘 들으면 한 개 팔아 준다고 소매를 잡던 복덕방 할아버지들보다 더 무서웠다. 신문 배달을 할 때 수금하러 가서 벨을 누르면 "니 그튼 거 눌리라고 비싼 돈 디려 벨 달아 논 줄 아나. 어데서 벨을 빽빽 누리고 지랄이고. 벨 그지 그튼 기 참말로 꼴같잖아서." 하며 문을 쾅 닫던 부잣집 마나님보다, '신문 사절'이라는 큼지막한 글씨로 가슴을 철렁 내려앉히던 부잣집 철문보다 공장은 더 무서웠다.

그러나 그린밀크라는 새로 나온 두유 음료 배달일을 다섯 달 동안 했던 영업소가 월급 한 푼 안 주고 망하는 바람에, 밀린 라면 외상값이라도 갚으려면 다시 전봇대에 붙은 모집 광고를 기웃거릴 수밖에 없었다. 통근 버스가(그때는 재송동이라는 곳에서 월세 9,000원을 주고 자취를 하고 있었다) 동래 시장을 지났다 싶으면 벌써 가죽 냄새와 온갖 화공 약품 냄새로 속이 뒤집히던 가방 공장에서 열한 달을 보내고(웬만하면 한 달을 더 채우고 퇴직금이라도 받았으련만 대우실업 2공장이었던 그 공장이 전에 다녔던 반여동 대우실업 본사와 합친다는 말에 너무 끔찍해서 그만두고 말았다) 들어갔던 김해 122번 시내버스 안내양 시절의 그 파란만장은 일단 덮어 두기로 하자. 다만 이 시절부터 근속 연수가 조금씩 늘어나게 된 건 그 회사가 좋다거나 마음이 편해서가 아니라 어딜 가더라도 다 마찬가지라는 체념이 한 가지 더 늘면서 생긴 결과였다.

그러다 마침내 내 운명의 기수를 '노동 해방'으로 돌려놓은 한진중공업(당시 대한조선공사)의 용접공 생활이 1981년 7월 1일부터 시작된다. 용접 불똥에 군데군데 타 들어간 작업복에 누런 테이프를 붙여 넝마가 된 누더기를 걸친 스물둘의 내 청춘도 산재에 잔업에 그렇게 누더기가 되어 가고 있었다.

그 누더기 인생을 기워 빛나게 할 수 있는 실과 바늘은 학교뿐이라는 생각이 점점 더 굳어 가고 있었다. 현실이 힘들고 비참할수록 그 현실을 벗어날 유일한 출구로서 진학의 꿈은 점점 더 크고 빛나는 것일 수밖에 없었다.

몇 년을 벼르고 별러 드디어 방송통신고등학교 입학을 위해 재직증명서를 떼러 간 내 비장하고도 자랑스러운 결단에 비수를 꽂던 근로과 대리의 그 표정과 말은 지금도 잊히질 않는다.

"방통고 나온다고 니 인생에 꽃이 필 거 같나?"

지금 생각해 보면 참 맞는 말이지만 그때는 입학원서를 갈기갈기 찢으며 섬진강처럼 하염없이 울었다. 그래도 그렇게 물러서기는 너무 허망해 과장님을 만나 어렵게 입을 떼도 "회사가 오데 자선사업하는 덴 줄 아나." 한마디뿐 뒤도 돌아보지 않았다.

다른 일에 정신이 팔리면 아무래도 회사 일은 뒷전일 수밖에 없고 잔업이라도 빠지게 되는 일이 그들에겐 내 인생보다 훨씬 중요했을 거다. 일을 열심히 해 줄 때 치켜세우던 그 따뜻하고 인자하던 표정은 간데없이 차갑고 냉정하던 그 얼굴들.

그러다 마침내 1984년쯤 근로 야학이라는 델 찾아가게 되고, 같이 입학원서를 쓰던 꾀죄죄한 아이도 그렇고(그 아이를 그렇게 생각했던 건 겉모양보다는 직업란에 '노동자'라고 쓰는 걸 보고서 그랬을 거다. 세상에 원 근로자도 아니고

'노동자'라니) 원서를 받던 꾀죄죄한 사람들을 보며 뭔가 자꾸 찜찜하고 서글프긴 했지만 그 길 말고 다른 길이 없어 나만 열심히 하면 된다고 몇 번씩 마음을 사려 먹으며 입학원서 직업란에 당당히 '회사원'이라고 써 넣었고, 억새풀야학(사실은 그때 억새풀이라는 이름도 별로 마음에 안 들었다. 풀이름을 할 거면 물망초나 난초도 있고 아네모네나 달리아 같은 고상하고 우아한 꽃 이름도 얼마든지 있는데!)에서는 또 다른 생활이 시작되었다.

나한테 절실했던 영어 단어나 수학 공식보다는 근로기준법이 어떠니 노조가 어떠니 하는 일에 더 열을 올리던, 뭔가 불순한 냄새가 나던 그 강학이란 것들을 경찰서에 신고할까 어쩔까 몇 번 망설이기도 했지만 어쨌든 새로운 것에 눈떠 간다는 희열도 있고, 만날 잔업에 찌들어 회사와 불 꺼진 자취방을 오가던 짐승 같은 생활에 잔업 말고도 용접 말고도 내게 다른 일이 생기고, 갈 곳이 생겼다는 한 가닥 의미가 참 소중하게 느껴졌다. 그때 강학 하나가 책 한 권을 건네줬다. 진숙 씨가 읽어 보면 참 많은 도움이 될 거라면서. 사실 내 이름 뒤에 '씨' 자를 붙여서 불러 준 건 야학에서가 처음이었고 나한테 존댓말을 해 주는 최초의 사람들이 야학에 있다는 사실만으로도 야학을 의미 있게 만드는 경이로운 경험이었다.

『어느 청년 노동자의 삶과 죽음: 전태일 평전』이라는 책이었다. 그 책을 처음 받아 들었을 때, 사실 푸르딩딩한 책 색깔도 그렇고 어떤 아줌마가 가슴에 뭔가를 끌어안고 주저앉아 우는 것도 궁상스럽고, 무엇보다 제목에 '노동자'라는 말이 마음에 안 들어 받아다 놓고는 펴 보지도 않은 채 먼지만 앉히고 있었다. 니체나 이상, 그리고 김춘수나 김남조는 책꽂이에 소중하게 꽂아 놓고 있었지만 그따위 책은 그렇게 취급해도 아깝다는 생각도 안 들었다. 내게 책을 줬던 그 강학은 야학에 갈 때마다 내가 그 책을 읽었는지 안 읽었는지 눈치를 살피는 기색이 역력했지만 내 표정은 하나도 달라짐이 없었다.

그러던 어느 날 소나기가 내려 오후 작업을 못 하고 명휴(회사의 명령으로 쉬는 것)를 했는데, 비는 철철 오고 빨래하기도 그렇고 갈 데도 없고 해서 노느니 장독 깬다고 심심파적으로 그 책을 들척거렸다. 그 책을 끝내 들추지 말았어야 했을까. 눈물을 줄줄 흘리면서 난 처음으로 스스로에게 부끄럽다는 생각을 했다. 다른 누구도 아닌 나 자신에게 부끄러워 꺼이꺼이 지리산 계곡처럼 울었다.

가슴에 큰 산 하나가 들어앉아 그 산에서 돌덩이가 와르르 쏟아져 양심에 돌팔매질을 해대는 그런 느낌이었다. 내가 살아온 삶과 별로 다르지 않은 삶을 산 사람. 그러나 그 삶을 피하거나 외면하지 않고 온몸으로 끌어안고 뒹굴었던 사람.

난 뭘까. 그의 삶에 비한다면 내 삶은 뭘까. 똥구덩이 같은 현장에서 혼자 비단신을 신고 내내 똥을 탈탈 털고 있었던 넌 뭐냐. 시집을 끼고 다니며 니체도 모르는 아저씨들을 비웃으며 그들과 나는 다르다고 끊임없이 주문을 외우던 넌 누구냐. '노동자'란 말에 멸시를 보내며 '회사원'이라는 자만의 웃음을 질질 흘리던 넌 도대체…….

나와 함께 일하고 나와 같이 뒹굴며 그러나 끝내 내가 되지 못하고, 내가 그들이 되지도 못한 채 흘러갔던 수많은 아이들. 그리고 지금 나와 함께 뒹구는 아무 데서나 오줌 누고 욕을 달아야만 말이 되는 이 아저씨들.

세상을 새롭게 보게 되었다. 내가 곧 그들이라는 사실이 이제 더 이상 부끄럽지도 치욕스럽지도 않았다. 같이 살아야 된다는 생각. 내가 달라져야 그들이 달라진다는 생각. 그들이 딛고 선 땅이 변해야 내가 딛고 선 땅도 변한다는 생각.

눈물은 곧 다짐이 되었고 가슴 벅찬 환희가 되었다. 인간이 참 고귀한 존재라는 생각이 처음으로 들었다. 그때 평화시장의 상황이 눈앞에 훤히 그려지며 나를 더 깊은 자책과 질퍽한 공감의 늪으로 빠뜨렸던 건 평화시장과 똑같은 자갈치에서의 경험이 더해져서였을 게다.

당시 자갈치 시장엔 옷 가게들이 즐비했고 그중 몇 군데는 옷을 직접 만들어서 팔았다. 대부분 '스즈끼' 작업복이나 작업복 잠바를 만들었는데, 가게 천장 가운데 네모로 구멍을 뚫어서 다락으로 통하는 출입문을 만들어 놓고, 그 위에 다락에선 서너 명의 사람들이 백열전구 밑에서 일을 했다. 그 구멍을 닫으면 천장은 감쪽같았고 그 위에서 사람들이 일을 하고 있으리란 상상은 아무도 못 했을 것이다.

키대로 서면 머리통이 천장에 닿으니까 늘 구부린 채로 일을 했고, 길 쪽으로 창문이 하나 있기는 했지만 그 창문은 한 번도 열린 적이 없었다. 불빛 사이로 하루살이 같은 먼지가 수천 마리씩 날아다녀 목구멍이 아프고 눈썹에도 허옇게 먼지가 내려앉곤 했다.

그중에서도 제일 곤란하고 난감했던 건 화장실을 갈 때였는데 바닥의 (가게에서 보면 천장이지만) 네모난 뚜껑 손잡이를 잡고 "사장님!" 하고 부르면 주인아저씨가 그 구멍에 사다리를 걸쳐 줘야 밑으로 내려갈 수가 있었다.

가게에 손님이라도 있을 땐 엄두도 낼 수 없었고, 화장실이 따로 있는 게 아니니 시장 맨 끝에 있던 극장까지(지금 남포 파출소가 있는 자리다) 뛰어

갔다 와야 했는데, 극장 화장실은 노상 줄이 길게 서 있었다. 요령껏 새치기를 해서 숨을 헐떡이며 달려와도 "니는 싸러 오나, 일하러 오나." 하는 주인아저씨의 구박이 다락까지 따라오니 물 한 잔 안 마셔도 방광은 늘 터질 것 같았고 배설조차도 참으로 고통스러운 일이었다.

어딜 가 봐도 비슷한 조건이란 사실을 나는 일찌감치 체념하고 운명으로 받아들였고 그때마다 아버지를 원망하면서 아버지에 대한 적개심을 키워 갈 뿐이었다. 한 번도 그런 조건을 바꾸겠다는 생각을 안 했다. 아니 나는 내 존재 자체가 벌레처럼 징그럽고 싫었다. 벌레가 뭘 할 수 있으며 벌레에게 무슨 희망이 있었겠는가.

그러나 전태일은 너는 벌레가 아니라고 말하고 있었고 인간이 당연히 품어야 하는 희망에 대해서 절규하고 있었다. 희망. 세상을 우리 힘으로 바꿀 수 있다는 희망. 그 희망을 품은 인간이라는 존재.

지금보다 나은 삶이 있다는 진실이 기뻤고, 그 진실은 뭐든 할 수 있다는 용기가 되어 주었다. 그래서 24년 뿌리 깊은 어용노조를 민주노조로 바꾸는 일부터 시작했고 그 일로 대공분실 세 번, 부서 이동 두 번, 해고, 출근 투쟁, 무자비하고 끝이 없던 폭행, 수배 5년, 두 번의 감옥……. 지금까지 나를 버텨 왔던 건 그때의 자책과 용기가 아니었나 싶다.

다시는 스스로에게 부끄럽지 말자는 그 약속을 얼마나 지키면서 사는지는 솔직히 되물을 시간도 없고 자신도 없다. 그러나 삐삐 차고 핸드폰 들고 아반떼를 살까 레간자를 살까 고민하면서 당구장을 들락거리고 호텔에서 수련회를 하면서 박찬호나 차범근을 떠들어대며 운동의 위기를 말하는 간부들에게 전태일은 그저 11월쯤이면 한 번씩 회자되는 옛날 위인쯤인 게 여전히 안타깝다.

    전태일의 삶을 심장으로 느끼지 못하고는 노동자 정신을 말할 수 없고, 전태일의 죽음을 가슴으로 받아들이지 못하고는 노동자의 계급성을 말할 수 없다는 사실은 자가용이 점점 커지고 컴퓨터 용량이 커질수록 더 분명해져야 하는 사실임에도…….

사는 것 같던 날

수치

꼭 죽는 줄 알았다. 텅~~~~ 소리에 가용접해 놓은 철판이 터졌다는 직감이 들었고, 용접할 때 쓰는 면을 던지는데, 이미 덮치고 있었다. '죽나 부다.' 네 글자 떠올릴 틈도 없이 죽네, 했던 그 섬광 같던 찰나에 왜 오히려 편안한 느낌이 들었는지 지금도 기이하다. 죽음을 확신하면 되레 편해질 수 있다는 생각을 그때 했다. 놓여난다는 느낌 때문이었을 게다. 철판이 덮치는 것과 편하다는 느낌, 그리고 번쩍 떠오른 어떤 장면. 일촉의 간격도 없는 삽시였다.

알몸이었다.
광자 언니도 영애도 순진이도……
배차 주임이나 기사들 정비사들이 줄지어 늘어서서 담배를 꼬나물고 히물거리고 서 있는 것보다 더 이상했던 건, 알몸으로 서 있는 여자들의 무연한 태도였다. 남자들 앞에 알몸으로 선 그들의 표정이나 몸짓들이 하도 심상해서 내 눈에만 저들이 알몸으로 보이나 하는 생각까지 들었다.

앞의 아이들이 마치 여탕에서처럼 벗을 때와 마찬가지로 옷들을 주섬주섬 입고, 사감은 그날 내가 배차받았던 차 '남바'를 부르고 장부를 보며 입금액을 부른다.

눈앞에서 번연히 벌어지고 있는 적나라한 현실들이 본 적은 물론 들은 적도 없는 비현실이어서 사감이 "모 하노? 버스라!" 하는데 웃었던 것 같다.

"니는 입금이 유달시리 짝네. 돈 어쨌노? 니는 똥구멍까지 오지게 베끼야겠다. 내가 베끼까, 니가 버슬래?"

옷을 거머쥐고 그냥 서 있었다. 그들의 명령이 부당해서라기보다는 그들이 내가 미처 숙지하지 못한 버스 회사에서만 통하는 일종의 게임 같은 걸 하는 것으로 보였기 때문이다.

"겡찰 부리까?" 하는 사감의 말이 떨어지기가 무섭게

"쟈는 겡찰 불러야겠네. 단다히 꼬불쳤는갑다."

"겡찰서 저나하까요? 겡찰서가 몇 번이고?"

"빙시야. 몇 번은 몇 번이고? 일릴리 누질리고 여게 도둑 잡았심니다, 하마 오지."

둘러선 짐승들이 다들 한마디씩 했고 한 마리는 진짜로 전화기를 들기까지 했다. 그때까지 내게 경찰은 순사였다. 울어도 잡아가고 숙제를 안 해도 잡아가고 남의 밭에 콩을 훔쳐 먹어도 잡아가는.

내가 삥땅을 안 했다는 결백함을 증명하는 유일한 방법은 옷을 벗는 일밖에는 없었고, 그래서…… 했다. 씨발. 아무리 합리적인 근거가 있다 해도 변명일 수밖에 없는 경우가 있고 아무리 어쩔 수 없는 상황이었다 해도 용서되지 않는 일이 있다. 그들을 용서할 수가 없는 게 아니라 나를 용서할 수가 없었다.

더군다나 나는 어쩌자고 겨우 열아홉 살이었던 것이다. 순진하고 세상 물정을 몰라서라기보단, 무력했다. 무력하기 짝이 없다 보면 타협하게 되고, 타협에 길들여지다 보면 그게 사는 요령이라고 믿게 된다. 인간임을 끊임없이 부정당하다 보면 스스로 부정하게 되고, 오로지 연명하는 일이 지상 과제이자 존재 이유인 이들에게 인간의 품위와 계급적 자존감이란 깨달을수록 성가신 일일 뿐이다.

가방끈도 짧고 생쥐 '콧구녕'에 틀어박을 돈도 없는 아이가 홀홀 단신 객지에 나와 그야말로 먹고사는 일이 얼마나 어마어마하고 무시무시한 일인지 나름의 산전수전을 겪은 뒤 그냥저냥 길들여지는 게 살아남는 유일한 방법임을 체득한 무력하기 짝이 없던 열아홉 살.

요즘 십대들이 무섭다지만 그때 십대들이 더 무서웠다. 먹고사는 일에 목숨 걸었던 그 무서운 십대들이 결국은 독재를 유지시켰던 군주였고 지금도 먹고살게만 해 준다면 인권이나 환경이나 인간에 대한 예의 같은 건 삽시간에 나발이 되고 마니까.

먹고살기 위해 부끄러운 줄도 모르고 넘어간 일이 얼마나 많았을 것이며, 죽고 싶도록 부끄러웠으나 내가 무슨 힘이 있냐는 체념과 타협한 일은 오죽이나 많았겠는가.

자랑

노동조합이 아니었다면 내가 어떻게 살고 있을까를 상상하는 건 별 의미가 없다. 뻔하니까.

한진중공업에서 최초로 시작한 저항은 도시락 거부 투쟁이었다. 생각보다 훨씬 신 났다. 그렇게 크고 유명한 회사에 어떻게 식당이 없을 수가 있냐는 의문은 상식 차원이고 쥐들이 우글거리는 현장에서 새까만 꽁보리밥을 냄새 나는 공업용수에 말아서 후루룩 삼키는 건 현실 차원이었다.

도시락 거부 투쟁을 해 보자고 했던 건 종종 기발한 정식이 형이었다. 정식이 형 가방끈은 나보다 더 짧다. 근데도 이 형이 말하는 건 별로 틀리는 게 없었다. 열일곱 살부터 조선소에서 구르면서 익히고 터득한 짬밥의 지혜를 어느 ㄲ내끼 긴 통박이 당하겠는가.

될까 싶었다. 그건 현장에서 단련된 활동가들이 없으면 불가능한 전술이었고 뭔가 해 보자던 사람 세 명이 달랑 해고된 데다 우린 이미 '지하에서 특수훈련을 받아서 여섯 달을 굶어도 안 죽는 불사조에 급기야 베트남 공산화에까지 영향을 미쳤던 배후 조종자'들이라, 현장과는 이미 철저하게 격리되어 있는 상황이었다.

"해 보입시다!" 종종 명쾌한 정식이 형이 선언했고. 해 보지 뭐. 꾸역꾸역 동의했다. 밤새 가리방 긁어서 손바닥만 한 '삐라'가 만들어지고, 뿌려졌다. "우리는 개밥을 먹을 수 없다!" 이게 제목이고 내용도 별로 없었다.

하루만 하려고 했다. 하루만 되어도 기적이었다.

변고가 생겼다. 조선소에는 시운전 팀이 있다. 배를 만들어 선주에게 인도해 주기 전에 바다에 띄워 하자가 없는지를, 말하자면 점검하는 사람들이다. 이 사람들은 시운전을 나가면 며칠씩 걸리기도 한다. 망망대해에 떠 있던 사람들이니 속세에서 무슨 일이 벌어지는지 알 턱이 있겠나. 이 사람들이 바다에서 환속한 시간이 얄궂게도 점심시간이었던 게 첫 번째 운명의 장난이다.

> 도시락 이대로 좋은가!
> 회사와 원양식품의 농간으로
> 연간 8천 만원의 흑자를 내면서도
> 우리가 먹는 점심밥은 이대로가도
> 좋단 말인가?
> 몇사람을 위해 수천명이 계속
> 개밥을 먹을 것인가!
> 우리는 선언 한다.
> 도시락 거부 운동
> 1986년 8월 30일
> 더 이상 참을수 없다.
> 인간이 먹을수 있는 밥을 위해
> 개밥은 거부하자!
> 우리의 단합된 힘을 스스로 과시할
> 때가 왔다!

밥을 먹었다. 이들을 탓할 순 없다. 이들이 개밥에 코를 박고 있는 광경이 하필이면 상규 형 눈에 보인 게 두 번째 운명의 해코지다. 광주학살에 대한 미국의 책임이 분분할 때 전경들이 겹겹이 지켜 주는 미문화원 앞에 가서 아무 말 없이 오줌을 누고 온 '미문화원 방뇨 사건'의 주범, 그 상규 형이다.

말보다 주먹이 가까운 사람들 더러 있다. 상규 형이 이런 부류의 전형이다. 운명으로부터 가혹하게 버림받는 날이 있는데 그날 그 가련한 희생자의 운명이 그랬다. 직접 보진 않았는데 주먹이 날아갔단다. 듣기만 했는데 코뼈가 내려앉았단다. 휴대폰도 없고 인터넷 동영상이 없던 시절인데도 이 코뼈 사건은 삽시간에 퍼져 개밥은 아무튼 먹으면 죽는 독극물이 되었다. 대중의 자발성은 얼마나 창조적이고 기발한가.

둘째 날부터는 관리자들이 지키고 앉아 도시락 뚜껑도 안 여는 사람, 한 젓가락 먹은 사람, 두 젓가락 먹은 사람을 일일이 적고 앉았더란다.

> — 우리는 죽지 못해 먹어 왔다.
> 우리 현장 노동자들에겐 점심 먹는 일이 큰 고통이었다. 이것은 조선공사 노동자라면 누구나 뼈저리게 느끼는 사실이다. 삼천 명이 넘는 사람들이 몇십년 동안 억당도 없이 관리직과 차별 대우를 받으며, 쥐가 우글거리는 탈의장이나, 또는 먼지 자욱한 현장 구석에서 도저히 사람이 먹는 밥이라고 생각할 수 없는 도시락을 묵묵히 먹어 왔다.
> 지금 회사의 작태를 보라! 우리 노동자들의 안으로서 최소한의 요구를 성의 있게 들어줄 생각은 커녕, 갖은 악랄한 방법으로 단결을 일삼고 있다. 점심 도시락을 거부한 사람을 힘이 안전사고날 우려가 있다며 잔업을 안시키든가 졸렬한 방법으로 단결을 가로막고 있다.
> 지금까지 우리가 먹어 왔던 도시락이 과연 인간이 먹는 밥이었다면 그들이 그렇게 문제가 확산되는 것을 두려워 할 이유가 있겠는가? 근본적인 문제를 해결하려는 노력은 고사하고, 우리의 인간 다운 요구를 묵살하려는 회사의 비민간적인 처사 앞에 한없는 분노를 느낀다. 과연 우리는 이대로 물러서야 한단 말인가?
> 우리 같이 식당도 없이 540원짜리 도시락을 먹는 회사가 대한민국 천지에 몇이나 된단 말인가? 그것도 능 내 돈으로 부담해야 하니 이러고도 선진 조국 이라면 한심스러운 일이다. 인간이라면 최소한 먹는 것에서부터 권리를 찾아야 하지 않겠는가.

> 더군다나 지금은 추석 보너스 문제가 우리의 생계에 직접적인 영향을 미치는 시기이다.
> 더 이상 배부른 자들의 농간에 속아 넘어갈 수는 없는 일 아닌가? 분연히 일어서자! 우리 모두가 단결된 힘으로 최소한의 권리를 우리의 손으로 쟁취하자!
> 우리는 요구한다!
> 1. 관리직과 생산직의 차별을 없애고 현장에도 식당을 만들어 달라!
> 2. 현재 540원짜리 도시락을 800원으로 인상하라!
> 3. 추석 보너스 100%를 지급하라!
> 4. 현장 노동자의 복지를 외면하고, 이의 추구에만 혈안이 된 경영진은 각성하고, 현 사태의 책임을 지고 노조 집행부는 총 사퇴하라!
> ※ 도시락 값이 나눠지는 첫째 이유는 식대 중에서 우리의 부담액은 많고, 회사 부담액이 작기 때문이다. 대부분 타 기업체 및 공무원의 급식은 회사가 전액 부담 하고 있다 (대부분 1 천원 이상 상용주부담) 현재 도시락 값 540원을 800천원 민상하되 우리가 부담하는 180 천은 현재 대로 한다.
>
> **도시락 거부 운동**
> 1986년 9월 8일, 9일, 10일
> 3일간 (월) (화) (수)
> 여 기간 동안 점심 시간에 각 과별로 집합하여 각 과의 노조 대의원을 상대로 공개적인 공청회를 개최하자

누군가 과장 앞에 도시락을 탁~ 놓더니 "집에 개 키아요? 개 주소." 하고 나가니 그 앞에는 순식간에 도시락산이 용두산이 되더란다.

사흘 만에 게시판에 사장 명의의 대자보가 붙었다. 상여금 100%를 지급하겠다는 것과 연말까지 식당을 지어 주겠다는…….

이겼다.

최초의 단결이었고 저항이었고 이긴 것이었다. 이건 단순히 그동안 어용노조가 일방적으로 지급을 유보해서 몇 년 동안 구경도 못 해 본 상여금이 나오고 40년 넘게 식당 지어 달라고 그렇게 애원을 하고 고충처리 엽서 수만 장을 써도 안 되던 일이 사흘 만에 이루어졌다는 걸 의미하

는 것만은 아니었다.

하니까 되더라는 최초의 경험. 그리고 '거북선은 우리가 만들었다'는 통찰. 그 뒤 현장에선 관리자들의 말투가 시부저기 존댓말로 바뀌었고 '화이바'를 삐딱하게 쓰고 작업복 단추를 풀어도 더 이상 누구의 눈치를 보거나 지적받지 않는. 자유였다.

그 뒤로도 대중이 주인이었던 투쟁들은 참 재미있었다. 현장에 쥐가 많아 일을 못 하겠다고 온종일 쥐를 잡으러 다녔던 쥐 잡기 투쟁. 수천 명이나 되는 사람들이 굳이 한 화장실에서만 오줌을 누겠다고 공장을 휘휘 돌아 줄을 섰던 한 화장실 이용하기 투쟁.

만날 회사가 어렵다니까 회사 발전을 위해 신용협동조합에 저금을 하는데, 월급이 적어 많은 돈을 하진 못하니 작은 돈이나마 십시일반 저축을 하겠다고 꼬불꼬불 줄을 섰던 10원 저축하기 투쟁. 오늘은 특수선부 식당 밥이 왠지 당긴다며 선거탑재에서 그 넓은 공장의 끄트머리 특수선부 식당까지 30분을 깃발 들고 행진해서 밥 먹으러 갔던 식당 바꾸기 투쟁. 부서별로 숫자 세고 어려서부터 배운 대로 줄 맞춰서 출발하는 데만 점심시간 한 시간이 훌쩍 지나갔다.

참 사는 것 같았다.

싸워 보지 않은 사람들에게 노동자들의 투쟁은 위험해 보인다. 싸워서 얻은 해방감을 단 하루도 누려 보지 못한 사람들에게 노동조합을 지키겠다고 목숨까지 거는 이들은 무모해 보인다. 그들은 아직도 거북선은 이순신 장군이 만들었다고 믿어 의심치 않기 때문이다. 그러나 거북선은 우리가 만들었다.

둘/거북선을 만드는 사람들

사진 ⓒ 「참세상」, 오도엽

가느다란 나무뿌리가 그늘 드리운 고목나무 되도록
피를 섞어 물을 주고 살을 깎아 비료를 주며 알뜰살뜰 가꾸어 갈 사람들.
한번도 앞서거나 빛나지 않은 채 30여 년을 그렇게 살아왔고 수십 년을 그렇게 살아갈 사람들.
지금도 구석구석에서 무딘 쇠를 벼려 칼을 만들고 묵은 땅을 갈아엎을 쟁깃날을
담금질하고 있을 보석 같은 사람들. 그들에게서 우리의 전망을 찾아야 하는 건 아닐까.

여기 실린 글은 영남노동운동연구소에서 발간하는 『연대와 실천』에 1994년 12월에서 1995년 5월까지 "김진숙이 만난 사람들"이라는 제목으로 연재된 것이다. 당시 부산노동자연합 의장이던 김진숙은 각 지역에서 치열하게 활동하는 진짜 노동자들을 직접 취재하고, 그 진솔한 이야기들을 현장감 넘치는 글을 통해 독자들과 함께 나누었다. 4회를 연재하다가 1995년 가을, 구속과 함께 연재가 중단되었다.

"난 일기짱으루다 갈키여"

전하동, 남목 삼거리, 만세대…… 그리고 시가전(市街戰).

유인물에서 본 낯익은 거리 이름들을 표지판에서 보니 이곳 울산에 오기 전의 설렘이 구체화되는 느낌이다.

이 거리 곳곳에서 짱돌이 날으고, 최루탄이 난무하고, 쏟아져 나온 함성들이 뒤덮고 그랬겠지.

노동자들. 그 지난한 투쟁의 현장. 그 어디에 피로 얼룩지지 않은 곳이 있으랴만 그중 대표적인 격전장. 전적지를 답사 나온 듯 장엄한 기분이 된다. 그러고 보니 아련히 포화 소리가 들리는 것도 같고 최루가스 냄새가 매캐하니 배어나는 듯도 싶다.

마침 퇴근 시간이라 그런지 현대중공업 정문 앞엔 줄지어 쏟아져 나오는 오토바이 행렬이 끝도 없다. 왠지 울산의 오토바이엔 부대(部隊)라는 말이 붙어야 제대로 굴러가게 될 것 같다.

오토바이가 여기만 있는 건 아닐진대 1987년 그 장엄했던 시가전의 사진이 슬라이드처럼 지나가며 지나는 오토바이마다 사진 속에서 한 번은 본 듯 낯익다.

아련한 향수에 젖어 눈마저 반쯤 감기려는데 부-아-아-앙. 소리도 요란한 오토바이가 번개 치듯 지나간다. 어~ 차인표 오토바이네. 늘씬하고 번쩍거리는, 그래서 주인의 작업복을 너 남루해 보이게 하는 그 차인표 오토바이는 8년여 전의 아련한 추억을 그렇게 가차 없이 동강 내며 그 뒤로도 두어 대가 더 지나간다.

변한 건 그뿐만이 아니다. 현대쌀집, 현대이발소, 현대상회, 현대오토바이, 현대식당…… 온통 현대 일색이던 남루하던 간판들의 자리도 이제는 휘황찬란한 VIP단란주점, 엑스포당구장, 파노라마노래방, 남목숯불갈비, LG25시, 빅게이트가 아주 익숙하게 번쩍거리고 있었다. 정말 그들이 변한 걸까. 정말 먹고 마시고 흥청거려도 좋을 만큼 '고통전담'에서 헤어나 삶의 질이 '세계화'된 것일까.

그분을 빨리 만나야 될 것 같다. 나이 마흔여섯. 현대중공업 경력 10년의 가장 평범하다는 노동자. 중간에 소개를 해 준 분에게 어떤 분이냐고 물었을 때 "그냥 노동자예요. 그냥 성실하고 우직한……."이라는 짧은 대답이 궁금증을 더하게 만든다.

그분을 만나기 위해 우선 중간다리 역할을 했던 현대중공업 해고자 천창수 동지를 먼저 만났다. 1987년식 프레스토 승용차를 털털거리며 약속 장소를 찾아가는데 백미러를 자꾸 보던 천 동지가

"뒤에 한번 보이소. 누가 따라오죠?" 하신다.

"누가 따라 오다뇨?"

"며칠 전부터 회사 경비가 자꾸 따라다녀요."

"미행을 한단 말이에요?"

"예."

"수배 중이에요?"

"아니요."

근데 무슨 19세기 미행 타령이람. 오랫동안 핍박받으며 살아온 운동권 특유의 과민 반응이겠지.

골목을 몇 구비 돌아 드디어 목적지에 도착했다. 뒷 차도 같이 멈춘다. 본능적으로 신경이 쓰인다. 뒷 차 옆으로 다가가니 차를 빼려고 황급히 서두른다. 다가가 표정을 보니 신념에 찬 눈빛이 아니다. 낮은 포복 자세로 비굴한 삶을 살아온 쥐새끼 특유의 눈빛이다.

급하게 기어를 넣는 차를 가로막고 "왜 자꾸 따라다녀요? 한 번만 더 따라다니면 재미없어."

천 동지의 호통이 채 끝나기도 전에 꽁지가 빠져라 줄행랑이다. "누구예요?" 하고 물으니 중공업 경비란다. 내 짐작이 틀린 게 겸연쩍기도 하고 그동안 긴장을 맥없이 풀어 놓고 산 게 미안스럽기도 해서 "여긴 아직도 저런 게 있네요." 하니 "임투 때가 됐잖아요." 하신다.

개발독재에 기생해서 온갖 특혜를 누리며 수많은 노동자의 고혈을 합법으로 착취하는 대가를 독재 정권과 갈라 먹으며 비대해질 대로 비대해진 거대 자본이 왕국을 세웠다는 현대특별시. 그래, 여기가 바로 그 울산이라는 실감이 또 한번 든다.

쥐새끼와의 일전이 싱겁게 끝나고 따라간 곳은 어두컴컴한 지하. 칙칙한 분위기로 봐선 커피숍이나 나이트클럽은 아닌 것 같고 중간쯤 내려가니 통탕통탕 장구 소리가 요염하다. 똑. 똑. 예의 바르게 노크를 해도 '하냥

저냥' 장구 소리만 똥또동 똥똥 천연덕스럽다. 문을 열어도 아무도 뒤돌아보는 사람이 없다.

"강석용 씨 계세요?" 목청을 높이니 벌떡 일어서시는 분. 아. 저분이 웬일로? 앞으로 몇 걸음 걸어오시고 나서야 나의 착각이었음이 확인된다. 어쩜 저렇게 닮으셨담. 5년을 한 식구처럼 지내던 내가 해고되고 출근투쟁을 한다고 회사 문 앞에 처연히 서 있을 때, 뱀처럼 눈을 번뜩이며 빙 둘러섰던 관리자의 눈초리가 두려워 횡단보도 저쪽에서 건너오지도 못하고 돌아가지도 못한 채 신호가 몇 번이 바뀌도록 눈물만 글썽이고 서 있던 강 씨 아저씨.

고통스러운 출투가 두어 달 이어지고 관리자들과 경찰들 그리고 어용 노조 간부들의 그악스럽던 감시와 폭력도 시들해지던 어느 날. 급하게 횡단보도를 건너오신 강 씨 아저씨가 내 주머니에 얼른 뭔가를 넣어 주고 가셨다. 뭘까.

그 자리에서 펴 보지는 못 하고 손으로 만져 본 촉감은 그냥 꼬깃꼬깃 접은 종이였다. 아주 따뜻한. 너를 보기가 괴로우니 이제 그만 두라는 게 아니면 힘내라는 정도의 쪽지일 거라고 생각했다. 나중에 보니 접다접다 못해 담배 필터만하게 똘똘 말린 그것은 얼마를 그렇게 넣고 다니셨던지 귀퉁이가 헤어진 만 원짜리 지폐였다.

천장 용접을 한다고 불똥을 온통 다 뒤집어쓰고 있노라면 말없이 다가와서 홀더를 뺏어서는 내 대신 불똥을 흠뻑 뒤집어쓰곤 "내는 원체 못생겼응께 곰보가 돼도 벨 표시가 안 난다 아이가." 하며 웃으시던 분. 그 아저씨들을 맘 놓고 만날 수 없는 상황에 맞닥뜨려서야 비로소 내가 처한 해고라는 무서운 현실을 절감했었다.

내가 잠시나마 그분과 이분을 혼동한 건 그냥 한순간의 착각일까. 검은 얼굴(김건모의 '까만'과는 질적으로 다른), 검은 손. 그것만으로도 자신이 살아 낸 세월의 두께를 읽게 하시는 분들(피부뿐만 아니라 세포나 뼈까지 검어서 실제로 피마저도 검을 것만 같다).

보푸라기 일어난 낡은 잠바엔 있을 법한 노조 간부의 명찰도 없다. 뭐부터 여쭤야 하나. 아, 그렇지.

"고향이 어디세요?"

"제천여."

제천이 어디더라. 강원도든가, 전라도 어디메든가. 짧은 순간 머릿속에 우리나라 전도를 그려 봐도 제천은 안 보인다. 도대체 어디야. 짧은 대답 때문에 내가 머뭇거린다고 생각하셨던지 "충북 제천여." 해 주신다.

"아, 예. 충북 제처언."

고향 얘기를 먼저 꺼내면 두세 단락쯤은 으레 따라 나와야 하는데 그걸로 고만이다. 그 어려운 경상도 사투리가 아닌 건 참 다행인데. 날 경계하시나. 한참을 볼펜 돌리는 소리만 어색하게 서걱거린다. 그렇지. 나도 중공업 출신이니까 일 얘기를 하면 뭔가 먹힐 거리가 있을 거다.

"현장에선 무슨 일을 하세요?"

"뻥끼칠이여."

"아. 도장공이세요? 머리에 두건 같은 거 쓰고 이따만 한 스프레이 갖고 이렇게 찌~익 하는?"

내 정체를 알리기 위해 도장 작업하는 흉내까지 내 본다.

"어째 아시네여?"

"그럼요. 저도 한진중공업 땜쟁이 출신인데요."

흉터가 어디 남아 있다면 용접 불똥에 덴 자리라도 보여드리고 싶은 심정이다.

"부산에 한진중공업이여?"

"예에. 한진중공업 노조가 유명하잖아요?"

내 정체를 밝히는 작업에 이제 노조 유명세까지 가세를 했다.

"그럼. 박창수 씨를 아시겠네여?"

그럼, 아다마다요. 소리가 대뜸 나와 주질 않는다. 이제는 솔직히 잊고 사는 날이 더 많은 사람. 여기서 그분의 이름을 듣게 되다니, 얼마 뒤면 또 5월이 돌아오는구나.

"지가 그때 그 냥반 장례헐 때, 부산두 가 보구 한진두 가 보구 그때 즘 가 봤어여. 아무리 먹고사는 게 바빠두 그런 냥반 정신을 안 잊어 먹구 살아야 허는데."

누구에게랄 것도 없이 죄송합니다, 소리가 올라오다 목울대 근처에서 꽉 막힌다.

"지가 원체 배운 게 짧아 놔서 앞장스지도 못허구 그렇다구 따라가는 것두 옳게 잘 못 따라가여. 단지 내가 그래두 이거라두 허겠다는 건 다 내 죄 딲음이지여."

죄 닦음이라니?

"지가 진 죄가 참 크다면 크지여. 그래두 다덜 이해를 해 주구 덮어 주구 허니까 이래라두 허지여. 안 그렸으면 난 벌써 죽고 없지여. 식칼테러 사건 아세여?"

 1989년 현대중공업에서 장장 128일 동안 파업 투쟁이 벌어지고 도저히 그 투쟁의 기세를 꺾을 방법이 난감했던 회사 측에선 노무 담당 간부가 회사 경비들을 사주하여 식칼로 무차별 난도질을 해 10여 명에게 중상을 입히고 30여 명의 노동자에게 씻을 수 없는 칼자국을 남겼던 그 끔직한 식칼테러 사건. 당시 사건의 참상을 전하던 사진과 포스터에서도 핏방울이 뚝뚝 떨어질 듯 온통 살점이 헤집어졌던 노동자들. 마치 5월 광주 사진첩의 어느 갈피를 떼어낸 듯했던 그 피비린내 나는 살육 사건. 자신들만의 아성을 방어하기 위한 자본가의 만행이 어디까지 갈 수 있나를 적나라하게 보여 줌과 동시에 그 아성을 깨뜨려 생존권을 지키고자 하는 노동자들의 처절한 투쟁이 얼마나 절박한가를 생생히 보여 준 사건. 감히 차인표 오토바이가 동강 내며 달려간다 한들 역사는 이렇게 또 이어지며 질주해 나가는 것을.

 "그 사람덜은 지가 찌른 거나 마찬가지라구 봐야지여."

 구사대였다는 말씀 아냐, 그럼. 아무리 찬찬히 뜯어 봐도 그런 잔혹한 구석은 도저히 찾아지질 않는다.

 "구사대나 그런 것두 배짱이 읎어서 못허구. 그르니까 2·21 테러 사건이 나기 전날 20일. 직장(職長)이 우리 집엘 다 찾아왔드라구여. 어머이 생신 때 큰맘 먹구 불러두 안 오든 사람인데 지 발루 찾아와선 '일하면서 좋은 길 찾아봐야 안 되겄나. 노사가 협조적으루다 풀어야지 이렇게 버팅긴다구 될 일두 아니구 일단 일을 해야 살길이 마련되는 거다.' 그러길래 그때는 그게 존 말이라구 생각을 했지여. 그래서 21일 날 출근을 허구

둘/거북선을 만드는 사람들

보니까 반장허구 직장 빼니까 작업자는 나허구 서넛뿐이었어여. 쏙았다는 생각이 들었지만 돌아가기두 그렇구 어정쩡하게 일하는 것두 아니구 노는 것두 아니구 시간만 가라 그러구 있는데 즘심 시간 싸이렝이 울어여. 일딴 즘심이나 먹구 다시 생각해 보자 싶어서 배에서 내려와서 밥 먹으러 간다구 가다가 잽혀갔어여."

"어디로요?"

"파업하는 사람덜 뫼 있는 운동장이여."

한동안 말이 끊어진다. 땀이 나는지 손으로 이마를 문지르시는데 때맞춰 천창수 동지의 딸내미가 전기난로의 OFF를 눌러 버린다.

"하야튼 수만 개의 눈이 다 내를 쳐다보구 그 많은 사람덜 앞에 무릎을 꿇쳐서 앉히더라구여. 그 길루 끝이구나 싶었지여. 진짜 맞어 죽는지 알았어여. 아따, 참. 그때 생각허면 지끔두 등에서 땀이 나여. 그래놓구 그 사람덜 얘기가 지끔 생각해두 뜨끔해여." 내 손에도 땀이 난다.

"뭐라 하던데요?"

"같이 잽혀간 사람덜이 몇 명 있었는데, 그 사람덜 얘기가 우릴 잡아간 사람덜이 노조에서두 질 심헌 강경파래여. 그래서 츰엔 겁을 되기 먹었는데 그 사람덜 얘기 틀린 거 하나 없대여. 목이 다 쉬어 가지구는 그래여. 우린 다 같이 살자구 이렇게 투쟁을 허는데 어떻게 같은 조합원이면서 당신들만 살자구 회사 편에 붙어서 일을 헐 수 있느냐, 그거에여. 그리구 오늘 회사에서 신익현이 똘마니덜이 칼을 휘둘러서 수십 명이 칼 맞구 병원에 실려 갔는데 어째 느그는 속 펜허게 일을 헐 수가 있느냐. 듣고 봉께 구구절절이 다 옳은 말이구 진짜 죽을죄를 졌구나 싶었어여. 회사에서 칼을 휘둘렀다는 게 츰엔 안 믿어지구 그래서 그 길루 벵원엘 갔지여. 전 그때까지만 해두 회사에서 그렇게 불상사적으루다 막갈 줄은 몰랐거든여. 벵원에 가서 봉께 참 눈 뜨곤 못 보겠대여. 그때 칼 맞고 뉘 있던 사람 중에 이용규 씨라구 내가 아는 사람이 있습디다. 그 사람 눈을 똑바로 못 쳐다보겠대여. 낭중에 들리는 말이 이용규 씨는 칼 들구 설치는 사람덜 앞에서 피를 보는 차원은 막아 볼라구 비폭력을 외치다 칼 맞았다대여. 뉘 있는 사람덜을 내 눈으로 직접 봉께 그렇게 죄송헐 수가 없구 식칼로 찌른 사람덜보다 내가 더 나쁜 늠 겉구. 그 심정 안 당해 본 사람은 잘 몰를 거에여. 내가 술을 잘 못 허는데 그날 벵원에 갔다 오면서 댓병짜리 술을 사서는 을마를 먹었는데두 술두 안 취허구 잠두 안 오구. 꿈을 꾸면 왼통 숭악스런 늠덜만 비구. 참 미치겠대여."

온통 갈라져 터진 검고 투박한 손이 떨리고 있었고 어눌한 목소리도 떨리고 있었다. 그것만으로도 7년 전의 참회가 거짓이 아닌 진실이었음이 아프게 잡혀 온다.

"그러구 나서 골리앗에 올라갔지여. 내보군 누가 올라가잔 말두 안 했는데, 거기라두 안 올라가면 내 죄 갚음 할 길이 없겠더라구여. 동기는 그냥 이 죄를 내가 씻자. 그 동기였어여."

"골리앗 위에선 얼마나 계셨어요?"

"한 보름 있었나. 그쯤 되지여. 딴 사람덜은 신익현이 욕을 해두 난 욕을 못 해여. 헐 수가 없지여. 나를 인간 맹기러 준 게 바로 그 사람이거든 여. 골리앗에서 내려옹께 징계위 오라구 통보장이 왔어여. 징계위 올라가 서두 신익현이 앞에 가서 내가 큰절을 했어여. 당신 바람에 존 경험두

해 보구 골리앗에 올라가 봉께 시상이 달리 보이드라. 새 시상을 봤다. 그랬지여."

손에 칼을 든 자본가 앞에 가슴에 비수를 품은 노동자가 올렸던 큰절. 큰절이라는 게 통렬한 복수의 의미로 쓰일 수도 있다니. 어린 시절에도 여자 애들 고무줄 한번 끊어 보지 못했을, 남에게 해코지라곤 못해 봤을 이분 나름의 설욕이었으리라.

"큰절을 하니까 신익현이가 뭐라 그래요?"

"즘엔 어이가 없든지 뺑 쳐다보대여. 그러더니 '당신두 아들 있지여' 그래여. '있지여' 허니까 '그래 가지구 아들 교육을 어째 시키여?' 헙디다. 그래서 '당신덜은 돈으루 갈키겠지만 난 일기짱으루다 갈키여' 한마디만 했습니다."

일기장으로 가르친다? 그건 나중에 여쭤 보기로 하고,

"그래 징계 결과는 어떻게 나왔습니까?"

"즘엔 정직 4주 먹었는데 재심해서 2주로 깎았지여. 이리저리 해고자 덜 찾아댕기매 진심으루 사과허구 그러구 돌아댕기는데 해고자가 으찌 많든지 2주가 후딱 가 버려여. 괜히 재심했다 싶대여."

"아까 일기장으로 아들 교육을 시킨다고 하셨는데, 처음 들어 보는 교육 방법인데요?"

"내가 원체 배움이 짧아여. 중핵교 2학년 댕긴 게 끝이니까. 그걸 밑천이라구 가지구 사회에 나오니까 참 아쉰 게 한두 가지가 아니대여. 말두 벤벤히 못허구 글두 제대루 못 쓰구 사람들두 자꾸 날 열등감으루 보는 것 같구. 생각적으루다 자꾸 그러니까 즘즘 더 오그라드는 거 같구. 그땐 헹펜이 그랬응께 핵교 못 댕긴 건 누구 원망헐 일두 아니구. 그때버텀 차래리 일기래두 꼬박꼬박 쓰는 걸 습관으루 디렸으면 문장두 즘 생기구 말두 즘 늘구 그랬을 건데. 그게 한이 돼서 내가 아들만 둘인데 가이들헌텐 성적으루보담두 일기루다 습관을 디리라구 만날 노래를 불러여. 어짜피 대핵교 보내기두 심들 거 같구……."

"가족 관계는 어떻게 되세요?"

"우리 집이 부자는 아니래두 가족 관계는 참 화목헌 편이지여. 지가 유복자거든여. 그래서 지끔두 고향에 가면 지 이름을 유복이라구 불러여. 아부지 일찍 여이고 우리 어머이 고상하신 거 말로 다 못허지여. 우리 집사람 츰 만나서두 첫마디에 지가 그랬지여. 난 얼굴 같은 건 안 본다. 우리 어머이가 이렇게 사신 분이다. 그런 차원이기 때문에 어머이 살아생전엔 내가 모신다. 어머이만 잘 뫼시면 나한텐 어째두 좋다, 그랬지여."

"그러니까 부인께서 단번에 좋다, 그러세요?"

"뭐. 비판은 않더라구여. 지 집사람두 어머이를 일찍 여의고 외롭게 자란 사람이라 그런지 내 어머이처럼 모시면 안 되겠냐는 쪽으루다 얘길 해여. 그 말이 그렇게 이쁠 수가 없대여. 그래 결혼식을 허는데 사윗감맘에 안 찬다구 처갓집에선 오두 안 했지여. 지끔 지 집사람이 시어머이보구 엄마, 엄마 해여. 그게 마음적으루다 너무나 고맙지여. 모르는 사람덜이 집에 오면 지가 장모 뫼시구 사는지 압니다. 딴 건 몰라두 그거 하나는 지가 참 자랑하고 살지여."

"이렇게 바깥 활동하시는 것에 가족들 반대는 없으세요? 연세도 있으신데."

"활동을 연세루 허나여. 뭐 대단헌 걸 허는 것두 아니구. 몇 년 전까지만 허드래두 저짝 산동네에 살았는데 그때 옆집에 해필 신익현이 친구가 살었어. 그 집이서 식구대루 나서서 우리 어머이헌테 노조 물들면 신세 조진다. 그런 사람 한둘 봤냐. 늘그막에 어쩌실래냐. 으찌 그래 쌌는지 그 사람덜 얘기만 듣고 어머이가 하두 걱정을 허셔서 그땐 참 심들었어여. 그래 지가 한 날은 그랬지여. 난 진 죄가 있기 때민에 남덜 열 개 헐 때 스무 개 해야 허는 입장이다. 스무 개 헐 재주가 없는 게 한이 된다. 그리구 내가 진 죄에 대해서 쭉 말씀을 다 디렸지여. 그러구는 회사가 옳겄냐, 어머이 아들이 옳겄냐, 누가 옳겄습니까. 어머이 아들이 이 나이 먹두룩 사내대장부루 시상에 났으면 기 한번 쭉 피구 살아야 않겄습니까. 내가 손가락질받구 살면 우리 아이들두 기죽을 거 아니겄습니까. 단도직입적으루다 그랬지여. 그러구 나선 어머니나 집사람이나 지끔은 후원허는 입장이지여. 가족적으루다만 보면 난 시상에 남부럴 게 하나 없어여."

시계를 보니 저녁 9시 30분이 넘어간다. 사장이 지 배부르면 노동자 배고픈 줄 모른다더니 난 저녁을 먹고 갔으니까 트림까지 하고 앉았는데, 퇴근하자마자 바로 오셨으니 얼마나 시장하실까 하는 생각이 그제서야 든다.

"시장하시겠네요."

"뭘여. 만날 저녁은 10시나 돼야 먹어여. 풍물패 활동한 지가 한 8년 가차이 되는데 저녁마다 연습을 허구 들어가거든여."

"어떻게 한 가지 활동을 8년이나 하셨어요?"

인간 강석용의 진면목이 보이는 대답을 하신다.

"그때 진 죄가 아직도 깨깟허니 가셔지질 않구 뭔가 내가 헐 일을 열심히 해서 죗값을 허구 싶은데 딴 건 시켜 줘두 잘 못허구 이 풍물은 말두 필요 없구 글루 허는 것두 아니구 그냥 손허구 발만 있으면 되드라구여. 그래서 편해여. 이거라두 허구 집에 들어가야 뭔가 했다 싶어서 애들 얼굴이라두 바라봐지구 그렇더라구여. 아무것도 안 허고 들어가면, 내가 집에 가면 애들헌테 일기 썼냐구 물어보는 게 질 먼저 순선데 그것두 못 물어보구 그냥 자여."

투명하고 맑기만 한 양심에 오히려 가슴이 아린다. 돈과 권력을 가진 놈들은 그걸 지키기 위해 아니 더 큰 걸 갖기 위해 인간이 해서는 안 되는 짓까지도 서슴없이 저지른다. 그런 놈들이 지배하는 세상에서 각종 범죄나 극악무도한 패륜들은 오히려 당연한 귀결인지도 모른다.

약 두 시간 30분 동안의 대화 내용 중 절반 이상을 강석용 씨는 자신이 저질렀다는 '죄'에 대해 말씀하셨다. 다른 사람이 파업할 때 자신은 관리자에게 불려 나가 작업을 했다는 죄. 그리고 그 죄를 씻는 나름의 방법에 대해.

진짜 죄인들이 들으면 웃을 것이다. 그들은 인간의 순수함과 도덕, 진실 같은 건 믿지 않을 테니까. 자신들의 재산과 권력을 지키는 데 그것들이 어떤 역할을 하리라 기대하는 자본가는 아무도 없을 것이다. 그들이 지배하는 사회 법칙에 그런 건 아무 '쓰잘데기' 없는 허섭스레기일 뿐일 테니까.

노동 해방이 되면 말끔히 정화해서 데리고 살아야 할 무리들이 오죽이나 많을 것인가. 그래도 그중 정화 가능성이 있는 것들을 추려서 강석용 씨 같은 분과 한 달이고 두 달이고 함께 살게 하면 성과가 있지 싶다.

말도 필요 없고 그냥 이분이 살아가는 모습, 그걸 보여 주는 것만으로도 착한 본성 찾기의 훌륭한 프로그램이 될테니까(만고 내 생각이지만 참 기막힌 발상인 것 같다).

강석용 씨 같은 어쩌면 동화 속에 사는 소년 같은 그분의 맑은 심성이 '실존'하므로 난 노동 해방을 믿는다.

노동자. 그들의 깨끗한 양심과 건강한 의지가 일구어 갈 새 세상. 아, 노동 해방! 그러나 필요한 건 조직이다.

"산별노조에 대해선 생각해 보셨어요?"

"그런 쪽으루다 생각헌다기보다두 얘기는 많이 들어 봤지여. 어짜피 우리찌리는 안 되는 거구. 중공업두 우리찌리 헐 건 다 해 봤어여. 128일 동안 파업헐 땐 절마들이 식칼까지 들고 나서구. 골리앗에 올라갔을 땐 하야튼 노태우 군대, 경찰은 다 나스구, 비행기루 뿌려 대구 배루 쳐들어오구 물대포꺼지 맞어 봤으니까여. 그거 한 방에 사람이 휭 날라가 뻐리대여. 아따 참. 육이오예여, 육이오. 우리두 이제는 중공업이나 현총련 차원두 좋지만은 더 많은 차원으루다 뭉쳐야지여. 그런 차원에서 산벨노조는 참 존 거라는 건 노동자라면 누구나 그렇게 생각허지여."

"올해 임투는 어떻게 될 것 같아요?"

"어짜피 임투라 하면 파업을 헐 꺼냐 말 꺼냐는데 그건 우리가 츰부터 파업으루다 가는 게 아니라 회사에서 해마다 그렇게 맹기니까. 어쨌든 중공업은 해여. 집행부두 그렇구 헨장 분이기두, 올해두 어짜피 해야 되지 않겠냐는 쪽으루다 많이 흘르구."

"지금 현장 분위기는 좀 어때요?"

"많이 떠 있지여. 메칠 전에 회사에서 참치 선물 세트를 줬는데 줘도 해필, 먹으라는 날짜두 다 지난 썩은 괴기를 줘서 집단으루 식중독에 걸렸어여. 신문에두 나구 시끄러웠는데. 그래 그것 때민에 오늘두 집회를 했어여. 주기 싫으면 주질 말든지, 아무두 참치 달란 말두 안 했는데. 임투 앞두구 사탕발림이라두 해 볼래는 건데 외려 코 꿨져. 뭘 줘두 존 맘으루 안 주구 딴맘을 먹으니까 탈이 생겨여."

"임금은 얼마나 받으세요?"

"잔업 다 하면 한 80만 원 돼여. 기본금만 하면 66만 원이구여."

"중·고등학생 학교 보내기도 빠듯하시겠네요?"

"난 그래도 팔자 펜한 쪽이지여. 집사람도 벌어여. 중공업 식당에 10년 넘게 댕기는데 용역이라 맘 상할 때가 많지여. 그래두 그거라두 안 벌면 지 혼자 심으룬 어림두 안 돼여. 집사람헌텐 대놓구 못 해두 마음적으룬 노상 고맙구 그렇지여."

"부인이 용역 업체에서 일을 하시면 더군다나 하청이나 외주 업체 노동자들 문제에 대해서 고민이 많으시겠네요."

"뭐, 고민꺼지 해 본 건 아니구. 생각적으루야 직영이다 외주다 그런 걸 다 떠나서 한 노동잔데, 우리가 파업헐 때 그 사람덜이 일헌다구 무조건 욕허구 몰아칠 게 아니라, 그 사람덜은 그래 안 하면 당장 못 먹구사는 사람덜인데 감정적으루다 해선 외려 더 나빠지는 거구, 그 사람덜두 다 감정이 있는 사람덜인데. 몰라서 못 허는 사람덜헌테는 붙잡구 얘기두 많이 해 주구 알면서두 못 따라 허는 사람덜헌테는 몸은 그래 못 해두 마음적으루라두 같이 헐 수 있게끔 직영에서 애를 많이 써야지여. 안 그러구 자꾸만 등을 돌리구 내논 자식 보듯 허면 아들두 아부지를 찔러 죽이는 무선 시상인데 우리끼리 꼬시래기 지 살 뜯어 봐야 회사 사람덜 존 일 시키는 거구. 그래서야 산벨노조라는 건 내가 볼 땐 천 년 세월두 모잘르지여."

"도장 일을 10년 넘게 하셨으면 직업병도 걱정이 많이 되실 텐데요. 얼굴이 검으신 것도 맘에 걸리고. 진폐 검진은 받아 보셨어요?"

"얼굴 꺼먼 거야 원체 뻥끼에 녹아서 그렇구. 회사에서 때 되면 시켜 주는 검진은 안 빠지구 받아여. 그걸 믿는 사람이 아무두 없어서 그렇지. 그렇다구 어째 볼 도리두 없구. 내 몸은 내가 지키는 게 질인데, 이것두 직업병인지 어쩐 건진 몰라두 몇 년 동안 감기 기운은 노상 짊어지구 살구 만날 머리가 떵허니 휘둘리는 것두 그렇구 코가 미어져서 아무 냄새 두 못 맡구 산 지가 벌써 오래됐어여."

중학교 2학년 때 학교를 포기하고 '뭔가 있을 것 같은' 서울로 무작정 가서 종이 공장부터 시작했다는 노동자 생활이 30년.

"고생 많으셨겠네요."

그냥 인사치레가 아닌 저렇게 맑고 착한 심성이 건너오기에는 너무나 각박하고 모질었을 세상살이에 대해 진심의 위로 말씀이랍시고 고르고 골라서 건네 본 건데,

"안 해 본 게 없지여."라는 한마디로 지난한 인생 역정을 대신하신다.

갖은 폭력과 테러 앞에서 피범벅이 되어 가며 싸워 온 사람들. 정주영이 자본의 신화를 만들어 냈다면, 싸움의 선봉에 선 그들은 역사 앞에 투쟁의 신화를 창조해 낸 사람들이다. 10여 년 세월 동안 하혈하듯 피를

쏟으며 이룩해 낸 투쟁의 신화. 그러나 나는 오늘 울산에서, 이곳엔 그런 분들만 존재하는 건 아니라는 중요한 깨달음을 얻고 돌아간다.

울산에서 그 신화 같은 투쟁의 역사가 있기까지 수천수만의 강석용이 있었으리라는 확인은 참으로 기쁘고 뿌듯하다. 소련이 망하고 동구 사회주의가 무너졌던 그날도 변함없이 용접 가스를 마시고, 쇳가루에 밥을 섞어 먹으며 신나 냄새를 공기보다 더 많이 마시면서 묵묵히 자기 자리를 지켜 온 사람들. 절박한 생존권의 벼랑 끝에서 나무뿌리를 부여잡듯 그렇게 노동조합이라는 희망을 붙잡고 버텨 온 사람들.

그들이 붙잡고 있던 노조라는 가느다란 나무뿌리가 제법 그늘까지 드리운 산별노조라는 고목나무가 되도록 피를 섞어 물을 주고 살을 깎아 비료를 주며 알뜰살뜰 가꾸어 갈 사람들. 투쟁의 시기가 되면 있어야 할 자리에서 집행부의 실천 지침을 묵묵히 기다리는 사람들. 한 번도 앞서거나 빛나지 않은 채 30여 년을 그렇게 살아왔고 수십 년을 그렇게 살아갈 사람들.

강석용.

지금도 한반도 구석구석 곳곳에서 무딘 쇠를 벼려 칼을 만들고 묵은 땅을 갈아엎을 쟁깃날을 담금질하고 있을 보석 같은 사람들. 소련이나 동구가 아니라 그들에게서 우리의 전망을 찾아야 하는 건 아닐까.

일편단심 상집

"기왕지사 쓸라먼 대우조선 권동기가 아니라 대우조선 노동조합 권동기라고 꼭 잠 써 주씨요이. 은제나 참 살기 좋은 시상을 고민허는 권동기라고 딱 부러지게 쓰씨요. 난 거창헌 거슨 싫응께 고로큼만 쓰먼 되아요. 먼 말인가 재탕 안 혀도 알아묵겄지라?"

'기자님허고 단 둘이 헐 말은 한나도 없당께.'라며 빼고 빼다가 '관행상' 결국은 단 둘이 앉아 말문을 연 거창한 첫마디가 기를 팍 죽인다. 자신의 삶에 확실한 철학이 있는 분이란 건 참 고마운데 내가 자꾸 주눅이 들어 큰일 났다.

"아따, 멀 고로크롬 빼 쌓소. 빨랑빨랑 물어 보랑께. 인타뷰가 벨거다요. 헐 말 허고 쓸 말 쓰고 허는 거이제. 보아허니 나이도 솔찮이 먹은 냥반 겉은디 원래 늙은 소가 풀밭은 더 찾고 콩 맛은 더 안다고 안 허요."

저건 또 뭔 소리다. 워매 참 환장허겄네.

"기자 냥반이 고로크롬 부처 시늉을 허고 있으면 이 권동기가 워째야 쓸 게라? 즘잔 뺄 필요 없어라. 죽으면 썩어질 몸인디. 그러면 나가 쓸 팅께 거그서 야그헐라요?"

"아, 아닙니다. 저 저는 기자 양반이 아니고……." 급기야는 말까지 더듬거린다. 정말 워째야 쓸 게라?

"아따, 나가 다 아요. 으쨌거나 고상 많소이. 다 존 일 헌다고 차 타고 배 타고 여꺼정 왔는디 거그서 취재를 뽄새 나게 지대로 헐라면 나가 말을 잠 줄이야 쓰겄지라?"

"아니, 뭐 그러실 것까진 없고, 성격도 그렇게 소탈하시고 말씀도 그렇게 귀에 짝짝 달라붙게 하시면 주변에 따르는 사람이 많겠네요?"

"워매, 참말로 사람 볼지 아씨요이. 나가 요짐 겁나게 잘나가는구만이라. 나가 진작에 요 질로 나갔으면 테레비에서 나 얼굴 겁나게 봐 부렀을 거인디. 그건 농담잉께 싹 빼 불고, 인자버텀 허는 야그만 잘 쓰씨요이. 준비되았지라? 사람이 말이요이 으쨌거나 한마음으로 사는 기 참 심든 시상이 되아 부렀어라. 나가 참 사십 펭상을 살아 봉께 일펜단심으로 질게 나가면 이게 빙신 취급허는 시상이라. 그래도 상집(노조)에서 권동기를 요로크롬 키아 주는 건 회사에서 사 주는 술도 안 묵고 맘도 안 벤헝께 은젠간 쥐구녕에도 볕 들 날이 온다 그거이제. 87년버텀 쭉 뒤에서만 따라 댕기도 열심히만 따라댕기면 은젠간 참 알아준다 그 말이어라. 나가 틀린 말인가 물어볼라면 물어보씨요."

이쪽 자리의 얘기가 워낙 열이 올라 저쪽 편 상집 간부 몇 분이 앉아 있던 자리까지 들렸던지 엄지손가락을 추켜세워 주기도 하고 박수를 치는 시늉을 하며 열심히 추임새를 넣어 준다.

"87년엔 말허잘 것도 없고 그 후로도 몇 년 동안 대우조선에도 앞장섰던 잘난 사람 겁나게 많어라. 그 사람덜 지끔은 설탕물 뽈아묵겄다고,

회사 쪽으로 줄을 바까 서 붕께 내 거튼 기 다 빛을 보지라. 회사에서 설탕물을 자꾸 중께 언 놈이 산삼꽃 따 묵겄다고 첩첩산중 헤매고 댕길 것이요. 안 그려라?"

"설탕물 좀 잡숫지 그러셨어요?"

"워매 참말로 환장혀 불겄네이. 기자님인지 의장님인지 참말로 실수허고 기시네. 미끼로 걸린 미꾸락지를 낼럼 받아묵다 보먼 은젠간 밥이 되는 법칙을 몰르간디? 회사에서 우리를 으디가 이삐다고 미꾸락지를 줄 것이요. 후라이판에 지름 뿌려지고 나서 아무리 발버둥처 봐야 이미 자반 신세가 되아 불먼 먼 소용이다요. 이눔 저눔 젓가락질에 죄 띧기구 나서 뻬가지만 남으먼 지가 고등언지 칼친지 언 놈이 알아묵을 것이요. 그때 가서 아무리 가심을 쳐 봐야 고상혀서 먹이 찾어 먹을 생각 않고 낼럼 미끼를 물어 버린 주딩이가 웬쑤제. 회사에서 우리헌티 설탕물을 왜 주간디? 한마디로 노알제리 맹기러라 그거이제. 쌔 빠지게 노알제리 맹기러 줘 봐야 그 질로 우리 목심은 볼장 다 봐 분 것이여. 사고로 죽고 벵 걸리서 골골거리다 죽고 고로크롬 썩어져 봐야 회사에서 영정 받쳐 놓고 통곡이락도 해 준답디요?

그려도 회사에선 헐 말 허고 사는 늠을 무서라 허지 설탕물이나 뽈뽈 뽈아 처묵겄다고 눈치나 슬슬 보는 것덜은 인간 취급도 안 혀요. 앞에서야 온냐 내 새끼 힘시로 간이락도 빼 줄디끼 그려 싸도 뒤돌아스먼 밸도 없는 인사덜이라고 숭보고 욕혀 쌓는당께. 지끔은 그려도 노조가 떡허니 버팅기고 있응께 즈그 편 맹기러 볼라고 갖은 양념 발린 소릴 다 혀도 바람막이 없어져 불고 비빌 언덕도 없어져 불먼 우린 홍어 좆 되아 분당께.

위매 나 입 잠 보소. 홍어, 고 말은 뻬드라고. 즘잖게 거 뭐시냐, 그려 추풍에 낙엽이라고 쓰씨요잉. 추풍에 낙엽, 위매 멋진 거."

"그래도 회사에 찍히면 피곤하잖아요?" 에라, 이왕 실수하는 거 확해 버리자.

"글 안혀도 요짐 나가 원체로 잘나강께 회사에서도 인자 사람을 알아 보드마. 전에는 인살 혀도 알은 체도 안 허던 것덜이, 나가 요짐 노조에서 맹기러 내는 『새벽을 여는 함성』이라고 노보에 글도 씨고 회사에 입바린 소리도 허고 헝께 회사 인사부에서도 아주 날 보면 인살 허드마. 인력부에서 한 날은 날 보고 '권동기 씨 자꾸 그려 싸면 회사에서 으째야 쓰꺼냐' 허면서 아주 골머릴 싸매드마. 그래, '으째요? 난 암시랑토 않는디. 권동기는 이제나 저제나 은제나 회사에서 염녀해 주는 덕분으로 잘 있응께 염녀 콱 붙들어 매씨요' 해 부렀제."

마침 노보에 실렸다는 글 네 편을 얼른 훑어보니까 만만한 실력이 아니시다.

"이렇게 글도 쓰고 하시려면 평소에 노력을 많이 하시겠는데요?" 하니까 이 주머니 저 주머니를 부지런히 뒤져서 온갖 메모랑 신문 쪼가리를 한참을 주섬주섬 내놓으시는데 탁자가 수북해진다.

"나가 집에 가면 잠을 안 잘라고 겁나게 노력을 허요. 딴 사람덜은 밥숟갈만 놓으면 곯아떨어진다드마. 나도 인간인디 졸립지라. 왼종일 일 허고 가는디. 그려도 안 잘라고 한밤중에 줄넘길 다 허고 벨짓을 다 허요. 우리 마누란 그것도 모리고 지 으째 혀 줄라고 저러는가 싶어서 눈이 뽈개서 지달리고, 그것 땜시 부부 쌈을 다 혔다면 말 다해 부렀지라. 회사

둘/거북선을 만드는 사람들

에서 우리 깰라고 노력을 허먼 우리도 그만침 노력을 혀야 안 쓰겄소? 그려도 인자 회사에서 이 권동길 라이벌로 인정얼 혀 중께 잠 안자고 노력헌 보람이 있지라. 근디 참으로 요상시러 분기 핵교 공분 증말 때레쥑이도 징그럽게 싫드마 으째 요 공분 요래 재미가 솔솔 나는가 몰르겄당께. 나가 몰라도 너머 몰르고 살았다 싶으고. 나가 고향이 전남 신안인디, 거그 아요? 지끔도 거그 가서 그 핵교 이름 대면 다 아요. 똥통 핵교로. 들어갈 때 영 점 육 대 일로 들어가서 나올 때도 돈만 있으면 나왔응께."

"부인하고는 어떻게 만나셨어요?"

"우리 마누라 안 봤지라? 참 겁나게 이쁘요. 팔불출 소릴 들어도 한나도 안 억울헐 만치 증말로 이쁘당께. 나가 장개갈 때, 보다시피 나가 인물이 안 이쁘잖이요. 그래서 선을 겁나게 봄시로 무조건 이쁜 여자만 눈이 뽈개라 오죽이나 골랐간디. 선을 자꾸 봉께 그것도 노하우가 생기드마."

"예쁜 여자만 고른 뭐 특별한 이유라도 있으세요?"

"아, 생각을 해 보씨시요이. 딸을 낳았는디 날 닮았다고 상상을 혀 보랑께. 그땐 그 상상만 혀도 꿈자리가 뒤숭숭허고 밥을 묵어도 모래알 씹디끼 입안이 깔깔허고 그랬응께. 최소한도로 우리 마누라허고 나허고 믹사헌 제품이 나오면 몰라도. 하야튼지간에 못생긴 벌이 이쁜 꽃에 앉고 봉께 정신이 한나도 읎드마. 비몽사몽간에 바로 침을 꽉 쏴 부렀어요."

이 얘기가 길어져 삼천포로 빠지면 돌아 나올 길이 막막해지겠다. 그래도 딱 한 가지를 확인 안 하고 넘어갈 순 없지.

"그래서 슬하에 아들만 두셨어요? 아니면 부인 닮은 딸만 두셨어요?"

"나가 딸만 둘인디, 큰 아는 날 닮았는디도 고로케 이쁠 수가 읎어요.

허기사 고심도치도 지 새긴 이쁘당께. 부모가 되아 보기 전에 왼갖 상상을 허는 거허고 막상 부모가 되아서 보는 거허고는 보는 관점이 천지 차이드랑께. 나만 혀도 우리 어매는 나가 이 세상에서 질로 이쁘다는디, 회사에선 나를 못 잡아묵어서 난링께.

거그도 대통령 각하께서 벨로 이뻐라 안 허제라? 그런 사람이 한둘이 아닌 모냥잉께 우리끼리 위해 감스로 살든지, 글 안 허먼 연애를 겁나게 혀 불씨요. 아따 그라면 되아 불겄네이. 근디 실례허지만 연애 혀 봤소?"

"갑자기 연애 타령은 무슨……."

"왜 『연대와 실천』엔 연애 야그는 쓰먼 안 되는 법이라도 있간디? 연대나 연애나 거그가 거그인디."

말머리를 빨리 돌리는 것 외엔 달리 방법이 없겄다.

"부인께선 응원을 해 주시는 편이세요?"

"아따 연애 혀 봤냥께 뭔 남에 다리 긁는 소리다요."

"그 얘긴 너무 길어서 오늘 밤을 꼬박 새워도 다 못 하니까 다음에 본격적으로 분위기 잡아서 찐하게 하면 안 되겠습니까?" 능구렁이가 서너 마리 스믈스믈 담을 넘어간다.

"참말로 그려라? 고로크롬 찐혀라? 허기사 나이 사십 줄 밑바닥에 깔아 놓고 연애 한 분 못 혀 봤다면 고거이 사람이간디? 그란디 먼 야그허다 옆질로 새 부렀다요? 안즉도 인타뷰가 그거 허는 거이제라? 그렇네이. 나이를 먹으먼 주책이 는당께. 이해허씨요이. 아까 먼 야그꺼지 혔지라?"

뭐드라. 능구렁이 담 넘어가는 구경하다 본론을 까먹어 버렸다.

"이. 우리 마누라가 응원을 해 주냐고라? 솔직허니 중뿔나게 살지 말고 주는 만큼 먹고 먹은 만큼 싸 불고 그래 살면 허지라. 옆집이도 뒷집이도 다 그래 상께. 그려도 나가 집사람 활동에 대혀서 인정을 혀 중께 서로 프라이버시를 인정혀 줄라고 노력을 많이 허지라. 우리 마누라가 교회 집사님인디, 집사님이 먼고 아씨요? 마누라가 교회에서 수련회 겉은 걸 갈 때도 나가 그려요. '자네 살었을 때 열심히 살게나. 죽어서 천당이 먼 필요냐. 현실에서 앗싸리 끝내 불제. 천당에도 사장이 있다면 아무리 좋아도 난 거그 안 갈라네. 왜? 거그 가 봐야 없는 사람은 또 노동자로 살아야 헝께. 사실 하난님도 썩은 디를 포크레인으로 파다파다 못 파서 도로 덮어 버린 디가 우리나란디 그 냥반 붙잡고 나가 먼 야글 더 허간디.' 그라면 우리 마누라가 '당신은 하난님헌티도 꽉 찍힌 사람잉께 잘혀 보씨요.' 그라면서 웃어 불제라."

대우조선 노동조합.

다른 노동자들에겐 과거의 빛나고 찬연한 투쟁보다는 요즘의 아쉽고 안타까운 기억이 더 자주 떠오르는 이름. 그러나 그 노동조합의 이름으로 꼭 자신의 신분을 밝혀 달라는 이 사람.

"작년엔 파업을 결의해 놓고도 조합원이 동참을 안 해서 결국 파업이 무산됐······."

내 말이 채 끝나기도 전에, "아따. 글 안혀도 나가 그 말이 왜 이적지 안 나오나 혔소. 조마조마혔구마. 그 야글 헐라면 나가 술을 잠 묵어야 쓰겄구마이. 거그도 목 잠 척여야 쓰겄제라? 한잔 허씨요. 아나."

담배를 안주 삼아 거푸 잔을 기울이신다.

"거그도 우리를 손가락질허요? 그려도 좋소이. 으짤 그요. 백 분 손가락질당혀도 입 한 분 뻥긋헐 처지가 아닌디. 사실 87년, 쌍팔년 그 당시만 혀도 우리도 빵빵허게 잘나가던 건 거그도 알제라? 인자 그 야글 헐라면 죽은 자식 꼬치 맨지드끼 참말로 신산시럽소이."

괜한 걸 여쭸나 싶다. 누구에게나 상처는 있고 그 상처를 들추는 게 유쾌한 일은 아닐 텐데. 이곳에도 그런 경험만 있는 건 아닌데.

노조를 만들기 위해 숱한 사람들이 싸워 왔고 그 대가로 수많은 사람들에게 씌였던 해고, 구속, 수배, 그리고 한 치 앞도 보이지 않는 어둠. 그 어둠의 막막함을 이들도 뼈저리게 겪어 온 사람들인데. 그 어둠 속을 찢기고 터지며 허우적거려 헤쳐 나와 마침내 횃불 하나 밝혀 들고는 온 세상을 얻은 듯 얼싸안았던 기억이 이들에게도 그리 먼 얘기가 아닌데.

"그때만 혀도 우리 힘이 너무 많응께 나 겉은 건 으디 낄 자리도 없었지라. 참말로 그때가 봄날이제. 그때 겨울을 준비혔어야 되는 거인디. 사시사철 봄만 있을지 알았제. 요로크롬 찬바람 씽씽 부는 겨울이 올지 누가 알았간디.

심깨나 씨고 목청깨나 높이던 사람덜은 핫바지 방구 새드끼 한나한나 없어져 불고 애드발룬만 높직허니 띠아 놓고는 바람은 다 빠져 분 모냥새가 되아 부렀응께 참말로 깝깝허제라.

월부로 차나 끌고 댕기고 회사에서 융자 내 준 주택자금으로 집칸이나 지니고 살면 지가 사장이다요? 아무리 그려 싸도 갈 데 없는 노동자제. 네꼬다이나 매고 메이카 옷 걸치고 댕기면 언 놈이 싸인해 달라고 줄이라도 슨답디요? 일헐 때 헨장에서 보면 그게 으디 사람 꼬라지간디? 멘사무소에 사람으로 입력되아 있응께 사람으로 쳐 주는 거이제.

둘/거북선을 만드는 사람들 85

저번에 조선노협에서 상경 투쟁헐 때 작업복 걸친 채로 서울 한복판 휩쓸고 댕긩께 겡찰덜이 '그거 뭐헐 때 입는 옷이요?' 혀서 '우리 작업복인디요' 헝께 '참말로 고거이 사람이 입는 옷이다요?' 그랬다 안허요.

우리가 그 옷을 입고 그냥 헨장에 서 있기만 허간디? 땡끄 안이고 보로꼬 바닥이고 왼통 바람난 과부 좆몽댕이 찾아 댕기드끼 헤집고 댕기는 걸. 아따 오늘 나 입이 왜 이런댜. 나가 말은 요로크롬 싸구려로 혀도 글은 비싸게 써야 쓰요이.

노동자면 노동자답게 지가 노동자란 걸 인정허고 떳떳허게 가슴 피고 살아야 발전이 있는 거이제. 밥 먹고 자 불고 밥 먹고 싸 불고 그래 싼께 회사에서도 우릴 발톱에 때 보디끼 막 보는 거 아니겄소. 난 고거이 질로 깝깝허요.

노동자가 을매나 위대헌 사람이여? 근데 고걸 잘 몰릉께 나가 참 염병을 혀 불제.

하루 열 시간 이상씩 일은 겁나게 혀 불고 대접은 뭣겉이 받으면서도 헐 말 한나도 읊게 되아 부렀응께 참말로 염병 되아 부렀소.

나가 노보에다 짧은 밑천으로 글도 쓰고 허는 건 다 인간 선언이여. 노동자도 인간이다 고걸 똑바로 알자 고거이제.

회사에서 바담 '풍' 헌다고 너도 나도 바담 '풍' 혀 불면 진짜로 바담 '풍' 되아 분당께."

명찰을 보니 환경보전부 권동기다. 환경보전부라? 조선소에선 낯선 부서 이름인데.

"나가 원래는 취부일 혔지라. 과부가 아니고 취부. 취부가 뭔지 아씨요?"

"배 골격 조립하는 거 아닙니까?"

"워매 기특헌 거. 아씨네요이. 나가 대우조선 와 갖고 산재 사고를 세 번이나 당혔는디, 산재당헌 걸로만 치면 대우에서 오지게 대우받었지라. 그려서 부서 배치를 바까서 일로 왔지라. 환경보전부가 머 거창헌 거이 아니고 그냥 씨레기 치우고 씨레기통 맹길고 고로크롬만 쓰시오. 알아묵기 쉽게. 원래 청소부도 환경미화원이라 안 허요. 말 폼 나게 허는 건 돈 한 푼 안 들고도 생색은 생색대로 낳께."

"대우조선 하면 신경영 전략으로 아주 고차원적인 노조 무력화 공작이 유명한 곳인데 현장에서 직접 겪어 보면 어떠세요?"

"아까 나가 강의헐 땐 으디 벤소 갔다 왔소? 신경영 전략이고 나발이고 고게 다 아까 야그헌 설탕물이랑께. 설탕물을 여그 쨀끔 뿌려 두고 저그 쨀끔 뿌려 두면 언 놈이 꿀 땄겄다고 산으로 들로 헤매고 댕길 것이요. 눈앞에 설탕물이 끈적허니 발모가지를 잡아 쌓는디 고거 뽈아묵제. 나 말 틀렸소? 요로코롬 야그혀도 못 알아묵겠으면 여그 와서 직접 일해 보씨요. 그라면 아하! 헐팅게. 참말로 환장을 허겄네이."

"어쨌거나 작년에 그런 경험도 있고 해서 집행부에선 올 임투에 신경을 많이 쓰던데요?"

"신경을 많이 쓰는 정도가 아니라 경장히 씨지요. 집행부 고상허는 건 말로 다 못 허지라. 우리 집행부덜 으디다 내놔도 빠질 사람덜이간디. 그 사람덜이 뭣 땜시 고로크롬 고상을 허겄소? 난 그려도 우리 조합원덜이 양심꺼지 회사에 다 내줬다군 생각 안 허요. 회사에서 워낙 우리 노동자덜 약점을 잘 알고 원체로 고단수로 치고 나옹께 지끔은 으쩔 수 읎이 이러고 있어도 은젠간 반다시 일어스제라. 암만이라. 일어서도 그냥 일어스간디. 새벽 댓바람에 벤강쇠 물건 스대끼 벌떡 일어슬 거이구마. 먼 말인지 알고 고로크롬 실실 웃어 쌓는다요? 산재 사고 자꾸 터지고 직업병 겉은 기 시시때때로 우리 몸뎅이럴 갉아묵겄다고 달라드는디 언 놈은 옥황상제가 써 준 부적 갖고 댕긴답디요? 회사에서 원체로 찍어 눌르고 나옹께 자꾸 눈치학적으로 발달을 혀서 그렇제. 용수철을 자꾸 눌르먼 은젠간 튀어 올르제 땅으로 꺼지간디."

"올해 역시 회사의 의도대로 맞아떨어진다면 앞으로 노동조합 활동이 더 어려워질 텐데, 다들 힘을 모아서 잘해야 안 되겠습니까?"

"나 말이 고 말이랑께. 우린 밀가루 개떡도 못 주는디 회사에선 자꾸 찰떡을 갖고 눈앞에서 흔들어 쌓께 언 놈이 우리 뒤에 줄을 슬 것이요. 속궁합 잘 맞는 새신랑 새각시 배꼽 맞추대끼 조합원허고 집행부허고 딱 딱 맞아떨어져야 아그도 겁나게 맹김시로 진 밤 짜른 밤 날 새는지 몰를 거인디 못된 시엄씨가 가운데 딱 낑기 갖고 손도 한 나 못 잡게 혀 붕께 참말로 환장을 혀 불제. 오신 짐에 저 시엄씨나 논바닥에 피 뽑대끼 싹 잠 뽑아 가 불씨요이. 참말로 오살얼 허겄소."

답답하실 게다. 뭘로 저 답답한 속을 트여 드릴꺼나.

"어차피 기업별 노조의 한계란 건 어느 노조나 다 있는 거고 열심히 노력해서 산별노조를 만드는 것밖에 달리 대안이 있겠습니까?"

"그려서 난 산벨노조도 다 존디 프랑카드 자체만 흔들리는 건 벨로라고 생각허지라. 그것만 백날 흔들어 봐야 먼 심이 있간디? 실질적인 심을 갖차야제. 대가리덜만 뻑적허니 뫼 있다고 일이 되간디. 밑에 심이 꽉 차야 겁나게 빵빵혀 불제. 배껕에서 우리 노졸 으쨰 볼란지 몰라도 나는 낙관으로 보요. 첫째는 우리 집행부가 좌절 않고 겁나게 노력을 허고, 둘째는 우리 조합원덜 하얀 양심을 믿응게. 태어날 때버텀 사주팔자를 잘 받고 나와서, 놀아 불면서도 돈은 겁나게 챙겨 가는 사람덜이 으째 못 건디리는 노동자덜만의 하얀 양심이 우리 조합원덜 속에도 꼭 또아리 틀고 있을 거잉게. 자갈밭을 건너다 보면 은젠가는 꽃밭도 나오고, 시상 이치가 다 새옹지마 아니겄소. 안 그려라? 그렁께 너머 고로크롬 죽을상 씨지 말고 힘 잠 내씨요. 나가 오늘 우리 의장님 기를 너머 팍 꺾어 분갑소이. 원래 기자는 펜으로 말허는 거잉게 기사로 조져 불면 이 권동긴 전국적으로 쥑일 놈 되아 붕게 잘 잠 써 주씨요이."

장소를 옮겨서 소주에 맥주를 섞어 가며 마신 술이 어지간히 거나해지신 모양이다.

"인자 에지간헌 건 다 물어봤지라? 마지막으로 한마디만 딱 허고 싶은 건 대우조선 노존 꼭 일어슨다. 그라고 이 권동긴 대우조선에서 벨쭝맞은 사람이 아니고 표준이다. 요말만 딱 쓰시요이. 딴 말 다 빼 불고. 인자 나 말 끝. 딸꾹."

가장 밑바닥까지 다다라 본 사람은 희망을 안다. 저 호방한 낙관은 취기만은 아닌, 삶의 연륜이리라.

울산에 가면 길거리에 현대 차가 제일 많고, 마창에선 기아 차가 그렇고, 이곳 거제에선 온통 대우 차 일색인 것을 보면서 "아따, 여긴 대우 차 일색이네요." 하니까,

"월부 값을 월급에서 바로 공제를 혀 주는디 언 놈이 복잡시럽게 딴

둘/거북선을 만드는 사람들 89

차 탈 것이요." 하시던 분. 아 그렇구나.

숙어서 친당 보내 준다는 하느님은 안 믿어도 살아서 천당 만들고야 말 조합원들은 믿는다는 분. TV도 뉴스만 잠깐 보고는, 11시 전에 잠이 와서 못 견딜 때는 "동기야, 니가 지끔 잠들어 불면 사장 발가락에 때나 뽈고 살 수밖에 더 있겄냐." 하며 이를 갈며 책을 보고 각종 유인물을 읽고, 노보에 투고할 글을 정리하고 또 정리해서 쓰신다는 분. 그래서 내가 하는 이 글 쓰는 일의 어려움을 "나가 다 알제라. 딴 사람은 몰라도 나가 다 알제라." 몇 번이나 등을 다독여 주시던 분.

사나이 나이 사십에 남은 건 이 세상에서 제일 예쁜 마누라와 토끼 같은 딸 둘, 그리고 노보에 실린 글 네 편이 전부지만 그래도 앞만 보고 살면 힘이 절로 난다는 분. 울산 강석용 동지에게서 노동자의 양심과 진실을 만났다면 이분에게선 노동자 특유의 낙관과 희망을 본다. 우리의 희망. 전혀 어울릴 것 같지 않은 이런 분들이 모여 노동자라는 이름을 빛나게 하고 세상을 윤택하게 만들어 가는 것이리라.

노동자가 어디 배만 만들고 미싱이나 돌리고 집만 짓고 도로나 닦고 기차만 움직여 가는 사람들인가. 그랬다면 이 세상은 벌써 부패와 타락의 늪에 빠져 고스란히 녹아내렸을지도 모를 일이다.

정치가 아무리 썩고, 관료가 아무리 타락하고, 자본가·경찰·군대·학교 등 온 세상 구석구석이 썩는 냄새로 진동을 해도 끊임없이 쓰레기를 치우고, 곰팡이를 쓸어 내는 이분들의 피나는 노력으로 세상은 그래도 조금씩 맑아져 마침내는 정말 살아 볼 만한 세상이 되어 가는 것이리라.

녹이 켜켜로 앉은 철판을 손바닥에 피가 나고 굳은살이 더께로 앉도록 와이어 브러시와 사포로 빡빡 문질러 마침내는 녹슨 쇠에도 빛을 내는 사람들. 철의 노동자.

권동기. 그분은 정말 대우조선 노동자들의 표준일지도 모른다.

신혼 초엔 '기레빠시' 같은 작업복을 새색시한테 내보이기가 부끄럽고 미안스러워, 현장 구석에서 대충 주물럭거려 털어 입었던 기억을 한 번씩은 가지고 있을 사람들.

주변에 누가 진폐 판정을 받았다면, 블록을 오르내릴 때 숨이 헐떡거려지는 게 예사롭지 않아, 그 뒤로 며칠 동안은 탱크 안에 들어갈 때마다 마스크를 꼬박꼬박 챙겼을 그런 사람들.

누군가가 어이없는 사고로 목숨을 잃었다면, 그 원인에 대해 사고 보고서보다 더 정확하게 알고, 그 원인에 분노하며, 남 일 같지 않은 죽음 앞에 가슴을 쓸어내리며, 마누라에게도 차마 말 못 할 자기 설움을 술잔에나 털어 부으며 꺼이꺼이 기막혀했을 사람들.

작년, 폭포처럼 햇볕이 쏟아져 내리는 낮 동안, 땡볕에 벗겨진 살갗을 긴 밤 내내 이슬 맞혀 후후 불어 가며, 그렇게 열흘 낮밤을 LNG 선상에서 싸웠던 한진중공업 노동자들과, 투쟁을 부르짖는 집행부의 외침을 뒤로한 채 작업장으로 발길을 돌렸던 이들과는 무엇이 다르단 말인가.

사실 이곳 거제도에 오기 전에 그 생각으로 내내 마음이 무거웠다. 그러나 대우조선 노동자들이라고 6대 질서 지키는 일에나 신명을 바치고, 기적의 탑만 우러르고 사는 건 아니라는 확인에 마음이 한결 느긋해진다.

함께함의 당당함을 누구보다도 간절해하리라.

남들 3호봉 받을 때, 나만 1호봉 받는 게 두려워 마지못해 꾸역꾸역

참가했던 아침 체조와 조기 작업. 그리고 호봉 두 개의 대가치고는 너무 가혹한 동료에 대한 애정의 실종과 극단적 개인주의의 폐해. 그걸 깨닫는 데 5년의 세월은 너무 긴 것인지도 모른다. 직년의 경험이, 밖에서 손가락질하는 것 이상으로 자신들에겐 치욕이라던 노조 간부의 얘기는 오랫동안 가슴에 남는다.

수배자가 숨을 곳이 없다는 섬. 바다 가운데 동그마니 동동 떠서 해일보다 더 거센 탄압을 온몸으로 두들겨 맞으며, 육지와 고립된 채 처절히 싸워 왔던 아픔이 바다 내음보다 더 진하게 배어 있는 곳. 이곳에서 해일에 피멍든 가슴을 한으로 곰삭이며 살아가는 이 사람들. 단결을 거부하는 것이 아니라 더 큰 단결을 위한 몸부림이리라. 투쟁을 외면하는 것이 아니라 승리하는 투쟁을 위한 준비이리라.

출근을 재촉하는 그들의 처진 어깨가 오늘은 서글퍼 보이지만, 묵묵히 침묵의 강을 건너는 그들에게서 나는 거역할 수 없는 희망을 읽는다. 굴종의 강을 건너 본 사람만이, 그 강물이 다디단 꿀물이 아니라 빠져 들수록 깊디깊은 오욕의 수렁임을 알 것이기에……

장대현 부위원장님이 만들었다는 배를 타고 돌아오는 길. 끝도 없이 부딪쳐 부서지는 파도 소리가, '봄'이라는 머리띠를 질끈 동여매고 마침내 일어선 8,000의 함성 같기도 하고, 그들에게 보내는 천만 노동자의 갈채 소리 같기만 한 건, 환청만은 아니리라.

땡쟁이 발등

사람의 얼굴엔 그 사람이 살아온 인생이 있다던가. TV 뉴스에 자주 비치는 얼굴치고 호감 가는 인상을 별로 본 적이 없다. '령' 자나 '장' 자 돌림들. 배지가 번득이는 얼굴일수록 욕심이 덕지덕지 켜켜이 쌓여 있어, 꼬라지부터 덧정이 없는 건 권모술수로 낮밤을 지새운 그들의 인생 탓일 게다.

내년의 정년퇴직을 앞두고 54년을 살아 내면서 한 번도 각광받는 자리에 서 보지 못한 사람. 한진중공업 노조 수석부위원장 '김해용.' 어쩌면 그의 인생에서 '수석'까지 붙은 '장' 자리는 처음이자 마지막일는지 모른다.

밥도 안 되고 돈도 안 되는 아니, 그나마 평생을 육신을 움직여 먹고살아 왔고 그 육신을 움직일 최소한의 밥과 돈마저도 여차하면 단칼에 날려보낼 수 있는 가장 고단한 최전방에 이제야 당당히 나서게 된 사람.

그런 자리를 흔쾌히 수락하신 건 그래서란다.

"인자, 뭐가 무섭노? 다 늙어 가 가리느까 노동조합에 발을 디민 건 내 머리카락 하나래도 우리 조합원들한테 비료처럼 유익하게 쓰였으면 싶어서 그래 보자 칸 긴데 내사 아무것도 모리고 신경이 많이 씨이네."

하시는 주름살 깊은 그 얼굴이 참 맑다.

자리 잡고 앉으시기가 무섭게 올해 그 치열했던 LNG 선상 파업 투쟁부터 말문을 여신다.

"우리가 아수분 게 뭐 있노? 이삼일만 더 밀어붙여서 협정서 따악 맹그러 가꼬 도장 찍고 그래 내려왔시모 을매나 좋았겠노. 생각할수록 두고두고 뼈가 시리."

누구라도 아쉬움이 많았던 싸움인 만큼 하실 말씀도 많으신 모양이다.

"대갈텡이꺼정 다 걸린 큰 괴기를 그냥 놔 준 택이라. 낫살이나 묵고 배아기도 많이 배았다 카는 기(한진중공업 사장을 지칭) 매구(여우) 같이 아들 같은 사람 데꼬 놀안 가빼 안 되는 기라. 아무리 말이지. 사람이 벤소 갈 때 맘 다르고 나올 때 맘 다르다 캐도 인자 와서 우째 그래 손바닥 디비드끼 디비 삐노 말이다. 올개 퇴직하고 내년에 퇴직할 나이 많은 사람들도 올개 몬 이기 내면 인자 아무것도 다 파이다 카고 뎀비제, 가족들까지 나서서 정문 때리 뿌우제. 세상에 우리 조합원들만큼 순진한 사람들이 어데 있노. 그 소 같은 사람들이 니나 없이 성이 나서 투쟁을 해 싸니께 사장이 배 위에까지 지 발로 올라와서 모든 책임이 지한테 있다 카믄서 파업만 풀믄야 다 좋게 될 끼라고 존 얼굴로 노사화합문까지 지 입으로 읽어 놓고 인자 와서 머라 캐? 법대로 하고 단협대로 한다꼬? 밭 갈든 소도 웃을 일이라."

평생을 노동자로 살아오시면서 삶의 구비구비에서 온몸으로 터득하신 그 말씀이 진리다.

"그런 거 보믄 머라머라 캐 싸도 노동자는 그저 투쟁할 때가 왕이라,

그때 마 끝장을 내 삐리야제 돈 쌓아 놓았겠다, 든든한 빽 있겠다, 권력까정 움켜진 놈덜을 먼 수로 당해."

근무시간 중에 잠깐 틈을 낸 것도 잊으신 듯 토해 내는 사자후에 찬물을 끼얹기가 송구스러웠지만 정해진 시간이라 말머리를 평화로운(?) 고향 얘기로 돌려 보기로 했다.

지금은 터만 남은 경주 감은사 근처가 고향이시란다.

"전기도 없고, 니아카도 없고 지게짝 하나루다 농사짓다가 촌에 있어 보이 땅떼기 하나 없고 새끼들 크는 건 무섭고. 궁리 끝에 이불 보따린 화물로 부쳐 삐고 두 살짜린 안고 아들내민 업고 딸내미는 마누라가 안고 부산으로 나와서 회사 앞 봉학국민학교 근처 루핑집에서 참말 무대뽀로 시작했제."

전혀 평화롭지 못한 그 고단한 삶이 눈앞에 그려진다.

"부산 와서 14년 만에 200만 원 주고 하꼬방 사가꼬 살다가 그래도 이마이 키안 기 어데고 하믄서 살제."

어째 집칸이라도 장만하셨냐는 물음에 대한 대답이다. 내가 다 맘이 놓인다.

"술도 안 묵고 맨날 회사하고 집만 왔다갔다 하믄서 참 재미진 거 하나 모리고 이날 이때꺼정 살아왔다 카믄 누가 믿겠나."

회사에서 말씀도 잘 안 하시고 일만 하시는 걸 보다 못한 직장이 하루는 "김 씨는 술이라도 한잔씩 하고 그래 살믄 좋을 낀데 우째 그래 사노, 고지식하게." 하길래 "낼 당장 굻어 죽어도 그래는 몬 사니더." 하고 잘라 버리셨단다.

둘/거북선을 만드는 사람들 95

술 한잔씩 하고 사실 여유도 워낙 없었지만 당신께서 태어나시던 다음 해에 아버님이 술 때문에 타계하시고 형님마저 서른다섯 나이에 술로 세상 떠나는 걸 보신 후론 "내라도 정신 안 차리믄 클 나겠다 싶어" 술은 입에도 안 대셨단다.

"내가 생각해도 난 참 고지식해. 깝깝하지 쫌." 스스로 생각하셔도 갑갑하리만치 성실하게 살아오신 이유가 있음 직하다. 늙은 노동자들에겐 거의 집념 같은 희망이 있게 마련이다. 온통 누군가에게 바쳐 온, 아니 빼앗겨 온 그래서 허무하기만 한 자신의 인생을 대신 빛내 줄 자식. 찬란한 미래. 그들의 얘기를 묻기로 한다.

"우리 아이들은 입때꺼정 학원 한 번 안 보내 봤어. 큰 머스마는 군대 나와서 양산에 있는 공장에 댕기다가 월급 작다고 치아 삐고 인자는 업자 밑에 댕기."

따님이 올 2월에 부산대학교를 졸업했다는 말씀 끝에 드디어 힘이 들어가신다.

"내 힘으론 대학이 아무래도 부치지 싶어서 실업계를 보냈는데 선생한 테서 자꾸 전화가 오는 기라. 내 생각에는 실업계 가서 장학금이나 타서 댕기다 나중에 은행에나 여 삐모 될 끼라 생각했는데 선생이 자꾸 공부하는 재주가 아깝다는 기라. 그 아이는 고등학교 때부터 돈 한 푼 안 줘 봤어. 지가 장학금 받아가 댕겼제. 막내는 머스마라 공장 댕기제, 아들내미는 전부 노동자라, 내 겉은 애비 만나서 공부를 할라 카믄 아주 잘해가 끝꺼정 지 힘으로 우째 해 보든가, 안 그라모 아예 몬해서 꿈도 꾸지 말든 가 어중간하면 밀어 줄 힘도 없고 지나 내나 안 펜치. 세상이 바까지면 애비가 노동자면 자식은 부자 한 번 해 보고 이래 돼 봤시며 좋겠어."

농담같이만 들리진 않는다. 뼈에 사무친 뭔가가 그 쓸쓸한 웃음 속에서 읽히는 듯하다.

십 몇 년 전 내가 현장에 있을 때 같이 일하던 아주머니 한 분이 계셨다. 그때만 해도 기본급 14만, 15만 원에 쎄가 빠지게 잔업하고 철야 죽도록 해 봐야 20만 원 안쪽이었다. 그 돈으로 입에 풀칠하기도 고달픈데 아들 대학 공부시킨다고 빚을 져 가며 등록금을 마련하고 그 빚을 갚자고 성치도 않은 몸을 끙끙 앓아 가며 잔업 한 시간이라도 더 하려고 아등바등 애쓰시는 그 아주머니가 너무 안쓰러워, 공고만 보내도 제 밥벌이는 할 텐데 뭐하러 굳이 그 고생을 하시면서 대학을 보냈냐고 말씀드리자 아주머니는 정색을 하셨다.

"야야, 그런 소리 하지 마라. 여 현장에 있는 젊은 머스마들 다 공고 나온 아이들 아이가. 공고 나와 보이 저래 고생하는 거 내 눈으로 다 봄시러 우째 우리 아헌테꺼정 먼 베슬자리라꼬 대를 물리 가메 이 욕을 비이겠노. 내 몸이야 기왕지사 고달픈 거 지한테는 지름밥 안 묵게 해야제."

이런 게 희망이고 미래일까.

한 직장에서 22년, 그분의 팔엔 관리자들이 두르는 완장 한 번 둘러진 적이 없다. 바람막이 하나 없는 작업장에서 한여름엔 땡볕에 얼굴 살갗이 수도 없이 벗겨지고 한겨울엔 손바닥에 쩍쩍 들러붙는 철판을 오르내리며 살아 내신 세월.

천연두를 앓아 흔히 곰보라 부르는 사람들을 빗대며 땜쟁이 발등 같다 한다. 한진중공업 노동자들 사이엔 영도를 떠나서 다른 데로 이사 가면 얼마 못 가 다시 영도로 돌아온다는 얘기가 있었다. 빨래를 못 널기 때문이 린다. 양말이고 속옷이고 작업복이고 온통 구멍이 숭숭 뚫린 그물 같은 빨래들을 햇볕에 내놓고 말리기가 남우세스러워 그렇다는 웃기지 않은 농담이다.

자기 살이 타들어 가는 냄새를 맡으며 용접하는 조선소 노동자들. 금 방 옆에서 일하던 동료가 감전 사고로 족장에서 떨어져 죽어 가는 걸 보고도 밀가루 냄새 풀풀 나는 빵을 씹으며 잔업을 해야 하는 지옥의 현장. 오늘 거기서 살아 나온 게 고마워 한잔하고 내일 또 거길 들어갈 걸 생각하면 치가 떨려 또 한잔하는 사람들.

그래서 그들은 일어서기는 힘들지만 한번 일어서면 처절하다. 그 처절 한 투쟁들을 기만하는 악의 무리들, 그들에 대한 분노와 적개심 또한 뜨겁다.

"송영수(사장 이름) 지가 매구 새끼로, 우리 조합원들 속엔 구렁이가 한 마리씩 들어앉았다는 걸 알아야제. 올개 지가 잔대가리 굴리고 말장난 이나 해가 우째우째 넘어갔다꼬 올개가 끝이가, 택도 아이다. 우리 조합원 들이 하나하나 떨차 놓고 보면 아무것도 아인 거 같아도 한테 뭉치 놓고 보모 을매나 똑 소리 나는 사람들이고, 딴 거 다 나 놓고 투표하는 거 하나만 봐라. 근로조건이나 월급은 헹펜없어도 딱 하나 투표 하나는 똑 소리 난다 아이가. 똑 옳은 데로만 표가 가거던. 그런 조합원들 믿고 하자 카는 대로만 하면 틀림없다."

진 싸움에서도 이기는 법을 읽어 가며 그렇게 한 발 한 발 앞으로 나가는 사람들.

"아무리 어렵다 어렵다 캐도 그래도 앞으로 나간다고 시상 무법천지

지멋대로 김종래 때보다야 직선제로 뽑은 이태득이 때가 낫고 정상채 때보다 이정교 때가 낫고, 그리고 조길표 때는 더 쫌 낫고 그래그래 가는 기지."

굳이 어용노조 시절부터의 위원장들 이름을 들추지 않으시더라도 세상 이치를 달관하신 듯 여유로운 큰마음이 따스하다.

마지막으로 내년 정년퇴직하시는 감회가 어떤지 조심스럽게 운을 떼었다.

"한진중공업이라 카면 거 댕기든 사람이 긍지가 있고 자부심이 있어야 될 낀데 난 마 언성시럽다. 배신감이 들고 자꾸 뭐가 끓어오른단 말이라. 1년 동안 더 댕기 보모 자랑스러지까, 허허."

"남은 1년 동안 하실 일이 있으시다면?"

"조 위원장하고 성호 나오모, 깜방 갔든 사람들 다 나오는 긴데 출감자 처리 문제에 노조가 모든 걸 다 걸어야제. 절대 더 이상 해고자는 안 만드는 기 내 소원이라."

1년이 채 안 남았다. 그분의 인생에서 계획대로 성취된 일이 몇 가지나 될는지는 모르지만 계획대로라면 내년 그분의 마디 굵은 손가락엔 정년퇴직자에게 주어지는 금반지가 끼워질 예정이다.

한 직장에서 22년을 바쳐 온 땀과 한숨, 눈물과 회한, 그리고 다시 못 올 꽃다운 청춘, 그 모든 것들의 대가로 돌아올 금반지는 그분에게 회사가 쥐어 줄 처음이자 마지막 영광일 것이다.

그때 그분은 무슨 생각을 하실까.

생각하면 허무하고 허망스럽기가 짝이 없는 그 허위의 의식이나마

둘/거북선을 만드는 사람들

무사히 그리고 제발 예정대로 치러지길 바라는 간절한 마음이 무거워진다. 아직도 감방에 있는 조길표 전 위원장과 박성호 동지, 그리고 출감은 했지만 현장에 복귀하지 못한 채 휴직 상태에 있는 일곱 명의 동지들 얼굴과 순금의 반지가 느닷없이 겹쳐 떠오르면서.

노동자 훈장

 움직임이 무척 바쁘신 분이다. 만나기로 약속했던 장소에 나오시자마자 전화기부터 찾으신다.
 "오는데 삐삐가 들어와 가꼬……."
 일면식도 없는 터라 인사부터 하려고 주춤주춤 일어섰던 엉덩이가 무르춤해진다. 나도 어지간히 밥 먹는 속도는 빠른 편인데 내 밥공기가 반도 비워지기 전에 벌써 담배를 피워 무신다. 어느새, 피우던 담배를 비벼 끄시더니 이번엔 물컵을 직접 챙겨 들고 나가 물을 받아 오신다. 긴장해서 저러시나 싶어 "성격이 원래 급한 편이세요?" 하고 물으니,
 "지가 좀 화닥거리지예? 안 그라면 오데 먹고살아집니까?" 하신다.
 천성적으로 몸에 밴 부지런함, 그 앞에서 쓸데없이 체면 차린답시고 어물쩡거리다가는 반도 못 건지겠다 싶어서 자연히 나도 말이 빨라지고 글씨도 날아다닌다.
 물컵을 집어 드시는데 보니 왼손 손가락 첫마디가 없다. '다음엔 뭘 묻기로 했더라.' 헷갈린다. 이게 안 풀리면 진도가 안 나갈 것 같다.
 "저, 손가락은……?"

"이거예, 훈장이지예, 노동자 훈장."

자본주의사회에 가장 속물적이고 혐오스러운 질문, 그래도 해야지.

"얼마나 받으셨어요?"

"손까락 짤리고 나이까 주이에서 사램덜이 질 먼저 묻는 기 그기데예."

송구스럽다. 난 단지 피 흘린 대가나 제대로 받으셨나 싶은 안쓰러운 마음에서 여쭤 본 건데,

"난 그런 거 숨쿠고 그래 못 해예, 200만 원이등가 하야튼 그때 소송하믄서 하도 징그럽기도 하고 주이에서 그만하면 됐다 캐서 고마 끝냈는데 그땐 고걸로 끝인지 알았지예. 근데 두고두고 남네예." 그러시면서 없어진 손가락을 내려다보신다. 평생을 저렇게 사시겠지. 문득문득 회한이 밀려올 때마다 삶의 연륜을 실어 잘린 손가락을 습관처럼 내려다보시면서.

작년 3월부터 10월 타결이 되기까지 일곱 달 동안 치열하고 지난했던 임금단체협상 투쟁을 승리로 마무리했던 창원 효성중공업 노동조합. 명찰을 보니 효성중공업 무슨무슨 생산부 생산○과 따위가 아닌 '효성중공업 노동조합 부위원장 강원이'라는 글씨가 선명하다. 자연히 임금투쟁 얘기로 화제가 옮아간다.

"임투 준비는 잘돼 갑니까?"

"아 그람예, 우린 그기 농산데 농사 안 짓고 먹고살아집니까. 임투 준비라는 기 뭐 벨거 있겠십니까. 헨장 분이기 움썩움썩카게 맹기는 그기 임투 준비지예. 그래 가꼬 헨장 조합원들이 싸우게 맹길고 그기 간부가 할 일이지예. 난 그래 봅니다."

"노조 활동은 언제부터 하셨습니까?"

"한 3년 됐지예. 그때 당시 대이원들 하능 거 봉께 벨로 맘이도 안 들고 주벤에서 함 해 보라 카고 나도 함 해 보고 싶더라꼬예. 회사 댕김서 복지 문제나 그런 거 해결하면 그기 다 내 문제 해결하는 거 아입니까. 잘못된 건 우쨌기나 고치 나가고 싶고. 사실 처음에 대이원 나설 땐 회사 막살 놀 각오하고 출자금도 다 갚고 퇴직금도 신청하고 그랬어예. 근데 노조라 카는 기 맘만 가꾼 잘 안 되네예. 넘 앞에서 말도 잘 못하고 크게 활동도 못 해 보고……."

"작년 임단투 때 회사 탄압에 맞서 일곱 달 동안이나 싸워 오신 그게 어딥니까."

"그기야 뭐 지 혼자 했십니까. 그 얘기 나오면 사실 부끄럽십니다. 작년 임단투할 때 사퇴서를 한 분 냈었거든예."

그때 마음고생 하셨던 일이 새삼 떠오르시는지 잠시 말이 끊긴다.

"그때 쟁발 신고를 했그든예. 근데 이기 대이원 대회에서 고마 부결이 나 뿟으예. 조합원들은 파업하자 카는데 대이원들은 못 하겠다 카고 도저히 못 붙어 있겠더라꼬예. 다시 헨장에 내리가이까 조합원들이 눈치 주고 곱게 안 봐 주데예. 노조가 이리 어려분데 내리왔다는 그기지예. 조합원들 눈치가 비서 우짜지도 못하고 다시 올라갔십니다."

간부들도 간부들이지만 당시 그 지난했던 투쟁을 거의 혼자서 이끌다시피 하셨던 박충배 위원장님의 노고에 새삼 고개가 수그러진다.

"박충배 위원장님하곤 마음이 잘 맞으세요?"

"안 맞는다카면 그건 암것도 안 되지예. 박 위원장님하곤 헨장에 같은 부서에서 같이 일했어예. 이원장이나 저나 승질이 똑같애예, 넘한티 지곤 못 사는 거. 헨장에서 담배 내기 장기를 두면 어느 한쪽이 꿀면 또 달라들고, 달라들고, 그래 몇 시간씩 장기를 두도 끝이 안 났어예."

"현재 박충배 집행부에 대한 조합원들의 반응은 어떻습니까?"

"우린 옛날부터 이원장 선거하면 돈 쓰고 술잔 돌고 그게 마 아주 당연했어예. 그러던 거이 박 이원장 선거할 땐 되레 조합원들한테 한 푼 두 푼씩 걷아가 선거라꼬 했거든예. 그래 노이 조합원들이 관심도 많고 임단투 거치멘서 눈으로 본 기 있으이까 뭔가 다르다 카고. 어용이다 카고 민주다 카는 기 말로 해가 멕힙니까. 싸우는 걸 직접 눈으로 봐야지예."

"노동조합 활동하시면서 어려운 점들이 많으실 텐데……."

"우리 노동조합이 20년 됐다 캐도 민주노조라 카는 건 불가 몇 년 안 되예. 그 이전엔 뭐 어용이라꼬 봐야지예. 즈그는 아이라 캐도. 사실 어용노조가 오래되다 보이까 분파가 많아예. 허파라 카고 안파라 카고. 인자 그런 건 없어져야지예."

허파? 안파? 그게 뭐냐고 자꾸 여쭤도 "그런 게 있십니다." 하고 웃기만 하시니 허파가 디비질 노릇이다(나중에 대담이 끝나고 다른 분에게 여쭈니 허 아무개라는 사람과 안 머시기라는 사람이 있었는데 어용노조의 본산으로 지금도 현장에 그 세력이 잔존하고 있단다).

"87년도에 입사하니까 노조가 있긴 있는데 다들 어용이라 캐예. 조합원들이 그거 바까 낼라꼬 쌈도 마이 하고 애 마이 무으쓰예. 지끔 젤로 어려분 건 공장이 여기저기 흩어져 있으이까 하나로 모아 내는 기 예삿일이 아이더라고예. 올개, 아이지, 작년 임단투 때도 조합원 총회 할끼라꼬 투페함 들고 공장마다 돌아댕기는데 회사에서 이걸 막더라꼬예. 멧날 메칠을 우린 들어갈라 카고 즈그는 막을라꼬 온갖 지랄벵을 다 하고. 아이구마 지금 생각캐도 덧정 없십니다."

87년 이전 노동자들에게 유일한 무용담이 있었다면 군대 얘기일 것이다. 누구든지 어느 부대였든 계급이 뭐였든 늘 "이따만 한 에무완을 딱 메고"로 시작해서 "눈앞에서 머시 파바바박 하는 기라."로 이어질 때쯤이면 서넛이 얼씨구 맞장구를 치면서 결판지게 거들어 주고 "포상 휴가라꼬 나오니까 영자는 벌써 고무신 꺼꾸로 신고 날라 뺀" 걸로 끝나는.

87년 이후 달라진 것 중에 술자리 무용담도 하나일 것이다. 어용노조 몰아내면서 유인물에도 미처 못다 쓴 얘기, 해마다 이어지던 임투 때마다 샘처럼 솟아오르는 그 많은 사연들, 그리고 가장 권위 있고 단연 압권인 감방 얘기. 울산 경찰서 대용 감방 얘기만 나오면 치를 떨면서도 말발에 열이 올라붙는 어느 동지의 얘기가 느닷없이 떠올라 웃음이 쿡 나온다.

"부산 구치소는 깜빵도 아이라. 호리 뺑빼이지. 울산 대용 깜방은 어떤지 아나. 거긴 조폭이 왕이라. 운동권이고 지랄이고 조폭 아이면 뚜들기 맞는 기 하루 왼종일 일이라. 무릎 위에 손 딱 피서 올리놓고 왼종일 꼼짝 마라라. 조폭하고 눈만 마주치도 '뭘 째리봐, 새꺄 카고 패고, 누가 멘회 왔다 갔는데도 멘회물 션찮게 들어오면 '껄배 새끼가 깜빵엔 뭐 빨라꼬 기 들어왔노' 카고 또 패고 용 빼는 재주 있나. 안 맞을라 카면 시키는 대로 초빼이 치는 기라. 깜빵 바닥을 걸레질할 때도 열댓 명이 일렬로 쭉 앉아서 걸레 딱 놓고 팔 쭉 피면서 '방' 하고 구령을 붙이고, 걸레를 앞으로 땡길 땐 '따' 하고 '방-따' '방-따' 몇 번 미친 척하고 나면 진짜 팔이 내 팔이 아이라니까."

그렇게 살다 나와선 다음 날 새벽부터 언제 끝날지 기약도 없는 출투가 이어지고……. 그렇게 싸워 온 사람들. 그렇게 싸워서 여기까지 역사를 끌고 온 사람들.

참, 중요한 질문을 아직까지 못 드렸네.

"결혼은 언제 하셨습니까?"

"겔혼예, 오래됐지예. 함 보자, 팔십 몇 년도드라. 가마 있어라, 우리 큰 아아가 4학년 올라강께, 그람 몇 살이지예?"

"열한 살이겠네요."

"그람 딱 11년 됐네예. 겔혼하자마자 아이가 들어섰응까, 벌써 그래 됐나."

"그래 가지고 부인한테 구박받으면 어쩌시려고……."

"그건 걱정 마이소. 이래 비도 지가 가정엔 충실합니다. 노조 활동하면서 사램이 술이나 먹고 댕기고 이상하게 벤해 삐고 가정도 등한시하고 물론 그럴라 캐서 그랜 건 아이겠지만 그래 되면 아무리 좋은 뜻이 있어도 펠 수가 없는 거 아입니까. 우리 집사램도 앞장서지 말란 소리 한 분썩 캐도 대놓고 뜯어말기고 그래는 안 해예. 임투 때마다 봉투가 얇아지는 기 쫌 미안치예."

"애들이 커서 뭐가 됐으면 좋겠다는 거에 대해서 생각해 보셨습니까?"

"우리 집안이 대대로 모태 신앙 집안이거든예. 마누래도 교회서 만냈고. 그래서 머스마는 지 희망이 어떨지 몰래도 목사가 됐시머 싶어예. 딸아요? 딸아는 생각 안 해 봤는데……."

"왜요?"

"딸아는 아무래도 쫌 그렇데예. 어짜피 넘 줄 끼고."

이 뿌리 깊고 장구한 역사를 가진 남아 선호 사상. 그만 나도 모르게 눈길이 곱지 않아지면서 볼펜을 딸깍 소리 나게 꺼 버린다.

아들만 둘을 낳은 부모에게 "자녀가 몇입니까."라고 물으면 "아들 둘입니다." 하지만 반대의 경우엔 "딸만 둘입니다." 한다지 않던가. 어쩌면 이 문제는 사상이나 운동성으로만 판단할 수 없는 본능의 문제일지도 모른다.

노동 해방과 인간 해방을 지향하며 온몸을 바쳐 싸워 온 운동가들에게까지 더러 이 본능이 작용할 때가 있다. 아들을 선호하는 발언을 은연중에 하는 그들에게 면박이라도 줄라치면 그들은 심각한 얼굴로 "막상 부모가 한번 돼 보소." 한다. 부모가 돼 보라니? 약 올리는 것도 아니고……. 내 뒤틀린 심사를 눈치 채셨나.

"여자라꼬 크게 되지 말란 법 있십니까. 그지예?"

휴-, 어디까지 했더라. 콜라를 벌컥벌컥 소리 나게 들이켜는 걸로 마지막 시위를 하고.

"임금은 얼마나 됩니까?"

"이 나이 먹도록 참. 수당하고 자질구리한 거 다 합치서 펭귄적으로 60만 3,000원예. 마이 짝지예? 그라니까 잔업 안 하곤 못 묵고 살고."

"아직 멀었네요."

"아직 까-아맣지예."

"그래도 보람이 있으시죠?"

"솔직히 그거 아이머 누가 이래 할라 캅니까. 조합원들이 고생 많았다 소리 마이 해예. 그람 기분 좋십니다. 그래도 한 분씩 섭섭한 건 우짤 수 없데예. 저 사람이먼 되겠다 싶어서 같이 간부라도 하자 카머 뒤에서만 밀어 주꾸마 카고 안 할라 카데예. 그땐 힘이 다 빠지예. 솔직히 지름밥 먹는 처지에 회사에 찍히서 좋을 게 없다 아입니까. 그 헨실을 바까야지 그 사램을 탓하지도 못하는 기고. 솔직히 노동자들한티야 죽을 판 살 판 싸우는 거삐이 더 있십니까. 회사나 우리나 이미 알 거 다 아는 기고. 빼고 자실 것도 없고, 존 말로 해서 안 된다는 것도 겪어 봐서 다 아는 기고. 내나라 캐서 안 내노먼 처박고 싸워야지예, 그거삐이 더 있십니까."

마무리할 때가 다 되어 가는 것 같다.

"집은 장만하셨습니까?"

"내 집도 아이고 그러타꼬 넘이 집도 아이고, 7년 전에 910만 원 주고 임대 아파트 하나 은었는데, 처음엔 분양해 준다 캐 놓고 일마들이 분양을 안 해 주서 지끔 데모한다 아입니까. 없는 사램들은 오나가나 데모나 하고 세상이 참. 그거 분양만 받으면 한시름 덜고 사는 긴데."

"마흔둘이시면 불혹을 넘으셨는데 개인적으로 희망 같은 게 있으시면……."

"지끔 뭐 큰 희망을 품고 살 수 있십니까. 사장들이 아무리 돈이 많애도 내두룩 욕이나 먹고 사는 거 보면 내가 더 잘 살아온 것 같기도 하고, 여서 안 흔들리면 그기나 바래는 기고, 몰라 자석들이 우째 될 낀지. 조합원들한티 바래는 기 있다면 난 조합원들 만나면 누굴 보고래도 그래 해예. 내가 간부다, 내가 이원장이다 생각카고 나서라, 그래 합니다. 간부들이 아무리 설치도 안 되는 기고 짝은 기래도 조합원들이 나서야지예."

작년과는 또 다른 각오와 치밀한 준비로 맞이해야 할 95년 임투, 그

결전의 장이 서서히 출전 선수들의 입장을 기다리고 있다. 전국의 수많은 강원이들이 그 출발선 앞에서 심호흡을 하게 될 것이다. "땅!" 새로운 역사의 출발음이 하늘을 가르고, 저마다 피나는 훈련으로 갈고닦아 온 장거리 질주가 시작될 것이다. 그러나 이 경주는 릴레이가 아니다.

10킬로미터가 될지, 혹 1,000킬로미터가 될지언정 결승점까지 달려서 테이프를 끊는 자만이 승자가 될 뿐인 냉혹한 싸움, 누가 낙오하고 누가 끝까지 싸울 것인가. 그 문제는 결국 누가 지고 누가 이기는가를 판가름 낼 것이다. 전국의 수많은 강원이 동지들이여, 어느 편에 설 것인가.

노동자! 역사에서 가장 오래도록 가장 찬란하게 남을 그 이름을 위해!

셋/더 이상 죽이지 마라!

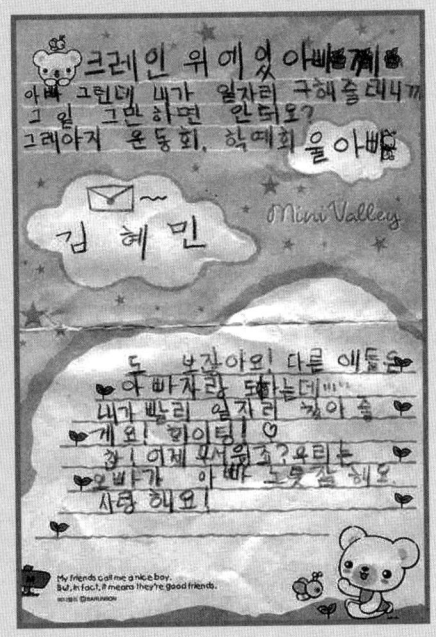

노예가 품었던 인간의 꿈. 그 꿈을 포기해서 그 천금 같은 사람들이 되돌아올 수 있다면,
그 단단한 어깨를, 그 순박한 웃음을, 단 한 번이라도 좋으니
다시 볼 수 있다면, 그렇게라도 하고 싶습니다. 자본이 주인인 나라에서,
자본의 천국인 나라에서, 어쩌자고 인간답게 살고 싶다는 꿈을 감히 품었단 말입니까?
어쩌자고 그렇게 착하고, 어쩌자고 그렇게 우직했단 말입니까?

끝나지 않은 기다림

박창수 열사 추모사

사실이었군요. 그렇게도 믿기질 않아 제 살을 꼬집으며 행여나 당신의 구속 소식을 들었을 때 꿈이길 바랬건만 아무것도 꿈이 아니군요. 살인을 한 것도 아니고 도둑질을 한 것도 아니고 먹고살자고 한 일이니 금방 풀려나겠지.

늦어도 여름이 가기 전에 우리 곁에 다시 돌아와서 예전의 모습대로 늘 앞장선 믿음직한 모습을 다시 보게 되겠지.

당신의 급작스러운 구속으로 빈자리가 휑하니 뚫릴 때마다 당신의 구속이 어이없고 기가 막힐수록, 늦어도 여름까지만 여름까지만 하면서 우린 그렇게 당신을 기다려 왔습니다.

목이 빠지도록 당신을 기다려 온 용찬이 엄마, 용찬이, 예란이 그리고 돌아가면 더 열심히 싸우자던 조합원들. 그리고 당신을 우러렀던 부산지역의 노동자들. 그 모든 이들이 그토록 당신을 사무치게 기다려 왔건만 이 미치도록 푸른 여름에 어쩌자고 당신은 이렇게 서럽디서러운 주검으로 돌아오셨습니까? 출감 환영대회를 열어도 분이 안 풀릴 자리에 어쩌자고 이렇게 돌아오셨습니까?

한번 가면 다시는 영영 돌아오지 못할 길. 당신을 그 길로 밀어뜨린 자들은 저렇게 시퍼렇게 살아 있는데 어쩌자고 당신은 그렇게 훠이훠이 가셨단 말입니까?

동지여, 박창수 동지여. 아니다, 아니다라고 외치며 벌떡 일어나 보십시오. 벌떡 일어나 구호도 외치고 그 좋던 기타 솜씨로 즐겨 하던 〈마른 잎 다시 살아나〉 노래도 한번 불러 보십시오.

더 많이 빼앗고 더 철저히 짓밟기 위해 자본가와 독재 정권은 노동자의 목숨까지도 서슴없이 요구한다는 걸 너무나 많이 보아 오고 겪어 왔건만 어쩌자고 당신의 죽음은 이리도 억울하고 이리도 가슴이 저린단 말입니까?

그저 젊은 나이에 아까운 사람이 죽었구나. 그렇게 생각하고 잊어버릴 수 있으면 차라리 좋겠습니다. 그러나 단순히 그렇게만 생각하고 잊어버리기엔 당신의 죽음은 너무나 많은 걸 빼앗아 갔고 또한 너무나 많은 걸 일깨우기도 했습니다.

조선공사 늙은 노동자들의 한, 아니 이 땅 천만 노동자들의 뼈 마디마디 땀구멍 하나하나마다 절절이 사무친 설움, 분노. 당신은 그런 것들로 똘똘 뭉친 거대한 바위였습니다.

수십 년을 억눌리고 짓밟혀 안으로만 곪아 들어갔던 분노가 함성이 되어 터져 나왔던 87년 7월 25일 투쟁의 그날. 막걸리 병을 든 채, 불콰해진 얼굴로 와 이리 좋노, 와 이리 좋노 춤을 덩실덩실 추면서도 얼굴엔 굵은 눈물이 줄줄 흘러내리던 그 나이 많은 조합원들의 한을 누구보다 잘 아셨던 당신.

　조선공사 기름밥에 잔뼈가 굵고 11년을 그들과 같이 쇠먼지 구덩이 속을 구르던 당신에게 자본가가 주었던 건 산업 전사라는 이름 뒤에 숨겨진 가난과, 한 치 앞도 설계할 수 없는 캄캄한 절망뿐이었습니다.

　그 가난과 절망을 끝장낼 수 있는 건 민주노조뿐이란 걸 당신에게 가르쳤던 건, 책도 아니었고 어떤 의식과 학습도 아니었습니다. 일은 해도 해도 끝이 없고 그렇게 청춘이 용접 불똥에 사그라지고 그라인더 쇠바람에 희망이 날아가고 내일의 꿈이 절단기에 산산이 조각날 수밖에 없는 아득한 현실이 우리에겐 노동 해방으로 가는 교과서였고, 겨우겨우 머리 들고 일어서면 끊임없이 찍어 누르던 자본가와 독재 정권이 당신을 의식화시킨 불순분자였을 뿐이었습니다.

　산 자들을 투쟁으로 일으켜 세웠던 당신의 죽음으로 이제 수많은 조합원들이 당신이 가셨던 길을 거침없이 밟고 있습니다. 애들하고 그저 세 끼 밥이나 굶지 않고 술 한 잔, 담배 한 갑에 가슴 졸이더라도 자식들만큼은 공부시켜서 땜쟁이, 파이프쟁이 안 만들었으면 좋겠다던 그런 노동자들을 투사로 만들어 낸 건 그들을 겹겹이 둘러싸고 있던 현실의 벽이었습니다.

　그러나 동지여. 이제 아무것도 걱정하지 말고 아무것도 염려하지 마십시오.

　이제야말로 어용노조 28년 그 기나긴 억압과 굴종을 끝장낼 수 있으리라 가슴 벅찬 희망을 안고 내 손으로 뽑은 위원장이 우리를 위해 싸우다 죽었는데 어떻게 일을 할 수 있냐며, 조합원들은 당신 죽음의 진상이 밝혀

질 때까진 결코 작업을 할 수 없다 했고, 회사에선 일하지 않았으니 월급도 없다며 6월치 월급으로 2,000원, 3,000원씩을 내던졌습니다.

그분들은 그 돈을 받아 들고 한 달이 걸릴지 두 달이 걸릴지 무사히 내려올 수 있으리란 보장 또한 아무도 해 주지 못하는 상황을 너무나 잘 알면서도 당신 죽음의 진상을 힘닿는 데까지 밝혀 보리란 일념 하나로 서울로, 서울로 올라갔습니다.

술 힘이 아니면 남 앞에서 말 한마디 제대로 못 할 만큼 침묵과 굴종으로 수십 년을 살아왔던 그들이 낯설고 땅설은 서울 한복판 지하철 안에서까지 "서울 시민 여러분! 저희들은 한진중공업 노동자들입니다. 우리 위원장님이 억울하게 죽었습니다. 그 억울한 죽음의 진상이 밝혀질 때까지 저희가 끝까지 싸울 수 있도록 여러분들이 힘을 주십시오." 그렇게 피눈물로 호소할 수 있었던 용기는 어디서부터 생겨난 것이겠습니까?

그리고 마침내 한진 본사 앞에서 자본가를 향한 노동자의 절규를 폭력으로 짓밟아 전원 연행했을 때, 닭장차만 봐도 지레 움츠러들던 그들이 전경에게 달려들어 "제발 우리를 구속시켜라. 그래야 신문에 날 거 아니냐." 하며 전경들을 붙잡고 오히려 구속을 애원하던 그 힘은 어디서 연유한 것이겠습니까?

노동 해방은 하루아침에 오는 것도 아니고 자본가들이 우리에게 베푸는 것은 더더구나 아닌, 우리가 투쟁으로 쟁취할 수밖에 없고 그러기 위해선 무엇보다도 이 땅 천만 노동자의 조직적 단결이 있을 때만 가능하다는 염원이 하나가 되어 마침내 올려졌던 전노협의 깃발.

적들은 당신으로부터 그 깃발을 빼앗으려 했지만 당신은 죽음으로 기필코 그 깃발을 지켜 내셨습니다.

47일 동안이나 피 터지는 투쟁으로 전노협의 깃발을 지켜 낸 대우정밀 동지들, 당신을 보낸 뒤라도 굽힘 없이 싸워 끝내 당신의 숭고한 뜻을 지켜 낼 한진중공업 동지들이 당신이 끝내 놓을 수 없었던 그 깃발을 힘차게 움켜쥐고 당신이 마지막 가시는 길을 결연한 각오, 가열한 투쟁으로 배웅합니다.

당신을 땅에 묻는다 해서 당신을 그토록 참혹히 살해했던 노태우 정권과 안기부의 공작이 함께 묻히는 건 절대 아닙니다. 결코 그럴 순 없습니다. 아니 오히려 당신을 보내 드리고 우리 살아 있는 자들은 새로운 투쟁, 더 긴 싸움을 준비하고자 함입니다.

아빠의 영정을 들고 철모르는 웃음을 웃고 있는 용찬이를 두고, 세상 어느 여인보다 행복하게 해 주겠노라 맹세했던 용찬이 엄마를 두고 차마 떨어지지 않는 발걸음 이젠 돌리셔도 됩니다. 용찬이가 크면 아빠를 죽인 놈이 누군지 똑똑히 알겠지요. 유가족에 대한 보상보다도 두 달 동안이나 일을 못한 조합원들 임금 교섭 단체 협약을 협상 조건으로 제시했던 용찬이 엄마는 정말 가슴 미어지도록 자랑스러운 우리의 동지입니다.

열사여, 투쟁은 이제부터 시작입니다. 당신이 죽음으로 우리들 가슴가슴마다에 지펴 놓으신 불씨 하나하나가 활화산으로 용솟음치는 날, 노동해방의 그날은 멀지 않습니다. 그날, 박창수 열사여! 당신의 이름을 목이 터져라 부르겠습니다. 당신의 동지였음이 정말로 떳떳하고 자랑스러웠다고 목메게 외쳐 보겠습니다.

1991년 6월 30일 '박창수 열사 추모제'에서

박창수 열사는 1981년 한진중공업의 전신인 대한조선공사 배관공으로 입사하여, 1987년 노동조합 활동을 시작으로 1990년 7월 노동조합 위원장 선거에서 93% 찬성이라는 신화적인 지지를 얻고 당선됨으로써 그동안의 어용노조 역사에 마침표를 찍었다.
이듬해 전국노동조합협의회 산하 부산지역노동조합총연합 부의장으로 선출되었고, 대우조선노조 파업과 관련, 3자개입 혐의로 구속되어 서울 구치소에 수감되었다. 그러나 구치소 안에서 의문의 부상을 입고 안양병원에 입원했다가 이틀 만에 병원 마당에서 시신으로 발견되었다(1991년 5월 6일). 그때 그의 나이 서른셋이었다. 안기부의 전노협 탈퇴 압력에 저항하다 살해된 것으로 추정되나 노태우 정권은 시신이 안치된 영안실 벽을 부수고 열사의 주검을 탈취, 부검 후 '자살'이라고 발표하여 사회적 공분을 불러일으켰다. 장례식은 최초의 전국노동자장으로 치러졌으며, 박창수 열사의 죽음은 그해 노동운동의 도화선이 되었다.

전태일과 김주익의 유서가 같은 나라
김주익 열사 추모사

작년에 한진에서 밀려난 아저씨를 우연히 길에서 만난 적이 있었습니다. 30년 일해 온 일터에서 명퇴란 이름으로 강제로 밀려난 아저씨는 술이 한잔 들어가자 박창수 위원장 이야기를 하며, 아무것도 잘못한 게 없는 아저씨가 자꾸 미안하다며 울었습니다.

50이 넘은 사내가 10년도 더 지난 일로 술잔에 눈물, 콧물을 빠뜨리는 걸 보면서 우리 모두에게 박창수란 이름은 세월의 무게로도 덮을 수 없는 아픔이구나 생각했습니다. 박창수 하나만으로도 우린 무겁고 아픕니다.

두 번쨉니다. 대한조선공사를 한진중공업이 인수한 이후 여섯 명의 위원장 중 두 명은 구속 뒤에 해고되고, 한 명은 고성으로, 율도로, 하루가 멀다 하고 쫓겨 다니고, 두 명은 죽었습니다.

지난 번 위원장 선거가 끝나고 어떤 아저씨가 그러셨습니다. "내는 김주익이 안 찍었다. 똑똑하고 아까운 사람들, 위원장 뽑아 놓으면 다 짤리고 감방 가고 죽어 삐는데, 내가 진짜로 좋아하는 김주익이를 우째 또 사지로 몰아넣겠노?"

　우리가 뭘 그렇게 잘못했습니까? 우리가 뭘 그렇게 죽을죄를 졌습니까? 조양호 회장님, 조남호 부회장님, 언제까지 하실 겁니까? 이 소름 끼치는 살인 게임이 앞으로 몇 판이 더 남았습니까?
　LNG 선상 파업으로 김주익 지회장이 구속됐을 때 인권 변호사 이름을 팔아 그를 변호했던 노무현 대통령 각하! 노동자의 가련한 처지를 팔아 따 낸 권력의 맛이 그렇게 달콤합디까? 조중동 그 찌라시들의 꼬붕 노릇이 그렇게 안락하더이까? 대기업 노조가 나라를 망친다 했습니까?
　21년 된 노동자의 임금이 105만 원, 세금 떼면 80만 원, 그마저도 가압류로 12만 원. 129일을 크레인에 매달려 절규를 해도, 늙은 노동자가 88일을 애원해도, 청와대·노동부·국회의원 누구 하나 코빼기 내미는 놈이 없었습니다.

　동지 여러분 죄송합니다. 이럴 줄 알았으면, 이렇게 될 줄 알았다면, 민주노조 하지 말 걸 그랬습니다. 교도소 짬밥보다 못한 냄새나는 꽁보리밥에 쥐똥이 섞여 나오던 도시락 그냥 물 말아서 먹고, 불똥 맞아 타들어 간 작업복, 테이프 덕지덕지 넝마처럼 기워 입고, 체감온도 영하 수십 도 한겨울에도 고양이 세수해 가며, 쥐새끼가 버글거리던 생활관에서 쥐새끼들처럼 뒹굴며 그냥 살 걸 그랬습니다. 변소에 버글거리던 구더기들처럼 그냥 그렇게 살 걸 그랬습니다.
　한여름 감전 사고로 혈관이 다 터져 죽어도, 비 오는 날 족장에서 미끄러져 라면발 같은 뇌수가 산산이 흩어져 죽어도, 바다에 빠져 퉁퉁 불어 죽어도, 인명은 재천이라던데 그냥 못 본 척 못 들은 척 살 걸 그랬나 봅니다.

노동력에 대한 정당한 대가도, 내일에 대한 희망도, 새끼들에 대한 미래 따위 같은 건 언감생심 꿈도 꾸지 말며, 조선소 짬밥 20년에 100만 원을 받아도, '회장님, 오늘도 일용할 양식을 주셔서 얼마나 고마운지 모르겠습니다.' 그냥 그렇게 감지덕지 살 걸 그랬습니다.

노예가 품었던 인간의 꿈. 그 꿈을 포기해서 박창수가, 김주익이가, 그 천금 같은 사람들이, 그 억만금 같은 사람들이 되돌아올 수 있다면, 그 단단한 어깨를, 그 순박한 웃음을, 단 한 번이라도 좋으니 다시 볼 수 있다면, 용찬이 예란이에게, 준엽이, 혜민이, 준하에게 아빠를 다시 되돌려 줄 수만 있다면, 그렇게라도 하고 싶습니다.

자본이 주인인 나라에서, 자본의 천국인 나라에서, 어쩌자고 인간답게 살고 싶다는 꿈을 감히 품었단 말입니까? 어쩌자고 그렇게 착하고, 어쩌자고 그렇게 우직했단 말입니까?

애비 잘 만난 조양호, 조남호, 조수호, 조강호는 태어날 때부터 회장님, 부회장님으로 세자 책봉받는 나라. 이병철 회장님의 아들이 이건희 회장님으로 재계 순위 1위가 되고, 또 그 아들 이재용 상무님이 2위가 되는 나라. 정주영 회장님의 아들이 정몽구 회장님이 되고, 또 그 아들 정의선 부사장님이 재계 순위 4위가 되는 나라.

태어날 때부터 그 순서는 이미 다 점지되고, 골프나 치고 해외로 수백 억씩 빼돌리고, 한 달 수천만 원을 써도 재산이 오히려 늘어나는 그들이 보기에 한 달 100만 원을 벌겠다고 숨도 쉴 수 없고 언제 폭발할지도 모르는 탱크 안에서 벌레처럼 기어 다니는 우리가 얼마나 우스웠겠습니까? 순이익 수백 억이 나고 주식만 가지고 있으면 수십 억이 배당금으로 저절로 굴러들어 오는데, 2년치 임금 7만 5,000원을 올리겠다고 크레인까지 기어올라 간 그 사내가 얼마나 불가사의했겠습니까?

비자금으로, 탈세로 감방을 살고도, 징계는커녕 여전히 회장님인 그들이 보기에, 동료들 정리해고 막겠다고 직장에게 맞서다 해고된 노동자가 징계 철회를 주장하는 게 얼마나 가소로웠겠습니까? 100만 원 주던 노동자 잘라 내면 70만 원만 줘도 하청으로 줄줄이 들어오는 게 얼마나 신통했겠습니까? 철의 노동자를 외치며 수백 명이 달려들다가도 고작해야 석 달만 버티면 한결 순해져서 다시 그들 품으로 돌아오는데, 그게 또 얼마나 같잖았겠습니까?

'조선강국'을 위해 한 해 수십 명의 노동자가 골반 압착으로, 두부 협착으로 죽어 가는 나라. '물류강국'을 위해 또 수십 명의 화물 노동자가 길바닥에 사자밥을 깔아야 하는 나라. 섬유 도시 대구, 전자 도시 구미, 자동차 도시 울산, 화학 도시 여수, 온산. 그 허황한 이름들을 위해 노동자의 목숨이 바쳐지고 그들의 뼈가 쌓여 갈수록 자본의 아성이 점점 높아지는 나라.

쉰이 넘은 농민은 남의 나라에 가서 제 심장에 칼을 꽂고 마지막 유언마저 영어로 남겨야 하는, 참으로 세계화된 나라. 전 자본주의가 정말 싫습니다. 이제 정말 소름 끼치게 무섭습니다.

1970년에 죽은 전태일의 유서와, 세기를 건너뛴 2003년 김주익의 유서가 같은 나라. 두산중공업 배달호의 유서와, 지역을 건너뛴 한진중공업 김주익의 유서가 같은 나라. 민주당사에서 농성하던 조수원과, 크레인 위에서 농성하던 김주익이 죽는 방식이 같은 나라.

세기를 넘어, 지역을 넘어, 국경을 넘어, 업종을 넘어, 자자손손 대물림하는 자본의 연대는 이렇게 강고한데 우리는 얼마나 연대하고 있습니까? 우리들의 연대는 얼마나 강고합니까? 비정규직을, 장애인을, 농민을, 여성을, 그들을 외면한 채 우린 자본을 이길 수 없습니다. 아무리 소름 끼치고, 아무리 치가 떨려도 우린 단 하루도 저들을 이길 수 없습니다.

저들이 옳아서 이기는 게 아니라 우리가 연대하지 않으므로 깨지는 겁니다. 만날 우리만 죽고 천 날 우리만 깨집니다. 아무리 통곡하고 몸부림을 쳐도 그들의 손아귀에서 한시도 벗어날 수가 없습니다.

이 억장 무너지는 분노를, 피가 거꾸로 솟구치는 이 억울함을, 언젠가는 갚아 줘야 하지 않겠습니까? 언젠가는 고스란히 되돌려 줘야 하지 않겠습니까?

어버이날 요구르트 병에 카네이션을 꽂아 놓고 아빠를 기다린 용찬이. 아빠 얼굴을 그려 보며 일자리 구해 줄 테니 사랑하는 아빠 빨리 오라던 혜민이. 그 아이들이 살아갈 세상은, 동지 여러분!

좀 달라야 하지 않겠습니까?

2003년 10월 22일 부산역 광장에서 열린 '노동탄압 규탄 전국대회'에서

-
-
-
-

2002년, 한진중공업에서는 회사 측이 일방적으로 임금을 동결하고 650명의 노동자를 해고하면서 파업이 시작되었다. 회사는 단체교섭을 거부하고 김주익 지회장을 비롯한 노조 간부 20명의 임금, 주택, 노동조합비 등에 손해배상을 청구하고 가압류를 함으로써 생활에 고통을 주는 동시에, 이들을 사법 당국에 고소, 고발하였다. 검찰과 경찰은 10월 1일 김주익 지회장을 포함한 여섯 명의 금속노조, 지회 간부에게 체포 영장을 발부했다. 김주익 지회장은 높이 35미터의 85호 크레인 위에서 회사 측에 대화를 촉구하며 129일을 버텼으나 아무런 응답이 없자, 10월 17일 회사와 싸움을 계속할 것을 유서로 남긴 뒤, 재벌의 노동자 탄압에 죽음으로 항거하였다.
뒤이어 10월 30일 15시 50분, 김주익 지회장의 죽음을 안타까워하던 곽재규 열사가 85호 크레인 근처의 4도크에서 투신하였다.

준하에게
김주익 열사 3주기 추모시

두 번 다시 어떤 꽃도 피지 않고
어떠한 열매도 다시는 익어 갈 것 같지 않았던 가을이 있었다.
밤낮 없이 들끓던 시간이 어느 날 문득 질주를 멈춘 날이 있었고
그렇게 멈춘 시간이 이제 조용히 깊어 갈 차례였건만
그때 시간은 벼랑 끝으로 추락했다.
단풍도 들지 않았고 세상은 온통 감옥 벽처럼 잿빛이었고
하늘마저 어둡고 거대한 구멍처럼 보이던 그때.
신조차 용서가 되지 않았고
그보다는 비겁하고 무력했던 스스로를 용서할 수 없어
혼자 있으면 울었고 모이면 술을 마시고 급하게 취하는 것 외에는 아무것도 할 수 없었던 그때.
높은 곳에 서면 뛰어내리고 싶었고
낮은 곳에 앉으면 그대로 묻혀 버리고 싶은 욕망이
시시각각 꿈틀거리던 그때.

그때 일곱 살짜리 준하, 널 보았다.

열 살이 되었겠구나.
크레인이라는 생전 듣도 보도 못한 곳에 마징가 제트처럼 올라간
아빠랑 생이별을 하고
"아빠, 힘들면 내가 일자리 구해 줄 테니 빨리 돌아와요."라고
편지 쓰던 누나 곁에서 누나의 크레용을 빌려 삐뚤빼뚤한 글씨로
"아빠! 빨리 오세요. 상랑행용."이라고 아빠 모습을 그려 편지를 썼던 네가
열 살이 되었겠구나.
제 애비의 장례식장에 와서 크레인에 내걸린 영정 사진을 보고는
"아빠다." 반색을 하던 네가 열 살이 되었겠구나.
아빠의 상여를 덮었던 하얀 국화꽃을 누나의 머리에 꽂아 주며
이쁘다고 손뼉을 치던 네가 열 살이 되었겠구나.
황소 같던 네 아빠였지만 준하 너만 보면
"아이구, 우리 막둥이." 입이 저절로 벙그러져
안고 업고 물고 빨고 꺼칠한 수염을 네 여린 볼에 부비며
어쩔 줄 몰라 하던 네가 열 살이 되었겠구나.

죽음이 뭔지도 모르는 일곱 살에 아빠의 장례식을 치르고
이유도 없이 시름시름 앓았다는 준하야.
아빠가 보고 싶은 간절한 마음을 담아 아빠에게 드릴 편지를 그 꼬물거리는
손으로 쓰고 그렸을 준하야.

마지막 날까지 그 편지를 닳도록 읽고 또 읽다가
끝내 그 편지가
크레인 위에 남겨진 네 아빠의 마지막 유품이 되리라곤
상상도 할 수 없었을 준하야.
제 목을 감을 밧줄을 제 손으로 매듭짓던 그 모진 시간까지
차마 놓을 수 없었을 이름 준하야.
밧줄에 목을 거는 마지막 순간까지
단 한 번만이라도 보고 싶고 미치도록 안고 싶었을 준하야.
힐리스를 사주마 약속했던 아빠가
왜 그 약속을 어길 수밖에 없었는지를 이해한다는 건
이 모순 덩어리 세상을 이해해야 하는 일이기에
네 나이 열 살은 아직 어리다.
아빠가 하시는 일을 적어 오라는 잔인한 숙제를 받아 온 날이거나 아빠랑
체험 학습을 다녀왔다는 친구의 얘기를 듣거나
아빠의 손을 잡고 지나가는 친구들을 볼 때마다
그렇게 가 버린 아빠가 미울 수도 있었겠지.

그러나 준하야.
네 아빤 세상 여느 아빠들처럼
너랑 그렇게 오래오래 살고 싶었던 거란다.
일요일이면 의기양양하게 네 손을 잡고 동네 사람들 다 볼 때까지
골목길을 느릿느릿 걸어 목욕탕에도 가고 싶으셨을 거야.

아빠가 사 준 자전거를 비틀거리며 타는 네 등 뒤에서
우리 막내가 저렇게 컸구나.
열 살이 된 널 콧날 시큰거리며 지켜보고 싶으셨을 거야.
네가 혼자 일어서 세상을 훨훨 날아다닐 때까지
오래오래 널 지켜 주며
세상에서 가장 넓고 따뜻한 둥지가 되고 싶으셨을 거야.
너에게 가장 안전한 놀이터이자 가장 편안한 침대가 되고 싶으셨을 거야.
아침이면 네가 닦아 놓은 구두를 신고 집을 나서
저녁이면 네가 답삭 안겨 드는 집으로 땀내 풍기며 돌아가
너랑 함께 레슬링도 하고 나란히 배 깔고 엎드려 책을 읽는 꿈.
그게 아빠가 꿈꾸었던 세상의 모습이었단다.

그러나 준하야.
너에게 아빠는 이 세상에서 가장 크고 듬직한 거인이었을 테지만 사실 네 아빤 난장이였단다.
수백 명의 생존권을 난도질하고도 낯빛 하나 바꾸지 않던 세상과 외로이 맞서 싸워야 했던 난장이였단다.
천막이 삭았던 세월,
2년 동안을 안 해 본 것 없이 다 해 가며 마침내 이끌어 낸 합의안을
손바닥처럼 뒤집는 가진 자들의 농간에 맞서
바이킹보다 높고 아찔했던 크레인에 올라가는 것밖엔 할 게 없었던
난장이였단다.

129일을 혼자 매달려 있었던 크레인 위에서 기어이 목숨을 던져
모두를 살렸던 거대한 난장이였단다.

준하야.
너마저 이런 세상에 살게 할 순 없지 않겠느냐.
통일을 향한 발걸음들이
아직도 간첩이 되고 빨갱이가 되는 이런 세상에
널 살게 할 순 없지 않겠느냐.
평생을 일해도 집 한 칸 지닐 수 없는 이런 세상에
널 살게 할 순 없지 않겠느냐.
평생을 일만 해 온 애비들이 구조조정이라는 이름으로 잘리고
하루에 서른여섯 명이 스스로 목숨을 끊는 것밖에는 도무지 할 게 없는
이런 세상에 널 살게 할 순 없지 않겠느냐.
비정규직이라는 차별과 서러움의 이름을 수번(囚番)처럼 달고 살다가
그마저 쫓겨나 1년을 넘게 천막을 치고
그 천막에서 사계절을 맞고 보내게 할 순 없지 않겠느냐.
세상에 남겨졌던 유일한 거처였던 그 천막마저 뜯겨 나간
어느 날 아침.
천막이 신기루처럼 사라진 빈자리에 무릎이 꺾인 채
주저앉아 하염없이 울어야 하는
이런 세상을 너한테마저 물려줄 순 없지 않겠느냐.
비정규직은 울고 정규직은 잔업과 성과금에 영혼을 파는

오로지 이 두 가지의 선택이 네 미래가 되게 할 순 없지 않겠느냐.
이런 자식들은 애비를 잃고 늙은 부모들은 자식을 잃는
이런 세상은 이제 끝내야 하지 않겠느냐.

준하야.
어느 날 육교를 오르다가
굽이 다 닳아빠진 어떤 사내의 낡은 구두를 보다가
그만 가슴이 미어진 날이 있었단다.
크레인에 올라가기 일주일 전.
새 구두를 사 놓고 끝내 그 구두를 신을 수 없었던
네 아빠의 새 구두를 네가 신을 만큼의 세월이 지나면,
그때가 되면 이 말을 할 수 있을까.
미안하다는 말……
널 간절히 지켜 주고 싶었던 네 아빠를 끝내 지켜 주지 못해
준하야, 정말 미안하다.

2006년 10월 29일 경남 양산 솥발산에서 있었던 김주익·곽재규 열사 3주기 추모제에서

호루라기 사나이, 그를 아십니까?

배달호 열사 추모사

　죽은 듯 서 있던 나뭇가지 끝이 색깔이 변했다 싶었는데, 좁쌀만 한 새순들이 종주먹을 쥐고 막 일어서는 참이었습니다.
　그 작은 것들마저 살겠다고 일어서는 게 봄일 텐데, 그 봄에게마저 화가 나던 날이 있었습니다.
　어느새 피었던 건지 동백이 지는데, 붉은 꽃송이 모가지가 툭툭 끊어져 떨어지는데, 그 무심한 낙화마저 속상하던 날이 있었습니다. 늦은 밤 막차 안에서 작업복을 입은 사내 하나 고개를 떨군 채 졸고 있고, 종점이 다가오는데 그게 또 서러운 날이 있었습니다.
　효순이 미선이 그 아이들이 나란히 새겨진 추모 버튼 옆에, '배달호를 살려 내라' 검은 깃을 달다 말고, 그런 거나 주렁주렁 달다 말고 나도 모르게 하늘을 보게 됐는데, 어쩌자고 하늘은 저리도 맑은 건지 그 푸르름마저 절망이던 날이 있었습니다.
　무심하던 일상의 한가운데서 밥을 먹다가도, 텔레비전을 보며 낄낄거리다가도, 버스에 흔들리다가도, 문득 한숨처럼 걸려 넘어지던 이름 하나,

그를 아십니까?

호루라기 하나로 이 세상 가장 아름다운 노래를 부르던, 그를 아십니까?

다들 세상이 변했다는데, 너나없이 변한 세상을 말하는데, 60년대를 살다 간 전태일처럼 죽어 간, 그를 아십니까?

18년을, 자기 집 문지방을 넘나들던 시간보다 더 오랜 시간 허덕거리며 드나들었을 공장 길목에, 감사비도 아니고 기념비도 아닌, 그을린 자국 하나 흔적으로 남겨진, 그를 아십니까?

50 평생 단 한 번도 푸른색으로 바뀌지 않던, 이 멋들어진 21세기에도 붉은빛만 껌뻑거리던 신호등 앞에서, 붉게 검붉게 타오르던, 그를 아십니까?

병도 아니고 사고도 아니고, 견딜 수 없이 부자연스러운 죽음 앞에, "왜"가 아니라 "오죽했으면"이 먼저 가슴을 치던, 그를 아십니까?

더는 밟힐 수가 없어, 도대체가 더는 당할 것도 없어, 마지막 일어서는 일이, 몸부림치며 일어서는 일이, 일어서 외마디 소리 친다는 일이, 제 몸뚱아리, 말라비틀어진 몸뚱아리 장작개비 삼는 일밖엔 없었던, 그를 아십니까?

50년 그 긴긴 세월 그 몸뚱아리 하나로 살았으면서도, 기름기 흐르게 먹여 본 적도, 늘어지게 쉬게 한 적도, 한 번 잘해 준 적도 없으면서 그 몸뚱아리를 그예 횃불로 밝혔던, 그를 아십니까?

이 세상에서 입어 보는 가장 비싼 옷이 수의가 된 지지리도 못난 사내, 그를 아십니까?

그 마지막 호사마저 분에 넘쳐, 새까맣게 오그라 붙어, 타다 만 비닐처럼 오그라 붙어, 그마저도 64일을 꽁꽁 얼어, 변변히 갖춰 입지도 못한 채 먼 길 떠나는, 그를 아십니까?

50 평생을 밟히고 차이고 내몰리기만 하다가 죽어서야 꽃상여를 타는, 그를 아십니까?

다 태우고 마지막 한 점까지 다 내주고 이제 그가 갑니다.

수십 년 살 비비고 살았던 마누라에게조차 차마 마지막 모습을 보여줄 수 없었던 그가 갑니다. 살아서는 지구를 수천 바퀴를 돈다 해도 이 세상 어디서도 다시는 만날 수 없는 그가 갑니다.

징계, 가압류, 전과자의 굴레를 이렇게밖에는 벗어날 수 없었던 이 모진 땅을 그가 떠나갑니다.

권미경의 곁으로 조수원의 곁으로 신용길의 곁으로 양봉수의 곁으로 서영호의 곁으로 최대림의 곁으로 박창수의 곁으로 또 한 사람이 갑니다.

그러나 남겨진 사람.

새끼들만 아니라면 수백 번도 더 따라나서고 싶었을 그 길목 어디쯤을 날마다 서성이며 남겨질 사람.

가장이 버텨 준 세상도 그렇게 버거웠는데, 수많은 날들을 홀로 휘청거리며 버텨야 할 사람.

오늘이 지나고 나면 이제 목 놓아 울 수도 없을 황길영 동지.

7평이라던가, 9평이라던가 그 좁아터진 집구석이 당장 오늘부턴 휑뎅그레 넓어져, 앉았던 자리도 누웠던 자리도 빈자리만 눈에 가득하고, 코 고는 소리도 술주정 소리도, 술 냄새 발 고린내마저 아득한 그리움이 되고 회한이 될 황길영 동지가 남겨졌습니다.

투사도 아니었고 간부도 아니었고, 그냥 남편의 뜻이 뭔지를 알기에 이 지난한 투쟁의 한가운데서, 견딜 수 없는 슬픔의 바다에서 외롭고 처절한 사투를 벌여 온 황길영 동지가 이제 아빠의 몫까지, 아들의 몫까지 홀로 짊어져야 하는 가장으로 남겨집니다.

대구지하철 청소 용역 아줌마들이 그게 무슨 보물이라고 마지막 가는 길까지 손에 쥐고 죽었다던, 껌 떼는 칼을 들고 있는 황길영 동지의 모습을, 아마 모르긴 몰라도 어느 백화점 계단쯤에서 조만간 보게 될지도 모르겠습니다.

20년을 일한 회사에서 용역으로 내몰렸던 어느 식당 아줌마들처럼, 노동조합 앞에 천막을 치고 막막한 눈길로 앉아 있는 그를 보게 될지도 모르겠습니다.

최저임금법이 뭔지도 모른 채 38만 원 주면 38만 원 받고 40만 원 주면 40만 원 받다가, 〈철의 노동자〉를 〈사랑은 아무나 하나〉처럼 부르는 아줌마들 틈에 섞여 있는 그를 마주치게 될지도 모르겠습니다.

파업이니까 9시까지 출근해도 된다는 집행부의 지침을 한 달째 어기며 7시면 어김없이 출근하는, 수십 년 습관을 못 버리는 어느 병원 청소 용역 아줌마들처럼, 새벽 댓바람 버스를 기다리는 그를 만나거들랑 잠깐 차 세워 잘 지내시냐고 안부라도 물어 주시구려. 태워 주시면 더할 나위 없구요.

그리고 두 딸내미 선혜, 인혜.

그 아이들만 한 보석을 준다 해도 안 바꾸었을 새끼들.

가시는 걸음걸음마다 눈에 밟히고, 가슴에 밟혀 가다가도 골백번을 되돌아보고 또 돌아볼 그 아이들.

백번의 열사보다 단 하나의 아빠가 아직은 더 절실할 아이들.

이 땅 여성 노동자 70% 이상의 삶이 그렇듯 머잖아 비정규직 대열에 합류하게 될 그 아이들을, 백화점에서든 마트에서든 보게 되거든, 화끈거려 제대로 내딛지도 못하는 발바닥 먼저 헤아려 주시구려.

엄마 땜에 앓는 소리 한 번, 힘들다는 투정 한 번 부리지 못할 아이들의 어깨라도 한 번 따뜻하게 두드려 주시구려.

마지막 결단의 순간까지 끝내 놓지 못했을, 어쩌면 유서의 맨 앞에 놓고 싶었을 마지막 한마디.

"내가 없더라도 우리 가족 보살펴 주기 바란다."

그 유언은 비정규직이 없어지는 그날까지 아마도 그렇게 이 세상에 남아 떠돌게 될 것입니다.

〈추신〉 박창수의 무덤이 빤히 바라뵈는 곳에 배달호 열사를 묻고 와서 이빨까지 빠지는 듯한 심한 몸살에 시달렸습니다. 난 언제까지 이런 추모사를 쓰며 살아야 하나…….

2003년 3월 14일 창원 시청 앞 노제에서

・
・
・
・

IMF 시기에 김대중 정부가 한국중공업을 두산그룹에 헐값에 매각하면서 이름이 바뀐 두산중공업은 노동조합을 무력화하기 위해 2002년 노조 간부 여든아홉 명을 징계해고하고, 65억 원 손해배상 청구, 노조원 재산 가압류 신청 등을 단행했으며, 그 과정에서 스물두 명에게 체포 영장을 발부했다.

22년 동안 두산중공업에서 일해 왔던 배달호 열사는 두산의 부당 해고와 징계에 맞서 싸우다가 2002년 7월 23일 구속, 9월 17일 집행유예로 석방되었으나 모든 재산과 임금을 가압류당했다. 노무관리 대상자로 회사의 감시를 받던 중, 생계를 담보로 회사에서 노조 활동 중단 각서를 요구하자, 2003년 1월 9일 가족을 부탁한다는 유서를 남기고 회사 안 '노동자 광장'에서 분신했다.

오래된 미래
조수원을 추모하며

천연덕스럽게 잘 살다가도 한 번씩 무너지는 날이 있다.
깊은 산그늘에 가린 계곡처럼 가슴속에도 그런 그늘이 있어,
습하고 냉한 그곳에서 자라난 이끼들에 미끄러져 내가 넘어지는 날.
담뱃불로 구멍을 뚫지 않으면 그 어둠 속에 영영 갇혀 버릴 것만 같은
막막한 날이 있다.

지난 금요일.
매일 저녁마다 하던 부지깽(부산지하철 매표소) 해고노동자 촛불 문화제가
일주일에 두 번으로 줄어들어도
오는 사람들은 늘지도 않고 줄지도 않아,
서로 반가워 감격에 겨울 것도
그렇다고 다음에 꼭 오시라는 인사를 굳이 할 것도 없는 자리.
그렇고 그런 사람들이 오종종 모여
출근해서 작업 공구 챙기는 모양새로
비닐 봉다리에서 부시럭부시럭 종이컵을 찾고,

대추리 어느 들녘에 직파했다던 벼 모종이
지금쯤은 꼭 저런 꼬락서니일 듯싶은
심지가 꺼멓게 말라붙은 양초 찾아서
제 라이터로 제가 불붙여
오종종 쭈그리고 앉으면,
노인네들만 남은 동네의 새마을 구판장처럼
아쉰 대로 적당한 구색은 갖춰지는, 그런 일상의 자리.

열사회 주최라는 색다른 이름이 붙어서였을까. 지하철 환풍구에서 날아드는 물방울처럼, 잊어버릴 만하면 적당히 불쾌하게 존재를 일깨우는 빗방울 탓이었을까.

우창수가 노래를 부른다. 굳이 초청하지 않아도 오고, 요청하지 않아도 부르니까 존재의 귀함을 종종 까먹게 되는 사람. 흔한 것들은 종종 짓밟히고, 늘 곁에 있으리라 믿는 것들에게 우리는 때때로 얼마나 가혹한가. 그런 것들이 귀하다는 걸 깨닫는 건 대부분, 그 꽃이 진 뒤거나, 그가 떠나 버린 다음이다.

부지매 동지들은 아마 처음 듣는 노래일 거라며, 단식 중인 이대경 수석(부지매 현장위원회 대표)을 생각하며 〈아들에게〉라는 노래를 부르겠단다. 난 부지매가 아닌 탓에 몇 번 들어 본 노래였건만, 어느 비 내리고 바람 불던 밤의 천막처럼 가슴이 울컥거린다.

"사람답게 사는 것이 네가 말한 이 길이더냐."

생일이, 추석이, 설이 몇 번이 지나도록 아들을 볼 수도, 등을 쓰다듬을 수도, 손을 잡아 볼 수도 없었던 어머니가, 이미 들을 수도 없는 아들에게 묻는 대목에서였을 게다.

그 노래는 조수원에게 바치는 노래다. 조수원······.

병역 악법 철폐와 원직 복직을 요구하며 시작된 단식이 스무날을 훨씬 넘어섰던 어느 날. 사람이 아무것도 안 먹고 그때까지 어떻게 버티냐며, 몰래 뭐 먹는 거 아니냐고 이죽거리는 병무청 어떤 양아치의 말을 듣고는 그나마 물과 소금마저 거부한다며, 수원이 좀 말려 달라는 전화를 받고 급하게 서울행 기차를 타야 했으나 기차표를 구할 수가 없었다. 죽어 가는 사람이 눈앞에 어른거리는 상황에서의 기다림이란 얼마나 조바심 나는 일인가.

급한 대로 철도의 어느 동지에겐가 연락을 해서 기관실엘 탔다. 밖에서 보기처럼 멋있기는커녕 돼지국밥 솥의 수증기처럼 한 번씩 면상에 확 끼치는 열기도 불편했고, 서울까지 얼마나 남았나 줄곧 생각하면서 가야 하는 길은 지나치게 멀었다.

수원이는 놀랍게도 웃고 있었다. 걱정하지 마시란 말까지 했던 것 같다. 스무날을 넘게 굶고도 웃는 자를 보는 건 생각보다 훨씬 곤혹스러웠다. 스무날을 굶은 채 물과 소금마저도 삼키길 거부하면서도, 걱정하지 마시라는 자를 보는 건 무력했다.

38일 동안 단식은 이어졌고, 가뭄에 드러난 저수지 바닥에서 얇게 파닥거리던 작은 물고기처럼, 그러고도 수원이가 살아 있었던 건, 그때까지만 하더라도 살아 있어야 할 이유를 그가 놓치지 않고 있었기 때문이라고 나는 생각했다.

　갈 곳이 있어도 갈 수 없고, 만날 사람이 있어도 만날 수 없고, 할 일이 있어도 할 수 없어 폐가처럼 나날이 피폐해지던 수배 중의 어느 날. 게릴라처럼 산으로만 떠돌던 길에서였을 게다. 그의 부음을 들었던 건. 수원이가, 죽었단다······. 오늘 새벽에······ 계단에서······ 목을 매서······ 새벽에······ 혼자서······ 뜨문뜨문 내가 물었고, 수화기 저편에서도 뜨문뜨문 그렇게 대답했다.

　그날도 서울행 기차의 좌석을 구할 수가 없어 기관실엘 탔지만, 그날은 아무것도 불편하질 않았다. 서울까지의 거리가 멀다는 생각이 단 한 번도 안 들었다. 차라리 시베리아를 몇 날 며칠이고 하염없이 횡단한다는 어떤 기나긴 기차보다 더 기나길게 이 기차는 시베리아를 종단하소서, 바랐던 이유는 머잖아 밀어닥칠 실감이 두려웠기 때문이다.

　실감할 수 없는 비극은 더욱 참혹하다. 어차피 실감은 찾아들 것이고, 그 사이 비대해진 슬픔의 무게는 존재가 감당할 수 있는 슬픔의 양을 배반하기 때문일 것이다. 실감도 나지 않는 죽음 앞에서, 실감을 일깨우는 의식처럼 향을 피우고 절을 하는데, 나보다 어린 사람에게 절을 해 보는 건 그때가 처음이었던 것 같다.

　부모의 죽음이래도 아직은 상주 노릇을 하기는 적당치 않아 보이는 고등학생이 형의 빈소에 상주로 불려 나와 있는 건, 더 적당치 않아 보였다. 홀연히 상주가 된 동생과 맞절까지 하고, 얼마나 상심이 크시냐는 의례적인 인사를 고등학생에게 건네기도 적절치 않아 겸연쩍은 시선과 시간을 둘 데가 없어 두리번거리다 영정과 눈이 마주쳤는데, 수원인 또 웃고 있었다. 죽은 자가 웃고 있는 건 얼마나 비현실적인가.

〈아들에게〉, 몇 번인가 들은 노래였지만 가사도 채 모르는데, 참 긴 노래다. 참 긴 노래다 생각하면서 겸연쩍은 시선과 시간을 둘 데가 없어 두리번거리다 곁에 앉은 이대경 수석을 보게 됐다. 그에게도 그 노래가 참 길었던 걸까. 수석이⋯⋯ 운다. 죽어서도 웃는 자를 보는 일은 곤혹스럽고 살아서 우는 자를 보는 일은 무력하다. 그건 곧 내 진정성의 무력함일 게다.

어제 병원에 누워 있는 이대경 수석을 보면서, 나는 등이 굽은 채 사막을 걷는 낙타를 생각했다. 사막에도 갈림길이 있다. 그 막막한 길에서 낙타라고 왜 갈등이 없겠는가. 그러나 본능적으로 물의 냄새를 알고 그 길을 가는 낙타는 언제나 현명하다. 그러나 자신만이 현명하다고 믿는 인간은, 지름길이라고 믿는 길로 낙타를 내몰다 결국은 길을 잃고, 낙타의 혹에 고여 있는 물을 빼앗기 위해 낙타의 등을 벤다.

낙타가 죽으면 저도 살 수 없다는 걸, 욕심에 어두운 인간들은 종종 잊는다. 인간이라는 종이 지구에 출현하기 전부터 낙타는 살아 있었고, 낙타는 멸종하지 않았다. 숙명처럼 길을 걸을 뿐, 결코 쓰러지거나 지름길을 탐하지 않기 때문이다.

길은 걷는 만큼 줄어든다. 이 길도 언젠가는 끝나게 될 것이고, 우리는 머잖아 우리가 있던 자리로 돌아가게 되겠지만 예전의 우리는 이미 아닐 것이다. 한나라당의 압승이라는 게 맹목적인 추종의 결과라는 것도 알게 됐고, 월드컵 경기장은 누군가의 삶의 터전이었고, 50만 원의 보상금을 받고 그 터전에서 쫓겨났던 철거민들의 눈물 위에 지어졌다는 것도 알게 됐다. 축구공을 농락하는 선수들의 현란한 발재간보다는, 다섯 살부터 하루 300원의 임금을 받고 공을 만들다가, 강한 본드의 영향으로 일곱 살에 두 눈을 실명한 인도 소녀 소니아의 노동에 우리는 주목하게 될 것이다.

절망해 보지 않은 사람은 희망의 가치를 모른다. 좌절해 보지 않은 사람은 다시 서는 일의 거룩함을 모른다. 그래서 우리는 이미 승리했다.

2006년 5월 31일 부지매 촛불 문화제에 참석한 뒤 조수원 열사를 추모하며

조수원 열사는 대우정밀에 입사, 병역 특례자로 편입되어 4년 6개월을 복무하던 중 노조 편집부장을 맡았다가 1991년 6월, 복무 만료 6개월을 남기고 해고되어, 병역 특례자의 신분을 박탈당했다.
1993년 마포 민주당사에서 38일 동안 단식 농성을 했고, 대우그룹으로부터 1994년 5월 27일 복직 합의를 받아 냈다. 그러나 정부는 병역 문제가 복직 합의와는 아무런 관련이 없다며 병역 특례 해고자들에게 입대할 것을 요구했다.
'정든 일터로 돌아가고 싶다', '어머니, 아버지 품으로 돌아가고 싶다.'며 간절한 소망을 말하던 조수원은 1995년 12월 15일 새벽, 부당 징집을 거부하며 민주당 서울시 지부에서 목매어 세상을 등졌다.

언제 밥그릇에 불이 붙을지 몰라 기름밥이지요
김동윤 열사 추모사

그는 어디로 간 걸까요?

자기 몸뚱아리 수십 배가 넘는 짐을 싣고 고속도로를 허덕거리던 그는 어디로 간 걸까요?

그 짐보다 훨씬 더 크고 무거웠을 꿈을 '츄레라'에 싣고 새끼들의 미래를 싣고 소달구지에 매인 소처럼 저토록 깊은 눈망울로 세상을 보던 그는 이제 어디로 간 걸까요.

6년 전, 그 차를 처음 장만했을 때, 무사고를 빌며 정성 다해 고사를 지내고 자다가도 일어나 쓰다듬어 보고 티끌 하나가 묻어도 침 묻혀 닦아가며 꿈에서조차 설렜을 그는 핸들을 놓고 어디로 간 걸까요.

변변히 화장실 갈 틈조차 없이 장난감 차의 운전사처럼 늘 그 자리에 붙어 있던 사람이 이렇게 오랫동안 차를 버려 둔 채 어디로 가 버린 걸까요.

화주들에겐 껌 값도 안 되는 돈 몇 푼에 하루에도 몇 번씩 목숨 걸고 중앙선을 넘나들면서도 용케 살아남았던 불사조 같았던 그는 어디로 가 버린 걸까요.

하루에도 몇 번씩 문자 메시지를 보내던 마누라에게 "여보, 미안해.

가슴이 너무 아프다." 한마디를 남긴 채 연락이 두절된 그는 도대체 어디로 가 버린 걸까요.

신선대 부두에 타 버린 옷 한 벌, TRS 하나, 휴대폰 하나, 그리고 끝내 펼 수 없었던 꿈처럼 오그라 붙은 채 펴지지 않는 울긋불긋 단풍 든 몸뚱아리 하나. 마흔여덟의 인생에 그걸 업적이라고 남겨 놓고 그는 도대체 어디로 사라진 걸까요.

420만 원 때문에 사람이 죽었답니다.

살아 보려고, 어떻게든 마누라 품고 자식들 품고 살아 보겠다고, 길바닥에서 밥 먹고 길바닥에서 자며, 길바닥에서 울고 웃었던 마흔여덟의 노동자 하나가 420만 원이 없어 죽었답니다. 그가 가압류당한 건 420만 원이 아니라 목숨이었을 겁니다.

하루 스무 시간을 일하고도 기름 값도 안 나오는 그 모멸스러운 노동을 그가 언제까지 견뎌야 했습니까?

석유 자본의 농간 때문에, 살인적으로 치솟는 기름 값에, 세금에, 벌금에 핸들을 잡으면 신용불량자요, 놓으면 실업자가 되는 이 버거운 현실을 그가 언제까지 감당해야 했습니까?

독수리 발톱보다 더 포악한 자본에 번번이 먹이를 가로채이고, 날갯짓을 할수록 죽음에 가까워지는 그 저주받은 올가미를 어떤 방법으로 벗어나야 했습니까?

한 번도 푸른 신호등으로 바뀌지 않고, 딱지만 줄기차게 끊어대는 이 기운 빠지는 삶을 언제까지 이어 가야 했단 말입니까?

놀고먹는 사람들은 아파트 한 채만 잘 찍으면 수억이 굴러들어 오는 나라에서 하루 온종일 일하는 노동자가 생존의 벼랑 끝에서 지 몸뚱아리에 불붙이는 거밖에는 할 수 있는 게 없다면 이 정부는 도대체 누구를 위한 참여정부입니까?

오래 살려고 웰빙이 열풍이 된 나라에서 안전벨트 매는 게 유일한 웰빙이자, 노후대책이었던 화물 노동자의 절박한 생존을 안전벨트에서 끊어 버리는 이 잔인한 세상은 도대체 누굴 위한 세상입니까?

구조조정으로 내몰린 노동자들과 일자리를 찾지 못한 젊은이들은 노점상이 되어 단속반에 쫓기고, 농민들은 죽어 가고, 비정규직도 자꾸만 죽어 가고, 가난한 사람들은 점점 더 가난해지는 이 절망의 나라는 도대체 누구의 나라입니까?

돈만 있으면 판검사도 사고, 국회의원도 사고, 장관도 사고, 대통령까지 사 버리는 나라, 이 공화국은 누구의 공화국이란 말입니까?

지금은 세상에 안 계신 아버지는 전쟁 때 얘기를 참 많이 하셨습니다. 총알이 빗발치던 얘기. 죄 없는 사람들이 김이 나는 창자를 꾸역꾸역 쏟아 내며 흰창을 뒤집으며 죽어 가던 얘기. 그렇게 삐져나온 창자 같은 미숫가루 자루를 훔쳐서는 냅다 뛰었다던 얘기. 그러면서 아버지는 그렇게 살아남은 자신을 참 자랑스러워하시는 것 같았습니다.

그때는 그 얘기가 참 듣기 싫었습니다. 그래서 뭐가 남았냐고, 그렇게 살아남아서 뭘 이룩했냐는 반발이 가난한 아버지를 향해, 그리고 그 가난을 고스란히 대물림받아 살면 살수록 본전마저 꼴아박는 아버지의 삶을 처음부터 다시 살아야 하는 저를 향해, 시시때때로 고개를 들곤 했습니다.

아무것도 내세울 것도, 가진 것도 없던 아버지가 스스로의 처지를 살아남았다는 사실 하나만으로라도 인정받고 싶어 하셨다는 걸 그때 아버지의 나이가 되어서야 저는 헤아립니다.

산다는 게 날마다 피가 튀고 살점이 떨어져 나가는 전쟁임을 그땐 몰랐습니다. 목숨 부지하고 살아남는 게 얼마나 힘든 세상인지 그땐 참 몰랐습니다.

전쟁은 60년 전에 끝났다는데 날마다가 전쟁인 사람들. 1년에도 수십 명이 길바닥에서 개구리처럼 터져 죽고, 전쟁 때도 자살은 없었다는데 2002년 이후 죽어 간 예순여섯 명 중 25%가 자살인 기가 막힌 사람들.

열사도 되지 못했던 개죽음들로 고속도로마다 스프레이 자국으로 남겨지는 사람들. 보릿고개 넘어선 지가 언젠데 하루 한 끼는 물배로 채우는 날도 많다는 전설의 고향에나 나오는 보릿고개를 아직도 꾸역꾸역 넘고 있는 사람들.

최복남도 죽었고, 박상준도 죽었고, 김동윤도 죽었는데 여러분들은 산목숨입니까? 하루에도 몇 번씩 중앙선을 넘나들어야 한 끼 밥이 나온다면 그게 산목숨입니까? 핸들을 잡고도 깜빡 졸다가 하루에도 몇 번씩 가슴을 쓸어내리는 그게 산목숨입니까? 운 좋게 딱지를 안 떼인 날은 결국 꿈에서 딱지를 떼이더라는, 과적에 과속을 하는 만큼만 '주리'(거스름돈)가 남는 그게 살아 있는 목숨입니까?

2003년 투쟁은 아직도 끝나지 않았다고 말하면서도 우린 촛불 집회의 현장이 아니라 고속도로에 있습니다. 열사 정신을 계승하자면서도 우린 촛불이 아니라 핸들을 잡고 있습니다.

동지 여러분, 화물연대 동지 여러분. 장례는 치러야 하지 않겠습니까?

껍질마저 다 벗겨진 저 몸뚱아리를 이제 그만 냉동실에서 꺼내 최복남 동지의 곁에 묻어야 하지 않겠습니까? 우리들의 짐을 다 짊어지고 가셨는데 이제 그 뜻을 우리가 짊어져야 저승길이나마 외롭지 않게 가시지 않겠습니까?

열다섯 살, 열여덟 살 아직도 병아리 같은 새끼들 두고, 마누라 두고, 늙은 부모님 앞서서 가는 죄 많은 발걸음이 그나마 가벼워지지 않겠습니까? 마흔여덟 살 사내의 모든 꿈과 희망을 싣고 달리던 '츄레라'에 영정을 실어야 하는 이 기가 막힌 일은 이제 끝내야 하지 않겠습니까?

우리도 이제 비상등 켜 놓고 오줌 누는 거 말고, 뻑하면 멱살잡이하는 거 말고, 과적 계량기도 말고, 감시 카메라도 말고, '짭새'도 말고, 딱지도 말고, 범법자도 말고, 무법자도 말고, 신용불량자도 말고, 사는 거처럼 살아 봐야 하지 않겠습니까?

우리도 이제 노동자면 노동자로 인정받고, 노동한 만큼 정당한 대가 받고, 남들 쉴 땐 우리도 쉬고, 남들처럼 잘 땐 집에서 자고, 허리도 쭉 펴고 다리도 쭉 뻗고 자 봐야 하지 않겠습니까? 남들 반만큼이라도 애비 노릇, 자식 노릇, 형 노릇, 오빠 노릇 생색이라도 내 가면서 살아 봐야 할 거 아닙니까?

차도 막히고 숨도 막히는 상습 정체 구간만 끝도 없이 이어져 오도 가도 못하는 인생이 아니라 우리도 한번 '악셀레다'도 힘껏 밟고 힘차게 경적을 울리며 달려 봐야 하지 않겠습니까?

죽어야만, 누군가 목숨을 바쳐야만 문제가 해결되곤 했습니다. 그러나 동지 여러분! 비정규직은, 노동자도 되지 못하는 사람은 죽어도 안 됩니다.

분노가 조직이 되지 못하는 현실, 통곡조차 투쟁으로 이어지지 못하는 현실, 모여 있는 잠시 동안은 동지지만 흩어져 일하는 대부분의 시간은 적이 되고, 경쟁 상대가 되는 현실.

죽은 사람을 묻어 줄 용기나 결단이 없다면 죽은 시체의 미숫가루를 훔쳐 목숨을 부지하는 전쟁 같은 삶에서 한 발짝도 벗어날 수가 없습니다.

하루에도 몇 번씩 억장이 무너져 내리고, 절망의 강을 그나마 술기운으로 건너지 않으면 내가 김동윤이 될 것 같은 화물연대 동지 여러분. 김현승이라는 시인이 그랬나요. 아버지의 눈에 눈물은 보이지 않으나 아버지가 마시는 술잔의 절반은 눈물이다. 참으로 못나 빠진 이 시대의 애비들에게 김.동.윤이라는 이름이 마지막 눈물의 술잔이길 바랍니다.

2005년 10월 1일 김동윤 열사 정신 계승 촛불 문화제에서

- - - - -

화물운송 노동자는 일명 지입제라는 '차량위탁관리' 형식의 불평등 계약에 따라, 책임은 사업자처럼 무한으로 지고, 권리는 노동자처럼 침해받는 이중고에 시달리고 있다.
2005년, 고유가와 어려워진 경기로 김동윤 열사도 이미 1,200만 원의 부가세 체납자가 되었다. 그해 추석을 앞두고 경유가 인상분에 대한 유류 보조금 환급이 있었는데, 환급 과정에서 세금과 과태료 등 미납자의 보조금을 압류키로 하였다. 김동윤 열사도 6개월 만에 환급받은 유류 보조금 420만 원 전액을 세무서에 압류당했다. 장시간의 노동과 생존권이 위협당하는 극심한 압박 속에서, 2005년 9월 10일 오전 10시경 부산 신선대 부두 정문 앞에서 유가 보조금 압류 현실에 분개하며 분신, 죽음으로 화물 노동자의 현실을 세상에 알렸다.

넷/ 비정규직은 정규직의 미래다

사진 ⓒ 「매일노동뉴스」, 정기훈

이제 아무도 기적을 말하지 않을 때
온몸으로 기적을 만들어 가는 사람들.
우리가 단지 역사를 추억할 때
스스로 역사가 되어 가는 사람들.
서러움이 뭔지를 알려거든 그들을 보라.
우리가 잃은 게 뭔지를 알려거든 그들의 눈빛을 보라.
연대를 말하려거든 100일째 펄럭이는 천막엘 가 보라.
우리들의 미래가 우리 아이들의 미래가 몹시 궁금하거들랑
비정규직이라 불리는 그들을 보라.

봄이 오면 무얼 하고 싶으세요?

대티역엘 갔었습니다. 스물아홉 구혜영의 자존심과 맏이로서의 생존이, 풍족하진 않으나 소박하게 이어지던 곳. 괴정역엘 갔었습니다. 스물여섯 황이라의 미래와 꿈이 물결처럼 일렁이던 곳.

그러나 지금, 그들은 거기 없습니다. 한 평도 안 되는 공간이었으나 그들의 생존이 이어지고, 꿈이 넘실거리던 그곳엔 암전처럼 불이 꺼지고, 그들은 지금 서른, 스물일곱이 되어 시청 앞 찢긴 깃발처럼 나부끼는 천막에 영치되어 있습니다. 바람이 불지 않아도 흔들리는 천막보다 더 불안스레 흔들리며 그곳에서 가을을 보냈고 한겨울의 들판을 바람막이 하나 없는 맨몸뚱이로 지들끼리 일으켜 주고 지들끼리 눈물 닦아 주며 꾸역꾸역 건너왔습니다.

비정규직이 뭔지도 몰랐다던 그들은 얼마나 어리석었던 걸까요. 지하철에 입사했다고 그렇게 좋아라 했다던 그들은 얼마나 순진했던 걸까요. 정성 다해 다리고 주름 잡은 유니폼이 행여 구겨질세라 품에 안기조차 조심스러웠을 첫 출근. 새벽 4시. 알람이 울리기도 전에 일어나 분주히 동동거렸던 그 벅찬 설렘은 얼마나 가당찮았던 걸까요. 지하철에서 일하면 지하철 직원이라 믿었다던 그들은 도대체 얼마나 바보였던 걸까요.

그 가당찮은 설렘과 어리석음의 대가는 너무나 가혹했습니다. 하다못해 종이 쪼가리 하나 없이 내일부터 출근하지 말라는 한마디에 모멸감을 느낄 사이도 없이 그들은 버려졌고 아무리 생각해도 이럴 수는 없는 건데, 자다가도 벌떡 일어나 앉게 되는 불면의 밤들이 무수히 이어지고, 골백번을 생각해도 그렇게 쓰레기처럼 버려졌다는 사실을 받아들일 수가 없었습니다.

손님한테 이유 없이 상소리를 들었던 새해 첫날의 새벽도 이렇게 무참하진 않았습니다. 정규직이 하던 일을 하면서 절반도 안 되는 첫 월급을 받아들던 날도 이렇게 억울하진 않았습니다. 같은 역에 일하면서도 정규직 선배들과는 스스럼없이 어울리기 힘든 보이지 않는 벽 앞에서도 이렇게 절망하진 않았습니다.

꿈을 짓밟히고, 밥 먹고 잠자고 화장실 가는 일상마저 짓밟히고. 100만 원의 월급 중 70만 원은 부모님 드리고 10만 원은 적금 넣고 10만 원은 보험 넣고 10만 원은 용돈이었던, 그 눈물겹던 생존마저 참담히 짓밟혔으나, 차마 자존감마저 내버릴 순 없었던 그들은 바람 불고 비마저 내리는 날, 찢겨 뒹구는 포스터처럼 젖어 들기만 하던 스물 몇 살, 서른두어 살의 생애를 말릴 유일한 방편으로 기어이 청춘과 꿈과 존재를 영치할 천막을 치고 말았습니다.

그곳에서야 자신들이 노동자라는 사실을 알았고, 1,300만 노동자 중에 860만이 비정규직이라면 나 아닌 누군가는 또다시 이 자릴 채울 수밖에 없는 현실이라는 것도 알았고, 부모님께도 친구들에게도 심지어는 자신에게도 납득시킬 수 없었던 날벼락 같던 해고 이유도 알게 됐습니다. 부모님으로부터도 선생님으로부터도 배울 수 없었던 진실이 있음도 알았고, 노동자는 저항하지 않으면 아무것도 지킬 수 없다는 사실도 구르고 차이며 비로소 알게 됐습니다.

비정규직 노동자이기 이전에 이미 누군가의 딸이고 아들이고 엄마이고 아빠였던 그들도, 우리처럼 거창하진 않으나 꿈꾸었던 겁니다. 그들도 우리처럼 아침이면 어딘가로 출근하는 꿈. 그들도 우리처럼 저녁이면 된장찌개 끓는 밥상 앞에 둘러앉는 꿈. 그들도 우리처럼 지하철에 다니는 게 자랑스러운 꿈. 그들도 우리처럼 일한 만큼 대가 받고 땀 흘린 만큼 인정받는 꿈.

그러나 어디서부터 잘못되었던 걸까요. 수백 번도 더 꿈꾸었으나 수백 번도 더 그 꿈으로부터 배신당해 온 그들은 도대체 뭘 잘못했던 걸까요.

인파로 북적이는 출근 시간의 번잡한 지하철 안에서도 이 사람들은 다 어딘가로 출근할 데가 있는 사람들이구나, 아침마다 외로웠던 사람들. 166일이나 됐으면 이제 익숙해질 만도 하련만 이 외로움은 도무지 익숙해지질 않습니다. 매일 아침 천막 앞에 설 때마다 한숨부터 쉬게 되는 사람들. 84일이나 됐으면 친숙해질 만도 하련만 이 막막함은 여전히 낯설기만 합니다. 퇴근 선전전을 할 때 바쁜 걸음으로 퇴근하는 사람들을 볼 때마다 저녁노을보다 더 서러워지는 사람들.

들도 보도 못한 점거 농성이란 것도 해 보고, 난생처음 경찰들과 싸움도 해 보고, 하늘 같은 시장님 체어맨 앞에 드러누워도 보고, 천막도 쳐 보고. 가을도 거기서 보냈고, 겨울도 거기서 보냈고, 추석도 거기서 보냈고, 연말연시도 거기서 보냈고, 설도 거기서 보냈고, 생일도 거기서 보냈는데 얼마나 더 해야 하는 겁니까. 시청, 공단, 한나라당 그 완강한 시멘트 벽을 향해 얼마나 더 외쳐야 합니까. 출근하는 사람들, 퇴근하는 사람들을 볼 때마다 가슴이 무너져 내리는 이 고통스러운 시간을 얼마나 더 견뎌 내야 하는 겁니까. 가슴에서 시시각각 황소바람이 이는 이 황량한 벌판에 얼마나 더 서 있어야 합니까. 불안함으로 저절로 눈이 떠지는 이 모진 새벽들을 얼마나 더 참아 내야 끝이 난단 말입니까.

그러나 정작 참으로 견디기 힘든 건, 사람에게 받게 되는 상처일 겁니다. 한 번도 미워한 적이 없는 사람들로부터 영문도 모른 채 받아야 했던 상처. 고스란히 듣기만 할 뿐 한마디도 되돌려 줄 수 없는 상처들. 밤 12시가 넘으면 화장실을 찾아 헤매야 하는 불편보다, 밤마다 고막을 찢는 폭주족의 굉음보다 더 광폭하게 가슴에 바큇자국을 남기곤 하던 상처들…….

정규직의 적은 비정규직이 아니라 자본입니다. 우리가 맞장을 떠야 할 건 약자가 아니라 구조조정이라는 사시미 칼을 든 깡패입니다.

자본의 발밑에 짓밟혀 파들파들 떨고 있는 민들레를 한 번 더 짓밟는 게 아니라 그 발을 치워 줘야 합니다. 민들레에게 너희도 시험 쳐서 소나무가 되라고 요구할 게 아니라 민들레에게 숨 쉬고 씨앗 흩날릴 영토와 햇볕을 나눠 줘야 합니다. 민들레가 죽어 가는 땅에선 어떤 나무도 살 수 없기 때문입니다.

그들이 살아나야 우리가 살 수 있습니다. 그들이 승리해야 우리가 지켜질 수 있습니다. 신자유주의 구조조정의 칼날엔 눈이 없습니다.

가장 핵심 업무였던 비행기 조종사에게도 파견이 밀려들어 오고, 조선소의 핵심인 크레인과 한국통신의 핵심 부서들도 이미 도급으로 넘어갔습니다. 철도 기관사들에겐 1인 다기능화라는 명목으로 열차를 연결하고 분리하는 일과 청소까지 기관사의 업무에 포함시키겠답니다. 2인 승무가 1인 승무가 되고 다섯 명의 정규직이 일하던 역에는 세 명의 직원만이 일하고 3호선은 두 명이 일하고 야간엔 그나마 한 명이 일해야 하는 부산 지하철에는 이미 비정규직이 1,300명입니다.

구조조정의 끝은 정규직의 비정규직화입니다. 정규직과 비정규직을 갈라 서로 대립하게 만들고, 자본이 해야 할 말을 같은 노동자가 하게 되는 이 기가 막히는 상황이야말로 신자유주의의 본질일 것입니다.

현대자동차에서, 대우자동차에서, 만도기계에서, 한진중공업에서, 병원에서, 은행에서, 공공 기관에서, 수백만의 노동자가 잘렸지만 단 한 명도 자신이 구조조정 대상이 되리라는 걸 상상하지 않았듯이, 무심한 냉대와 비수 같은 말 한마디가 언젠가 고스란히 내 심장에 꽂히게 되리라는 걸 상상하는 사람은 단 한 사람도 없을 것입니다.

철도, 이랜드, 롯데호텔, 한국항공우주산업, 부산은행, KM&I 등 정규직이 연대한 비정규직 싸움은 다 승리했고, 그 승리는 정규직의 고용까지 담보했지만, 비정규직들끼리만 싸웠던 한국통신, 현대중공업, 현대자동차 등은 다 패배해 결국은 정규직도 구조조정의 칼날 앞에 내몰려야 했습니다.

평등해야 강해진다 했습니다. 파견법이 통과되면 1,300명의 비정규직이 2,000이 되고 3,000이 되고야 말 쓰나미를 막아 낼 든든한 방파제를 지금이라도 쌓아 올려야 합니다.

저들이 밑돌이 되겠답니다. 기꺼이 밑돌이 되어 땅 밑에 엎드려 무릎걸음으로 초석이 되겠답니다. 무릎이 깨지고 손바닥이 벗겨져 피가 흐르더라도 그 길이 비정규직 철폐의 길이라면, 누군가에게 다시 이 설움을 물려주는 길이 아니라면 기어서라도 가겠답니다.

아무 죄가 없는 저들이, 아무 잘못한 게 없는 저들이, 천막에서 한겨울을 났던 그 몸 엎드려 다섯 걸음 걷고 한 번 엎드리는 그 길에서 만나게 되는 게 차디찬 아스팔트 바닥만은 아니길 바랍니다. 세상 가장 낮은 곳에서 비정규직이라는 아직도 낯선 이름으로 살다가 그마저 빼앗긴 저들이 만나게 되는 게 더 이상 서러움만은 아니길 바랄 뿐입니다.

이 자리엔 지하철 청소 용역 노동자들도 와 계십니다. 스물 몇 살의 아들딸들과 사십, 오십 살의 어머니들이 비정규직 철폐의 같은 머리띠를 매야 하는 현실. 이 현실을 바꿔 낼 답이 뭔지 지하철 노조가 답해야 할 차례입니다.

공연한 질문이었는지도 모르겠으나, 황이라와 정명수가 스물여섯이라는 말을 들었던 바람 몹시 불던 밤. 바람 소리 때문만은 아니었겠으나…… 저는 잠을 이룰 수가 없었습니다. 제가 해고된, 그 나이 스물여섯. 그날 이후 저는 단 하루도 청춘을 지녀 보질 못했습니다. 차라리 쉰이었다면 이 더러운 세상과 타협하며 그럭저럭 살 수 있었을까요. 훌쩍 예순이라도 됐다면 그 말도 안 되는 일들을 그냥저냥 삭이며 포기할 수 있었을까요.

마흔일곱에도 해고자로 남아 있는 제가 20년 세월의 무력감과 죄스러움을 눙치기 위해 스물일곱의 신규 해고자에게 어느 날 물었습니다.

봄이 오면 뭐가 제일 하고 싶으세요?

내게도 저토록 빛나는 청춘이 하루라도 있었다면……. 볼 때마다 꿈꾸게 되는 맑은 영혼이 천연덕스럽게 대답했습니다.

원피스 입고 삼랑진 딸기밭에 가고 싶어요.

적개심도 아니고 이데올로기도 아닌, 그 순결한 꿈이 이루어지는 봄이길. 부디 저 고운 영혼들이 꽃보다 먼저 환해지는 봄이길. 봄마저 쟁취해야 하는 신자유주의 세상에서 그런 봄이 부디 저들의 것이길 간절히 바랍니다.

2006년 2월 23일 부산지하철 매표소 비정규 해고노동자 고용승계 쟁취 결의대회에서

부지매란 부산지하철 매표소 비정규 해고 노동자들을 말한다. 2005년 9월, 부산지하철이 매표소 무인화를 단행하면서 비정규직 매표소 노동자 100여 명을 해고하자, 스물두 명의 비정규 노동자들이 구조조정에 맞서 1년 4개월을 투쟁했다.

그때 우리는

봄이 오면 피어나는 게 꽃들뿐이었겠는가.
봄이 오면 되살아나는 게 나무들뿐이었겠는가.
꽃보다 먼저 피고 나무보다 먼저 일어서던 사람들.
그때 우리는 기적이었다.
아무도 가르쳐 주지 않았으나
서 있으면 멈추는 게 아니라 넘어진다는 걸 알고 있었던
그때 우리는 기적이었다.
함께해야 강해진다는 걸 거리에서 배웠던,
넘어진 사람을 일으켜야 대오가 전진할 수 있다는 걸
스크럼을 짜며 저절로 알게 됐던
그때 우리는 기적이었다.

영도에서 남포동으로
노포동에서 서면으로
철마산에서 장전동으로

우리들의 발길이 닿았던 모든 거리는 해방구가 되었고
기계 소리 멈춘 공장은 더 이상
자본의 아성이 아니라 민주주의 학교가 되어 갔던
그때 우리는 역사였다.
그때 모든 보도블럭은 짱돌이 되었고,
밤이면 승리의 건배를 올렸던 술병들을
낮이 되면 불붙은 꽃병으로 춤추게 하던
그때 우리는 모두 전사였다.
짱돌을 나르던 손길과 짱돌을 힘차게 팔매질하던 손길들이 만나
허둥거리며 어설픈 사랑을 만들어 갔고
불어 터진 라면에 신 김치 찢어 얹어 주던
그 사심 없는 사랑은 얼마나 아름다웠는가.
만 원이 생기면 짝짝이 신발을 신고 다니던 동지의 운동화를 먼저 사고
천 원이 남으면 순대 한 봉지에 젓가락 여덟 개가 꽂히던
그 가난한 사랑은 얼마나 눈물겨웠는가.
남루했으나 아무도 부끄럽지 않았고
더러 울기는 했으나 아무도 외롭지 않았던
그때 우리는 얼마나 당당했는가.
몸은 가둘 수 있으나 신념만은 가둘 수 없노라
감옥에 갇혀서조차 비수처럼 소리칠 수 있었던
그때 우리는 얼마나 빛났던가.
많은 사람들이 죽었고

참으로 많은 사람들이 죽어 가야 했고
차마 묻을 수 없는 천금 같은 사람들을 땅에 내려놓으며
그들을 죽인 세상과 결코 타협하지 말자 맹세했던
그때 우리는 분노조차 희망이었다.

살아남은 자들은 늙어 가기 시작했고
분노하는 일에도 꽤나 용기가 필요한 일이라는 걸 알기 시작했다.
뛰는 것보단 걷는 게 편하고 걷는 것보다는 차를 타는 게
훨씬 편하다는 자본의 말에 귀 기울이기 시작했고
서 있는 것보다는 앉아 있는 게 편하다는 걸 알면서는
오래 앉아 있으려면 큰 집이 필요할 거라는
자본의 유혹을 믿기 시작했다.
그런 것들을 지키기 위해선 변해야 했고
그러면서도 우린 세상이 변했다고 믿고 싶어 했다.
해방을 꿈꾸던 자들이 제각기 탈출을 도모할 때
세상이 얼마나 변했는가 누군가가 우리에게 물었다.
아침에 나선 곳과 저녁에 잠드는 곳이 다른 사람들.
그래서 늘 칫솔을 꽂고 다니는 사람들.
이제 아무도 기적을 말하지 않을 때
온몸으로 기적을 만들어 가는 사람들.
우리가 단지 역사를 추억할 때 스스로 역사가 되어 가는 사람들.
서러움이 뭔지를 알려거든 그들을 보라.

우리가 잃은 게 뭔지를 알려거든 그들의 눈빛을 보라.
연대를 말하려거든 100일째 펄럭이는 천막엘 가 보라.
우리들의 미래가 우리 아이들의 미래가 몹시 궁금하거들랑
비정규직이라 불리는 그들을 보라.

동지 여러분.
지난 2월 23일. 이들과 함께 다섯 걸음 걷고 한 번 엎드리는 5보 1배를 하면서 생각했습니다. 앞으로 얼마나 많은 날들을 이들은 이렇게 엎드려 살아야 하는가.
어제 오랜만에 점거 농성 채비를 하면서 생각했습니다. 181일 동안, 아니 앞으로도 이들은 얼마나 수없이 이렇게 막막한 가방을 꾸려 죄인처럼 집을 나서야 하는가.
마지막 선택으로 들어간 허남식의 선거 사무실에서 몸싸움 끝에 7층 창문으로 달려가던 이대경 동지를 붙들고 통곡하는 이들을 보면서 생각했습니다. 얼마나 더 울어야, 얼마나 더 통곡해야 이들은 웃게 되는가.
맞닥뜨릴 때마다 이번이 마지막이라 믿고 싶은 그 참담한 절망들과 얼마나 더 맞서야 이 싸움은 끝나게 되는가.

이대경 조은영 김은정 박은정 박은주 조은덕 정효중 박정민 정미은 문문호 이기선 김성미 이영재 이용재 조용문 구혜영 서재관 송여정 정덕용 김선아 정명수 황이라

어제 점거 농성을 들어가기 전 두려움을 이기기 위해 소주를 한두

잔씩 나눠 마셨다는 이들의 이름입니다. 해고될 때 태어난 아들내미가 어느 날 보니 이빨이 나 있더라는 범진이 애비의 이름입니다. 실업급여마저 끊어졌는데 딸내미가 중학교에 입학을 했다는 경민이 에미의 이름입니다. 열이 40도까지 오르는 일곱 살짜리 아들을 두고 천막에서 밤을 새워야 했던 준휘 에미의 이름입니다. 아침이면 아버지가 입원해 계시는 병원으로 출근을 하는 어떤 아들의 이름입니다. 할아버지의 부음을 천막에서 들었고, 아버지마저 암일지도 모른다는데 병원에도 모시고 갈 수 없는 서른 살짜리 가장의 이름입니다.

며칠 전 병원엘 가다가 어느새 옷차림이 바뀐 또래들을 보며 또 울었다는, 그만한 일에도 하나가 울면 다 우는 스물 몇 살짜리 딸들의 이름입니다. 겨우내 감기를 달고 살고 181일 동안 단 하루도 단잠을 잘 수 없었던 이들의 이름입니다. 181일 동안 세상으로부터 인간들로부터 밟히고 차이기만 했던, 그러기엔 너무도 아까운 이름들입니다. 부르는 것만으로도 서러움이 북받쳐 오르는 이름들입니다.

동지 여러분.

저는 우리가 참 멀리 왔다고 생각했습니다. 어느 날 뒤돌아보니 우리가 떠나온 자리에 이들이 서 있었습니다. 저는 우리가 이제는 노예의 사슬에서 벗어났다고 믿었습니다. 어느 날 되돌아보니 우리가 벗어던졌다고 믿었던 사슬이 이들에게 고스란히 대물림돼 있었습니다. 비정규직의 자리에서마저 쫓겨난 이들은 어디로 가야 한단 말입니까.

낮은 곳에 피었다고 꽃이 아니기야 하겠습니까. 발길에 차인다고 꽃이 아닐 수야 있겠습니까. 소나무는 선 채로 늙어 가지만 민들레는 봄마다 새롭게 피어납니다. 부드러운 땅에 자리 잡은 소나무는 길게 자랄 수 있지만 꽁꽁 언 땅을 저 혼자 힘으로 헤집고 나와야 하는 민들레는 그만큼만 자라는 데도 힘에 겹습니다. 발길에 차이지만 소나무보다 더 높은 곳을 날아 더 멀리 씨앗을 흩날리는 꽃. 그래서 민들레는 허리를 굽혀야 비로소 바라볼 수 있는 꽃입니다.

민들레에게 올라오라고 할 게 아니라 기꺼이 몸을 낮추는 게 연대입니다. 낮아져야 평평해지고 평평해져야 넓어집니다. 겨울에도 푸르른 소나무만으로는 봄을 알 수 없습니다. 민들레가 피어야 봄이 봄일 수 있지 않겠습니까. 생애 처음 민들레를 기다리는 봄. 이 설렘을 동지들과 나누고 싶습니다.

2006년 3월 11일 부산지하철 매표소 해고 노동자 고용승계 쟁취 3차 결의대회에서

노동자와 예술가

철새는 그의 노동력만큼만 날지만 남의 노동력에 의지해 주로 이동하는 나는 어떤 날은 새보다 더 많은 거리를 옮겨 다닐 때도 있다. 그렇게 돌아다니면서 만나는 노동자들은 대충 두 가지 부류이다.

하나는, 파업을 안 할 때도 "해골이 두 쪽 나도 지킨다~."라는, 〈파업가〉를 들으면 빈속에 소주 첫 잔을 부을 때처럼 가슴에서 불길이 확 댕긴다는 종류와, 파업을 할 때마저도 노래 가사에 '해골' 같은 말이 꼭 들어가야 하는지 껄쩍지근하다는 종류.

지난 금요일에 만난 마산 예술 노조 동지들은 전형적인 후자이다. 상부구조는 억대를 호가한다는 악기와 더불어 우아하기 짝이 없는데 하부구조는 전혀 예술스럽지 못한 철저한 이중성. 이런 사람들을 종종 본다.

모이는 시간은 저녁 8시라고 공지해 놨는데 아마도 10시나 돼야 행사가 시작될 수 있을 거라는 지회장의 얘기에 두세 번은 아마 물었을 것이다. "왜 그렇게 늦어여?" "일찍 오는 사람도 있지만 다 모이면 그래 될 껍니더."

전국에 흩어져 있는 사업장도 아니고 3교대 사업장도 아닌데 예술가들이 밤 10시나 돼야 모일 수 있다는 걸 도무지 납득하지 못한 채로, 마침

부산에 집이 있는 예술가의 차에 얹혀서 창원으로 갔다.

이 예술가, 휴대폰 벨소리도 정말 클래식했고 이런 음악을 들으면서는 도대체 무슨 얘기가 합당할까 고민스러울 만치 차 안의 음악 소리도 예술적이었다.

한 5분은 점잖게 가다가 견디질 못하고 수정터널 안에서 결국은 내 방식대로 살기로 한다.

"왜 그렇게 늦어여?" 드디어 음악 소리가 줄어들고 "예?" 예술가가 묻는다.

"아니, 저녁도 모여서 먹는다메 왜 그렇게 늦게 모이냐구여?"

"아, 예~. 레슨 마치고 모이면 그래 되거든예."

이 예술가들 마산시립교향악단에서 받는 한 달 임금이 70만 원이란다. 오로지. 잔업이 없으니 잔업 수당도 없을 테고 담임이 아니니 담임 수당도 물론 없겠지.

그래서 자기들끼리는 인간을 두 부류로 분류한단다. 70만 원으로 먹고 사는 사람과 못 먹고사는 사람. 못 먹고사는 사람들은 당연히 다른 짓을 해야 할 것이고, 그 짓이 끝나는 시간이 대충 밤 9시가 넘는다는 거다. 투잡스! 혹은 이종격투기!

다른 짓의 종류는 대부분 레슨인데, 그나마 피아노, 바이올린, 플루트 같은 말하자면 국·영·수는 건더기가 있지만 트럼펫, 호른 같은(이 밖에도 타악기, 관악기, 현악기 분류해 가며 몇 가지를 더 불러 줬는데 못 알아들었음) 비인기 과목은 국물도 없단다.

예술가는 이슬만 먹어도 살 수 있지만, 탁란을 할 수 있는 것도 아니라서 그의 새끼들은 우유도 먹고 기저귀도 차야 하기 때문에 야간에 경비일을 하는 예술가도 있단다.

어려서부터 그 악기가 그냥 너무 좋았고 꿈에서도 그 악기를 불고 있으면 너무 행복할 만치 그냥 좋았고 좋아하는 만큼 열심히 노력해서 대부분은 유학도 갔다 오고 빵빵한 실력에 전문가라는 자부심까지 갖췄으니 그 일만 해서 먹고살 수 있다면 참 좋겠다고 생각했다는 것이다.

그래서 그들은 노조를 만들었다. "우리가 노동자인가." 그 질문에 몸은 천 번 만 번 동의하지만 마음은 껄쩍지근한 채. 2003년 설립 초창기만 해도 전 단원이 조합원일 만큼 봄날도 있었단다. 내가 겪어 보면 초창기에 그만큼 분위기가 좋았다는 건 그만큼 불만이 컸다는 얘기이기도 하다. 오죽하면 그 우아하고 자존심 강한 정신적 브라만들이 노동자라는 이 사회에서 불가촉천민의 취급을 벗어나지 못하는 그 대열로 스스로 하방할 생각을 다 했겠는가? 일반적으로 진짜 노동자들은 노조를 만들 때 자신들에게 닥쳐올 탄압을 주로 걱정하지만 이런 부류들은 계급적 갈등을 참 많이 겪는다. 쓸데없이.

먹고살기 고달픈 이들에게 봄날은 참 짧다. 먼저 합창단에서부터 오디션이라는 복병을 만난다. 오디션은 노조를 만들기 전부터 있어 왔는데 노조 설립 이후엔 왠지 이상한 분위기가 감지되더란다. 노조 활동에 열성인 사람이 피 보는 것 같은 그런 분위기는 악단에서 확연히 드러나게 된다는 것이다. 그러나 아무리 확연하면 뭐하겠는가? 심증은 무궁무진한데 물증이 없으니.

오디션이란 게 마산시에서 위촉한(위촉 권한을 가진 이들은 음악에 전혀 문외한이란다) 세 명의 전형위원과 지휘자의 전권으로 행사된단다. 전형위원들이 있긴 하지만 오디션 자리에서 새파랗게 떨고 있는 이 파리 목숨들의 생사여탈권을 거머쥔 건 주로 지휘자다. 지휘자가 고개를 갸웃한다던지 입꼬리를 살짝 아주 살짝 올린다던지 하면 영락없이 탈락한다. 그의 이상야릇한 행동은 노조 간부의 순서에서 주로 목격이 되는데, 그렇다고 "얌마! 니 와 모가지 비트노?"라거나 "조디 가마이 안 두나?"라면서 멱살을 잡을 순 없는 거 아니겠는가?

그렇게 지난번 악단 오디션을 열다섯 명이 봤는데 여덟 명이 탈락했고 지회장과 그의 마누라를 비롯한 핵심 간부가 다 잘렸단다. 쪽팔리게 징계해고도 아니고 실력 미달로 잘렸단다. 그래서 노조 집행부를 새롭게 구성했는데 이번에 새로 지회장이 된 이는 작년에 노조 간부 하다가 오디션에서 잘리고 93일인가 94일인가를 천막 치고 투쟁해서 겨우 복직한 사람이란다.

이 노조, 내가 보기엔 복직투쟁하다 날 샐 조직이다. 어떤 사람은 조합원일 때는 81점을 받았는데 탈퇴를 하고 나서는 89점을 받았단다(80점 이하면 탈락, 90점 만점). 그런데 이것이 얼마나 웃기는 일이냐면, 처음엔 자기가 조합원이라 불이익을 받는다 생각했는데 89점 받고는 그날 자기가 스트레스를 많이 받아서 컨디션이 안 좋았다는 생각이 들더라는 것이다. 누가 노조 탈퇴하라고 부당노동행위를 하는 것도 아니고 공권력이 투입된 것도 아닌데 이렇게 5분의 4가 노조의 대열에서 자기 발로 이탈한 것이다.

다음 날 첫차를 타고 인천에 가야 하는 일정이 있어서 자꾸 보채는 나 때문에 밤 9시 40분이 되어서야 입교식도 없고 그 흔해 빠진 사천만 민중의 영원한 애국가도 없이 열세 명이 모여 시작하면서 지회장이 인사말을 하는데 첫마디가 이렇다.

"오늘 또 세 명이 탈퇴해서 이제 우리는 스물네 명 남았습니다."

나중에 끝나고 물으니 오늘 탈퇴한 사람들은 부산시향에 면접 보러 가는데 혹시나 마산에서 조합원이었던 게 뽀록날까 봐 미리 손 썻고 산 거란다. 그런데 워낙에 이 바닥이 좁아서 결국은 뽀록날 거라고, 그래서 그 사람들을 욕할 수도 없단다.

100여 명의 조합원에서 이제 스물네 명 남은 조직. 누군가 천막을 치고 있으니 버리고 가지도 못하고 버리지 못한다면 결국은 그 천막에 내가 앉아 있어야 하는, 노동조합이라는 조직이 희망이 아니라 애물단지 근심 덩어리가 된 조직. 그럼에도 불구하고 어디서도 전망이 안 보이는 조직.

이제 스물네 명이 열네 명이 되고 열네 명이 네 명이 되고 그 네 명이 결국 비굴하게 무릎 꿇는 게 아니라 마지막까지 장렬히 전사하고 싶은 게 유일한 희망이라는 조직. 탈퇴한 사람들과 미처 그걸 하지 못한 사람 사이엔 같이 밥도 안 먹고 말도 안 한다는 조직.

자기들이 레슨을 하면서 가르치는 아이들이 결국은 자기들과 똑같은 길을 걸어갈 생각을 하면 죄스럽지만 그래도 그런 얘기를 솔직하게 하면 그마저도 밥줄 끊어질까 봐 전전긍긍하는 자신의 모습이 그렇게 한심스러울 수가 없다는 조직. 그러면서도 시민들에게 영혼의 안식이 되기 위해 존재한다고 믿는 조직.

이 한심한 조직에서 내게 요구한 건 오로지 힘을 달라는 거였다. 힘을! 그 빌어먹을 힘이란 걸 살 수만 있다면 '땡빚'을 내서라도 사 주고 싶을 만큼 나도 갑갑했다.

마지막에 그 말을 했던 것 같다. "나는 교향악단을 구경한 적도 없고 오케스트라 같은 건 지나가다라도 본 적이 없다. 내가 만약 단 한 번만이라도 여러분들의 연주를 듣고 노래를 듣고 아름답다고 느낀 적이 있다면 지금 이 순간 나는 엄청난 죄책감에 사로잡혔을 거다. 한 달에 70만 원을 받고 그마저도 잘릴까 봐 전전긍긍하면서 그 음악이 만들어졌다는 생각을 하면 누가 그 음악을 듣고 행복할 수 있겠는가. 모멸감을 느끼면서 만들어진 음악이 도대체 누구의 영혼을 살찌울 수 있겠는가."

그 시각이 이미 밤 11시를 넘어가고 있었는데 그때까지도 70만 원으론 못 먹고사는 사람들이 하나둘씩 꾸역꾸역 스무 명을 채우고 있었다.

신자유주의 구조조정이 가진 힘은 바로 그것이다. 피해 당사자를 그 합의 과정으로 끌어내 앉히고 결국은 자기들끼리 적이 되게 만드는, 그래서 결국은 아무도 남지 않는.

반성문
경북대학교병원 노동조합 교육을 마치고 난 몇 가지 느낌

강사가 교육생들에게서 감동을 받는다? 흔치 않은 일이다.

대구의 병원노조 중에선 유일하게 노동법개정투쟁을 했던 사업장이고, 그 뒤 병원의 이런저런 탄압으로 조합원들이 많이 힘들어한다는 게 내가 들은 경대병원 노조에 대한 사전 지식의 요점이었다.

어렵겠구나. 어디서부터 얘기를 풀어야 하나. 강의 내용 중엔 총파업투쟁에 대한 평가도 있는데…….

여러분, 참 잘 싸웠습니다. 여러분의 투쟁 결과가 당장 눈에 보이진 않지만 여러분들 가슴속엔 분명히 살아 있지요? 낯간지럽긴 하겠지만 대충 요렇게 구렁이 담 넘어가면 지들이 어쩌겠어?

약간의 긴장이 없는 건 아니었지만 첫 강의에서 구렁이가 그런대로 담을 넘어가는 데 큰 무리는 없었다. 조합원들의 눈길이 약간 부담스럽긴 했지만…….

첫 강의 끝내고 사무실로 내려오니, 누구랑 누구랑 나이트 근무 끝내고 강의를 들었다는 얘기들이 들린다. 파업 끝내고 하는 첫 교육이라 조합원들이 많이 안 올까 봐 어젯밤에 잠을 설쳤다는 위원장님의, 그나마 다행이라는 위안의 소리도 들리고…….

　나이트 근무자들이 있었나? 누구였지? 1,000명이라고 해도 조는 사람은 눈에 띄게 마련이고, 40여 명이었으니 숨소리마저 다 들릴 만한 거리이고, 누가 무슨 짓을 하는지 한눈에 들어오는 분위기에서 그 가운데 조는 사람을 발견 못할 리 없는데……. 내가 그렇게 강의를 잘했나? 어쨌든 싫진 않구만.

　오후 강의에 들어가려고 주섬주섬 잠바를 입고 가방을 챙기는데 문화부장 특유의 날아가는 목소리가 "니 이브닝 아이가?" 하길래 그 이브닝을 쳐다보니 "강의 듣고 이브닝 들어가야지." 하며 쭐래쭐래 따라나선다.

　이브닝 번이면 아침 첫 강의가 좋았다는 소문을 듣고 온 것도 아닐 거고, 그럼 뭐야? 잔대가리는 바쁘게 돌아간다. 뭐 이런 짐승 같은 것들이 다 있노? 나이트 마치고 잠도 안 자는 것들이 있질 않나, 이브닝에 일찍 출근하는 것들이 있질 않나. 노조에서 교육 참가자들에게 경품권 쪽지라도 돌리나?

　첫 번보다 좀 더 긴장한 상태에서 두 번째 강의를 마쳤다. 사무실로 내려오니 네댓 사람이 모여 앉아 있었다. 한 사람이 늘어지게 기지개를 켜더니 "나이트 들어갈 때까지 뭐하구 놀지?" 한다.

　"나이트 들어가세요?" 하니까, "예." 한다.

　"아니, 그럼 교육 들으려고 일찍 출근하신 거예요?" 하니까 또 "예." 한다.

　"어젠 뭐였는데요?"

　"나이트요."

정말 뭐 이런 것들이 다 있노.

그날 저녁 부산으로 돌아오는 기차 안에서 교재를 다시 한 번 훑어보고 집에 와서 자료도 이것저것 다시 뒤적거렸다.

첫날 강의 때 그런 극성스러운 조합원들을 보면서 그런 사람 둘만 있어도 이번 교육은 성공한 거라고 생각했다. 그런데 그런 유난은 여덟 번의 교육 내내 신화처럼 이어지고 있었다. 민주노총에 한 다리 걸친 사람으로 소개되는 것도 자꾸 부끄럽고 조합원들의 눈을 마주 바라보는 게 왠지 자꾸만 죄스러워졌다.

교육평가서의 집행부에 바라는 의견란에, '위원장님 힘내세요. 조합원들과 평소에 이렇게 만날 수 있는 자리를 자주 만들어 주세요.' 그런 말들이 내내 가슴속에서 돌돌 굴렀다.

총파업투쟁이 아무리 화려하게 평가받더라도, 그 주역이었던 조합원들 가슴속에는 패배감의 그늘이 짙게 드리워져 있고, 그래서 집행부에서 이후 사업을 하려 해도 잘 안 따라 준다는 게 업종을 불문하고 간부들이 전하는 전국 사업장의 일반적 분위기란다. 정말 그렇다면 이 조합원들에게서 이런 말이 나올 리가 없다. 그리고 와 봐야 찍히기나 하는 이런 교육 따위를 듣기 위해 시간을 허비할 리도 없다. 이런 조합원들의 눈빛을 보면서 자꾸 죄스러워지는 건 쓸데없는 감상인가.

그건 그렇게 간단한 문제가 아니다. 뭔가를 간절히 바라던 눈빛들. 그것은 지식에 대한 갈증은 분명히 아니었다. 근무 평가나 고과 성적에 반영되는 교육도 아니고, 안 받으면 일신이 더 편할 수 있는 교육. 그런 교육을 위해 나이트 인계 마치고 나면 걸음도 잘 안 걸어지고, 말도 잘 안 나오는 짐짝 같은 몸뚱이를 끌고 집이 아니라 강당으로 왔던 사람들. 그리고 그 눈빛들. 내가 조합원들의 눈빛을 보면서 감출 수 없었던 죄스러움의 정체가 서서히 자막이 되어 올라갔다.

우린 그동안 병원 노동자들이 나약하고 기회주의적이라고 재단하는 데 별로 서슴지 않아 왔다. 그래서 단위노조 간부들조차도 자기 조합원들의 기회주의성을 일정 정도 감안한 내용으로 사업 내용을 짜고, 일상 활동의 부재 역시 그런 이유들로 합리화하고 별로 지탄받지 않아 왔던 게 아닐까?

조합원의 생존과 직결되는 인사 문제가 터져도 선전물 하나 내지 않고 '우리 조합원들은 줘도 안 보요, 어차피 쓰레기 될 낀데 말라꼬 맹기요?' '집행부에서 아무리 난리굿을 치 봐라, 조합원들은 꼼짝도 안 하는데.'라는 간부들의 항변도 결국은 그런 이유들이 아니었을까? 경대병원 노조 조합원들이 특별히 별종들이 아니라면 우린 이제 간부들의 그런 항변과 조합원들의 눈빛 사이에 엄연히 존재하는 간극에 대한 해답을 찾아야 한다.

그리고 나이트 끝내고 무중력 상태를 걷는 것처럼 허우적거리는 걸음걸이로 주차장이 아니라 굳이 7층 강당으로 꾸역꾸역 올라왔던 조합원들의 이해 못 할 선택에 대한 해답도 찾아야만 한다.

병원만이 아닌 난다 긴다 하는 노조들에서 유구한 세월 동안 한결같이 관통하던 문제라 해답을 찾는 것 역시 쉽지는 않을 것이다.

늘상 노조 사무실을 들락거리는 조합원들이 아니라면 사실 노조에 대해 피부로 느끼고 스스로가 주인이라는 생각을 갖기는 어려운 일이다. 간부들의 모습이 곧 노동조합이고 임단투 때 대자보 때려 붙이고 해야 또 때가 왔나 보다 생각하는 게 전부니까.

그거 다 알면서도 우린 업무 시간의 대부분을 사무실에서 일상적인 일에 바치거나(전화를 받는다거나 카드 회사 영업 사원을 만닌다거나 신문을 본다거나 연맹에서 내려온 자료를 읽어 본다거나) 날짜 돌아오면 하는, 성원도 안 되는 간부회의를 한다거나 격주 한 번씩 돌아오는 별 재미도 없는 운영위나 만날 돈만 우려내려는 지역대표자회의에 참가한다거나, 거의 그런 일들이 활동의 중심이 아닌가 싶다. 회의 다녀와서는 물론 보고도 안 하고 보고할 단위도 마땅찮고 보고 안 한다고 어느 놈 하나 뭐라 하지도 않고.

'분위기도 안 뜨는데 만날 집회나 하자 쌓고, 느그 노조 최소한 다섯 명은 동원하라 해 쌓고, 갈 만한 놈은 다 이브닝이고 나이튼데 언 놈이 집회 간다 말이고. 집회 분담금은 떨어지고 위원장 휴대폰 요금도 못 내는 판에 만날 천 날 돈이나 내라 카고, 우리가 봉이가? 에라이~ 다음부턴 가나 봐라. 니기미 투덜투덜……'

'조합원들은 간부 하기 나름이다.' 혹은 '노조 일은 발로 뛰는 것만큼 남는다.'라는 말이 여전히 유효하다면, 경대병원 조합원들의 눈빛을 그렇게 만들었던 건 그 간부들이 아니었나 싶다. 위원장과 문화부장, 상근 간부 둘이서 새벽 3시까지 유인물을 만들고 그걸 들고 점심도 거르고 식당에서 나눠 주고 병동마다 돌아다니며 쥐여 주고……. 내가 머물던 나흘 동안 매일…….

'문디 같은 조합원들은 사무실에 찾아와서 이거 내놔라 저거 내놔라, 이건 우째 된 기고 저건 와 그렇노.' 술자리마다 불러내니 술도 먹어야 하고 욕도 먹어야 하고……. 그러고 들어와선 또 유인물 만들고, 대자보

쓰고……. 하도 안쓰러워서 '하루쯤 유인물 안 내면 누가 잡아먹나.' 했다가 '우리도 마 확 돌아 삐겠어예. 그래도 위원장님이 하자 카는데 안 하고 우짤까요.' 한마디에 본전도 못 찾았다.

말은 그러면서도 그들은 그 일을 아주 기쁘게 하는 것 같았다. 이제는 전설이 되어 버린 87년처럼, 그때 그 열정 그 가슴으로 너무나 무식하게, 박물관에서 막 걸어 나와 세상 물정 하나도 모르는 사람들처럼. 짐승 같은 조합원들을 만들어 낸 짐승 같은 간부들.

경대병원 노조에 대해서는 나흘을 겪은 게 전부다. 그리고 그 나흘의 모습을 아무리 확대 재생산한다 해도, 간부의 자세에 대한 교과서라고 들이밀 만한 근거는 빈약하다. 다만 그 나흘 동안 내가 본 경대병원 노조 간부들의 모습을 비디오로 찍듯이 선명하게 찍어, 활동이 안 되는 다른 간부들에게 고스란히 전할 수 있다면 얼마나 좋을까 생각했다. 그 가슴까지 찍을 수 있다면 더더욱……. 카메라가 타버릴지언정.

경대병원 노조도 해야 할 일은 많고 넘어야 할 산도 많다. 위원장님이 내내 안타까워했듯 '총파업 땐 교육 인원이 480명인데 이번엔 딱 반이다.' 240명이나 되는 길 잃은 양도 찾아와야 하고, 정규직을 갉아먹는 인사 문제도 해결해야 하고 수간호사를 내세운 임금 동결 선언의 불도 꺼야 하고……. 다른 노조에서 그런 일이 일어났으면 경천동지할 만한 일인데도 별로 바쁜 마음이 안 든다.

노동조합의 활동 원칙이 뭔 줄 아는 사람들, 그리고 그 원칙을 묵묵히 실천하는 사람들, 끊임없이 조합원을 중심에 세우고자 하는 간부들의 그런 헌신성이 있는 한, 어떤 탄압도 이겨 낼 수 있을 거란 믿음 때문일 거다. 그리고 안 보는 척하면서도 다 지켜보는 매구 같은 조합원들의 눈빛 때문에. 그 눈빛이 꺾이지 않는 한 우린 얼마든지 희망을 가져도 좋겠다.

나이팅게일의 꿈

꽃처럼 살고 싶었던 적이 있었습니다. 가슴속에 예쁜 꽃 하나를 심어 놓고 소담스럽게 그 꽃을 가꾸며, 그 꽃의 아름다움에 대해서만 말하며 살고 싶었던 적이 있었습니다.

착취니 억압이니 단결이니 투쟁이니 그런 말들을 들으면 지레 움츠러들었고 겁이 났습니다. 비겁해서가 아니라 그런 말들은 나와는 아무 상관이 없는 전쟁 영화에나 나오는 얘기였기 때문이었습니다. 그 전쟁 영화의 주인공이 되리란 상상은 한 번도 안 해 보고 이십 몇 년 삼십 몇 년을 살았습니다.

4년제 일류대학이 아니면 대학생 취급도 안 해 주는 나라에서 누군가 어느 대학이냐고 물으면 저절로 고개가 수그러지던 간호전문대 시절이나, 못 배운 한을 그렇게나마 풀고 싶었던 간호 학원 시절. 눈보다 하얀 가운만 입으면, 왕관보다 더 멋진 캡만 쓰게 되면, 그래서 백의의 천사가 되기만 한다면 그런 열등감 정도는 한순간의 추억일 거라 생각했습니다.

국가공인자격증을 받아 들고 푸른 하늘보다 꿈이 더 높던 날, 첫 출근으로 들뜬 저보다 더 기뻐하시며 귀한 보석을 만지듯 그 가운을 털고 닦고 다려 주시던 어머니, 그날 어머니의 눈빛을 생각하면 지금도 가슴 한 켠이 소리 내며 내려앉습니다.

우린 그렇게 박 선생님이 되었고, 윤 선생님이 되었고, 미스 리가 되었습니다.

학교에서 달달 외운 의학 용어들이 인계 시간만 되면 애국가 4절처럼 입 안에서만 뱅뱅 돌고, 그때마다 비수가 되어 분홍빛 가슴들에 내리꽂히던 수간호사의 핀잔, 내가 쓴 차트를 내려다보던 젊은 과장님의 엷은 비웃음.

새파랗던 의욕은 그런 것들에 꺾여 상처가 되어 갔고, 분홍빛 심장들이 검붉게 굳어 가는 느낌을 지울 수가 없었습니다. 환자의 피 얼룩이 묻은 가운을 빨 때마다 하얀 빛깔이 거추장스러워지기 시작했고, 그토록 쓰고 싶었던 캡은 이제 철모보다 무거운 무게로 스물 몇 살의 채 여물지도 않은 어깨를 짓눌러 오기 시작했습니다.

왜 몇 번을 불러도 안 오냐며 고함을 지르던 보호자들과 싸울 기력조차 잃어 가면서, 화장실에서 훌쩍거리는 후배들을 보며, 눈물이 남아 있다는 건 열정이 남아 있다는 거다, 그러니 좋을 때다 어쩌고 해 가며, 네가 참으라는 말에 힘을 주어 가며, 포기할 줄도 알고 체념도 배워 가면서, 그렇게 연차가 쌓여 갔습니다.

젊음, 꿈, 희망…… 그런 것들은 어느덧 저만큼 멀찍이 물러서 이미 무지개가 되어 아련함으로만 남아 있을 뿐이고, 우린 나이팅게일의 꿈마저 그렇게 날마다 조금씩 접어 책갈피에 마른 낙엽을 끼우듯 차곡차곡 접어 넣었습니다.

수간호사의 말이 곧 법이고 원장님이 곧 하늘인 병원. 그곳엔 링거병이나 약봉지를 한 치의 착오도 없이 가장 빨리 나르고, 단 한 번에 혈관을 찾아내는 기계가 필요했을 뿐, 인격이 있고, 자존심도 있는 인간이 필요한 곳은 아니었습니다.

'빽' 있는 높은 환자에게 트집을 잡혀 시말서를 쓰는 동료를 볼 때나, 간호 과장에게 찍혀 외래에서 병동으로 쫓겨 가 남산만 한 배를 뒤뚱거리며 나이트 근무를 들어가는 선배를 볼 때나, 엉덩이에 들러붙는 과장님의 번들거리는 눈빛이 온몸을 벌거벗기는 모욕감에 몸서리를 치면서도 혼자 할 수 있는 일은 아무것도 없었습니다. 마음만 가지고 되는 일도 아무것도 없었습니다.

대단한 걸 꿈꾼 적도 없고 호사스러운 걸 욕심내 본 적도 없는데, 우린 서서히 시들어 갔고 더 이상 꿈꾸지 않는 스스로의 젊음에 절망하기도 했습니다. 틀린 건 틀렸다고 말하고 옳은 건 옳다고 말하고 싶었습니다. 우린 그렇게 배웠고 그런 건 그냥 조용조용 말해도 다 통하는 상식인 줄만 알았습니다.

하루에도 몇 번씩 꿀꺽꿀꺽 삼켜 이젠 가슴속에서 끈적거리는 커다란 덩어리가 되어 버린 참 서러운 한마디. "나도 인간이에요." 눈물이 쏟아질 것만 같아 혼자서는 차마 할 수 없었던 말. 그 한마디를 하기도 용기가 필요한 세상. 굳이 캡을 벗고 머리띠를 매지 않으면 하나도 안 통하는 상식들. 환자를 똑바로 바라보지도 못한 채 뛰쳐나와, 굳이 로비에 옹기종기 모여 앉지 않으면 아무것도 변하지 않는 현실의 벽들. 그런 것들과 싸워 온 병원노조 10년의 역사.

그러나 투쟁이라는 우리들의 절박한 구호는 늘 현실의 높고 두터운 벽에 부딪쳐서는 피가 뚝뚝 흐르는 구속, 해고, 징계라는 메아리로 되돌아올 뿐이었습니다.

뭐가 잘못된 걸까. 단결을 해서는 안 되는 걸까. 투쟁을 해서는 안 되는 일이었을까. 혼란스러움과 절망감에 허우적거리던 동지들은 하나 둘씩 어깨를 축 늘어뜨린 패잔병의 뒷모습만 남긴 채 멀어져 가고, 그들을 붙잡을 한마디 말도 준비할 수 없었던 우리는 차라리 그들을 붙잡는 게, 스스로에 대한 기만일지도 모른다는 자괴감에 얼마나 많은 밤을 뒤척였는지 모릅니다.

한독 노조, 메리놀 노조, 백병원 노조, 그리고 동래봉생 노조……. 원칙에 충실하고자 했던 선봉노조들은 하나하나 혼란의 바다로 침몰해 가기 시작했습니다. 아무도 속 시원한 답을 내놓지 못하던 암울함. 설사 모범 답안을 내놓는다 한들 그대로 할 수 없는 무기력함. 선뜻 투쟁의 길목으로 들어서지도 못한 채, 그렇다고 아예 포기하지도 못한 채, 언저리만 맴돌며 선 채로 서서히 시드는 고사목처럼 핏기를 잃어 가던 노동조합들…….

그러다 마침내 작년 12월 26일 새벽, 신한국당의 노동법, 안기부법 날치기 통과로 비롯된 전국 노동자들의 노동악법 철폐, 김영삼 정권 타도 투쟁. 우린 스스로도 놀랐습니다. 다들 용케 살아 있었구나. 죽은 게 아니었구나.

부산진역, 부산역, 남포동, 서면 거리를 뒤덮던 "철폐! 노동악법"의 초록빛 머리띠들. 동래봉생 노동조합, 백병원 노동조합, 일신기독병원 노동조합, 동아대병원 노동조합, 고신의료원 노동조합, 춘해병원 노동조합, 메리놀병원 노동조합, 적십자혈액원 노동조합, 대남병원 노동조합, 침례병원 노동조합, 부산의료원 노동조합……. 개나리 빛보다 더 화사한 생명의 빛깔로 죽었던 거리를 깨우고, 숨죽였던 가슴들을 뜨겁게 일으켜 세워 도도히 물결치던 우리의 노란 깃발들…….

이제야 길이 보입니다. 이제야 막혔던 가슴이 열립니다. 산별노조. 그 큰길에서 맞이할 이토록 뜨거운 해후를 위해 우린 어두운 골목길을 헤매 마침내 여기까지 왔던 겁니다. 낱낱이 찢긴 기업별 단위노조로는 도저히 어째 볼 수 없었을 노동악법 철폐 총파업 투쟁을 통해 우린 산별노조의 거대한 위력을 온 가슴으로 확인했고, 역사를 뒤흔든 민주노총의 당당한 주인으로 마침내 오만방자한 권력을 민주노총 앞에 무릎 꿇렸습니다.

한 달 동안의 총파업 투쟁으로 역사의 주인은 누구인가를 우린 두 눈으로 똑똑히 확인했습니다. 잘못된 권력과 어떻게 맞서 싸우는가도 실핏줄마다 한 올 한 올 새겨 넣었습니다.

한보 사건을 보십시오. 썩은 정치, 부패한 경제, 더러운 협잡. 젊은 부통령이 이미 2조 원이나 되는 돈을 일본으로 빼돌렸다는 얘기를 알 만한 사람은 다 아는데도, 도마뱀의 꼬리만 가지고 이리저리 뒤적거리며 이게 쥐 꼬리인지 멸치 대가리인지 침을 튀기는 이 나라의 법. 동지 여러분! 이걸 바로 세우는 건 노동자들, 우리뿐입니다.

에티오피아나 우간다 같은 나라의 나이팅게일이 되고자 간호사가 되었다던 우리 박문진 위원장님. 그분은 꿈을 꾸면, 다른 깃발은 다 힘차게 펄럭이는데 병원노련 깃발만 안 보여 그 깃발을 애타게 찾다 꿈에서 깨곤

넷/비정규직은 정규직의 미래다 181

하셨답니다.

　이젠 이 깃발을 다신 내려놓지 맙시다. 이 깃발을 세우기 위해 얼마나 많은 이들을 잃었습니까. 얼마나 많은 이들을 감옥에 둔 채 손 한번 마주잡지 못하고 눈물로 돌아서 나오던 아득하던 면회길, 당신이 옳았다고 큰소리로 말할 수 없었던 죄스러움은 얼마였습니까.

　동지 여러분! 우린 지금 4단계 총파업 투쟁을 힘차게 준비해야 합니다. 조직이 안되는 노조일수록, 힘이 약한 노조들일수록 4단계 투쟁은 더 절박한 요구일 수밖에 없습니다. 다시 한 번 힘을 모읍시다. 그리하여 산별노조 건설을 현실로 만들어 내고, 그 힘으로 마침내 노동자가 정치의 주인이 되고, 역사의 참주인이 되는 세상, 노동 해방을 향해 한걸음으로 달려갑시다!

1997년 2월 12일 전국병원노동조합연맹 부산지역본부 확대간부결의대회에서

아내들에게

　남의 일이라고만 생각했습니다. 뻘건 머리띠를 매고, 그 머리띠보다 더 시뻘건 눈빛으로 구호를 외치는 이들을 보면 겁이 먼저 나고 나라 걱정이 앞서곤 했습니다.
　작년 현대자동차 노조에서 정리해고 반대투쟁을 할 때도, 서울 지하철 노조에서 구조조정 반대 파업을 할 때도, 경제를 살리기 위해선 몇 사람의 희생은 불가피한 거라는데도, 굳이 저렇게 과격하게 할 것까지야 있냐며 동네 아줌마들과 팔자 늘어지는 걱정을 했더랬습니다.
　물려받은 거 없고 모아 놓은 거 없는 사람이었지만 착하고 성실한 거 하나 보고 결혼한 사람이니, 회사에서도 모나게 굴 리도 없고 드러내놓고 찍힐 일도 없으니, 시금치 다듬으며 부산지하철 파업 얘기 좀 하다가 국 냄비 내려놓으며 잊어버리고 누가 분신했더란 얘길 들으면서도 빨래 널면서 잊어버리곤 했습니다.
　가두시위 때문에 길이나 막히지 않고, 내 몸에 당장 최루탄 가루 한 방울 묻는 일이 아니면 강 건너 불보다 더 먼, 심드렁하기 짝이 없는 얘기일 뿐이었습니다.

남의 일일 땐 그럴 수 있었습니다. 남의 일이었을 땐 누가 삭발한 거보다 내 새끼 학습지, 재능이 좋은지 빨간펜이 좋은지가 더 중요했고, 남의 일이었을 땐 누가 구속돼서 그 마누라들, 그 부모들 어떤 심정일까보다, 남편이 장모 생일 안 잊어버리는 게 훨씬 더 절박한 일이었습니다.

내가 겪어 보니 이렇게 억장 무너지는 일, 이렇게 머리끝부터 발가락 끝까지 온 세포가 곤두서도록 신경 쓰이는 일, 이 예사롭지 않은 일들을 누군가는 끊임없이 겪어 왔고, 그들의 심정이 어땠을까 이제야 헤아리며 그때 아무렇지도 않게 생각했던 거, 저런 팔자도 있나 보다 별 생각 없이 내뱉었던 말조차 제발 동티 나지 않도록 비는 심정이 됩니다.

요즘처럼 일기 예보가 신경이 쓰일 때가 또 있었나 싶습니다. 꽃샘추위를 얘기하면 얼마나 추울까, 내 마음이 먼저 얼어붙고, 그렇게 재미있던 김수현의 〈불꽃〉도 먹고살 걱정 없는 배부른 것들 장난거리로만 여겨집니다. 뉴스는 마감 뉴스까지 다 챙겨 보고 텔레비전에서 부두 어쩌고 하는 소리만 나와도 애들 씻기다 말고 뛰쳐나가게 되고, 어디서 경찰차 사이렌 소리만 들려도 가슴이 뜁니다.

집도 아니고 회사도 아니고 생전 인연이 될 것 같지 않던 남의 학교 한 귀퉁이에서 컵라면을 씹다 말고 "춘데 멀라꼬 왔노?" 멋쩍게 웃으며 일어서는 남편을 보면서는 아침밥 제대로 못 챙겼던 어떤 아침이 목에 울컥 걸리고, 이럴 줄 알았으면 진작 보약이나 한 재 다려 드릴 걸, 또 가슴이 무너집니다.

오리지널 버버리 핸드백을 들고 다니던 친구 얘기도 괜히 했다 싶고 곰이 그렇게 좋다더라 얘기도 괜히 했다 싶습니다. 그때마다 베란다에

나가 담배만 뻑뻑 피우던 남편의 심정이 이제야 헤아려집니다.

밤새 끙끙 앓다가도 새벽 출근 시간만 되면 충전시킨 인형처럼 자동으로 튕겨 나가서는 꼬박 열두 시간을 일하고, 돌아오자마자 와르르 무너지던 사람. IMF 때문에 더 얇아진 월급봉투가 미안했던지, 그래도 사람 안 자르니 고마운 회사라며 쓴웃음을 짓던 사람. 장인어른 장례를 치르고 와서는 사위도 자식인데 효도 한 번 못 했다며 꺼이꺼이 목 놓아 울던 참 착한 사람.

이제 그분들에게 우리가 말해야 할 차례입니다. 처자식이 눈에 밟혀 마지막 결단의 순간까지 망설였고, 결국 그 처자식의 장래를 위해 결단을 내릴 수밖에 없었던 그분들에게 우리가 꼭 말해야 할 것이 있습니다.

민주노조 해 보겠다고, 그래서 제대로 가슴 펴고 옳은 건 옳고 그른 건 그르다고 말하며 살아 보겠다는 게 죄가 되는 세상이라면 그런 세상은 바꿔야 하지 않겠냐고 말입니다.

아이들에게 "네 아빠는 말 잘 듣는 종보다는 자랑스러운 노동자가 되고 싶었다." 그것이 일터에서 폭력으로 쫓겨나야 했던 이유였다면, 이제야말로 그 회사의 주인으로, 당당한 노동자로 승리하는 모습을 꼭 보여 달라고 말입니다.

동지 여러분, 오늘은 결혼식보다 더 뜻 깊은 날입니다. 우리가 그야말로 일심동체 동지가 되는 날입니다. 밤에만 연대가 되는 게 아니라, 이불 속에서만 연대의 뜨거운 정을 나누는 게 아니라, 낮에도 연대가 되고, 이불 밖에서도 끈끈한 연대의 정을 나누는 날입니다.

그동안 자본가들 살찌우느라 기운 다 빼앗기고 이불 속에서 식은땀만 흘리던 남편들, 오늘 보니 참 자랑스럽지요. 텔레비전에서 만날 보던 폭력 집단에 내가 주인공이 돼서 불법 시위를 일삼으니 그 기분도 '대낄'이지요?

남편들 보약 따로 해 드릴 필요 없습니다. 마누라 동지들과의 연대 투쟁이 녹용이요, 이 투쟁의 승리가 바로 보약인 것입니다.

우리가 열 몇 살, 스물 몇 살부터 감옥 같은 공장 담벼락 안에서 뼈를 갈고 살점을 바쳐 일궈 냈던 나라를 하루아침에 말아먹은 놈들. 우리 동네 쓰레기도 다음 재활용 날까진 두 주일이 걸리는데 단 일주일 만에 재활용이 되는 정치 쓰레기들.

이 세상 제일 무서운 게 무식한 건데, 거기다 용감하기까지 해서 동네 망신이란 걸 온몸으로 보여 주는 깡패 집단. 그 폭력 청부업자들 앞세워 민주노조 씨를 말려 손 안 대고 코 풀 계산이나 하는 민병삼 사장님, 이성은 사장님. 우리가 그런 폭력을 휘둘렀으면 벌써 부산 구치소 방방마다 들어앉아 지금쯤 일석 점호 받으려고 '나래비'로 앉아 있을 시간입니다.

그렇게 득달같이 달려들던 경찰이 조사할 생각도 않고 종을 친, 노조라는 말을 붙이기도 뭣한 빨간조끼파 놈들. 조만간 조폭 집단들이 이름을 바꾼답니다. 21세기노조, 지존노조, 신창원노조로 말입니다. 일마들이 주인으로 행세하는 세상 언제까지 두고 볼 겁니까? 언제까지 글마들의 종으로, 노예로 주눅 든 채 살 겁니까?

요즘 벤처 기업이 뜨고 있습니다. 남들 다 하는 거 우리도 벤처 사업 하나 확실히 해 봅시다. 늘 위험이 도사리고 있는 것도 그렇고, 성공만 한다면 확실한 장래가 보장되는 것도 그렇고, 민주노조야말로 벤처 중에서도 상벤처 아니겠습니까?

동지 여러분. 세상은, 역사는 늘 싸우는 사람이 움직여 왔습니다. 처음 같은 마음으로, 늘 처음 같은 결의와 신념으로 끝까지 투쟁해서 노동자가 인간답게 사는 세상, 주인으로 사는 세상을 우리 아이들에게 꼭, 꼭 물려줍시다!

2000년 2월 해고자 가족들이 참석한 어느 집회에서

사회적 교섭과 조카

지난 설, 다른 이들도 매양 마찬가지였겠지만 고향으로 가는 길이 편안치만은 않았다. 인천에 있는 조카는 집에 어려운 사정이 생겼는데 맏이로서 아무것도 할 수 없다는 무력감 때문인지, 휴가가 하루밖에 없다는 둥, 차가 많이 막힐 거라는 둥 핑계를 대면서 안 가려고 했다. 그래도 명절인데 안 가면 엄마가 얼마나 섭섭해하시겠냐, 너 안 가면 나도 안 갈란다, 어르고 달래서 겨우 같이 가기로 했다.

인천 주안역에서 만나 차를 타자마자 조카가 묻는다.

"이모, 그게 모야?"

"이거? 김 세트. 니네 엄마 줄려구."

내 손에 들고 있는 커다란 꾸러미를 궁금해하는 줄 알고, 한진 동지들이 마련해 준 선물 세트를 자랑스럽게 치켜 보였다.

"아~니. 저번에 내 친구가 테레비 보구 말해 주든데 민노총이 막 싸웠대매. 한쪽에선 뭘 하자 그러구 한쪽에선 하지 말자 그러구 신나두 뿌리구 그랬대매. 그게 모냐구."

망할 년. 하구 많은 말 다 놔 두고 오랜만에 만나서 가장 아픈 데부터 찌르다니. 나는 심사가 있는 대로 꼬여서는, "야. 너는 민노총이 아니라 민주노총이라구 몇 번을 말해야 알아듣냐? 민주노총!" 엉뚱한 트집을 잡았다.

"암튼. 그게 모냐구? 모 때매 그랬는데?"

"사회적 교섭."

"엉? 그게 몬데?"

사회적 교섭이 뭔지도 모르는 조카는 비정규직 노동자다.

"그러니까 니가 용역이야?"라고 물으면 그렇다고 했다가, "야 그런 건 파견이야." 그러면 또 그런가 보다 하는, 한마디로 지가 뭔지도 모르는 한심한 까대기다.

커다란 마트에서 일하는데 이 아이는 그 마트의 직원이 아니다. 라면 파트에서 온종일 라면에 치여 살면서도 그 라면 회사 직원도 아니다. 그 마트에서 일하고 밥 먹고 똥 싸면서 하루 열 시간 넘게 일하는데, 사실은 사장이 누군지도 모르고 회사가 어디 있는지도 모르는 파견 업체가 이 아이가 속한 회사다.

그 마트에서는 일 시킬 거 다 시키고, 물건 진열이 조금만 더뎌도 땍땍거리고, 늦게 밥 먹으러 간 탓에 1분만 늦게 와도 주임이 시계를 들여다보며 지키고 서 있으면서도, 이 아이가 사소한 요구라도 할라치면 니네 회사에 가서 말하라면 그만인 아주 편리하기 짝이 없는 구조다. 월급 명세표도 없는 월급 80만 원을 받으면서, 언제부턴가 돈이 줄어들어서 나오길래 명세표를 볼 수 없나 했더니 니네 사장한테 달라 하더라는 쫑코 이후 이 아이는 아무것도 요구하지도 묻지도 않는단다. 나중에 다른 친구들한테 들어 보니 법이 바뀌어서 생리도 월차도 없어져 그렇게 됐다고 하더란다.

이 아이는 아침 7시 30분부터 저녁 10시까지 일한다. 추석 때도 일하느라 추석 다음 날 잠깐 집에 다녀왔고, 이번 설에 9일을 쉬는 회사도 있다고 언론에선 떠들더만, 얘는 그나마 마트에서는 장기근속인 1년 넘은 짬밥 덕택에 설날 하루가 휴가였다. 주 5일제를 누리는 세상에서, 이 아이는 토요일, 일요일이 더 바쁘다.

지 동생이 장가를 가서 얘한테도 첫 조카가 생겼는데, 어깨가 아파서 조카 한번 안아 주지도 못했다. 설날도 밥만 먹고는 온종일 퍼 자다가 다음 날 출근 땜에 부스스하게 부은 채로 밤에 갔다. 조카를 안지도 못하는 어깨로 박스를 들어 나르는 일을 하러.

온종일 박스 들어 나르는 게 일이라 손가락이 퉁그러지고 어깨가 아파 팔을 들지도 못하는데, 산재 신청도 못하는 내 조카는 병신이다. 이런 상황인데 노조도 못 만드는 내 조카는 쪼다다. 촌에서 고등학교 졸업하고 몇 년 동안 다니던 직장이 망한 후, 서른 몇 살의 여자를 받아 주는 데가 있다는 게 감지덕지 고마워서, 말 한마디 변변히 못 하고 사는 내 조카는 천치다.

그래도 이 아이 내게는 참 애틋한 아이다. 쌍둥이인 이 아이 태어났을 때, 지금도 그렇지만 집이 참 많이 어려웠다.

이 아이 엄마인 우리 큰언니는 혼자서 벌어먹고 살았는데, 쌍둥이 둘을 매달고는 길에서 장사를 못 하니까, 둘 중 큰아이인 이 아이가 우리 집에서 컸다. 우리 엄마가 아픈 날이 많아서, 아예 일어나시지도 못하는 날은 내가 이 아이를 업고 학교 가는 날도 있었다.

중학교 때, 애기를 매는 띠도 없을 때라 기저귀로 이 아이를 업고 나면 왜 그렇게 흘러내리는지 '궁뎅이'에 아이를 치렁치렁 매달고 학교를 간 적이 몇 번 있었다. 얼마나 부끄러웠는지 다른 애들이 다 등교한 학교에 맨 나중에 들어가서 정문 옆 철봉 틀에 업고 간 기저귀로 이 아이를 묶어 놓고 교실로 뛰어들어 갔었다.

수업 시간에도 내내 창문 밖 철봉 틀만 내다봤었다. 쉬는 시간에도 다른 애들 눈 때문에 나가지도 못하고, 수업 시간에 화장실 간다는 핑계로 달려가 보면, 그래도 아는 얼굴 왔다고 입 안에 모래를 가득 담고 벌쭉벌쭉 웃던 아이다. 똥을 도대체 몇 번이나 쌌던 건지 온몸에 똥으로 매대기를 쳐 놓고도 울지 않던 그런 아이다.

이 아이가 커서 중학교에 다닐 때, 수배 중인 이모 잡는다고 경찰이(정복도 아니고 신분증 제시도 안 했다니 아마도 '짭새'였겠지) 이 아이가 다니는 학교까지 와서 이것저것 묻고 따라다닐 때도, 우리 이모는 나쁜 짓 할 사람이 아니라고 믿었다는 그런 아이다. 그런 사실을 20년이 지난 작년에야 얘기를 했던…… 그런 아이다. 짜장면 한 그릇 못 사 준 이모한테 옷도 사 주고 신발도 사 주고 명절 때는 노자 하라고 용돈도 주고, 그런 아이다.

그런 아이가…… 나 때문에 비정규직이 됐다. 98년 노사정위원회가 만들어질 때 내가 온몸으로 반대하지 못해서 이 아이가 비정규직이 됐다. 노사정위에서 파견법이 합의될 때 온몸을 던져서라도 막아 내지 못해서 이 아이가…….

솔직히 잘 몰랐다. 우리 조합원들은 노조가 있고, 단결된 힘으로 단체협상에서 막아 내면 솔직히 되지 않을까, 그런 이기적인 생각도 있었다.

조카는 전국노동자투쟁위원회도 아니고 좌파도 아니다. 다만 민주노총이 어떤 합의를 하면, 자기는 알지도 못하는 그 내용에 따라서 죽기도 하고 살기도 하는 미조직 비정규 노동자일 뿐이다.

계약이 해지되면서 쉰이 넘은 나이에 길거리로 쫓겨난 부산대 청소 아지매, 경비 아저씨들, 하이닉스매그나칩 동지들, 현대자동차 비정규직 동지들, 대우자동차 비정규직 동지들, 기아자동차 사무계약직 동지들……. 그분들을 만나면 죄스러움에 견딜 수가 없다. 그냥 미안하고 죄스러워서 그분들을 만나면 자꾸 울게 된다.

나는 내가 민주노총이라는 게 참 자랑스러웠다. 운동한답시고 가족들에게 씻을 수 없는 상처를 안겨 주면서도, 긍지와 자부심이 있었다. 늙은 아버지까지 안기부에 경찰에 시달리게 만들었으면서도, 그까짓 상처쯤이야 좋은 세상을 만들기 위해서라는 걸로 다 덮을 수 있었다.

그렇게 살았는데, 점점 안 좋아지는 세상. 지 잘난 맛에 살았던 그 잘나 빠진 이모가 조카를 파견 노동자로 만들어 버린, 아…… 나는 20년 동안 뭘 한 걸까. 내가 20년 동안 한 건 뭐였을까.

일요일도 없고, 재고 조사하는 날은 밤도 없는 조카 앞에서 나는 이모가 열심히 싸워서 민주노총 사업장은 대부분 주 40시간이 됐다고 자랑할 수가 없었다. 상여금도 없고 체력 단련비도 없고 효도 수당도 없고 하다못해 월차도 없는 조카의 1,000만 원도 안 되는 연봉 앞에서 정규직 노동자들은 열심히 싸워서 그들의 성과금이 너의 1년 연봉을 넘는다는 자랑도 할 수가 없었다. 민주노총의 투쟁이건 산하노조의 투쟁이건 비난이 난무할 때, 조중동만 탓하기엔 참 옹색해져 버렸다.

비정규직 노동자, 역마다 거리마다 넘쳐 나는 노숙자, 하루 서른여섯 명이 목숨을 끊는 자살 행렬의 시작이었던 98년 노사정위 합의. 그에 대한 처절하고 뼈저린 참회 없이는 민주노총의 어떤 정당하고 명분 있는 투쟁도 고립무원일 뿐이다.

사회적 교섭이 갈등의 당사자들이 모여서 대화로 문제를 풀자는 거라고, 내 딴에는 열심히 설명해 주고 나니 조카가 묻는다.

"대화가 돼? 대화루 해두 되는데. 근데 이모, 그 아저씬 왜 크레인에까지 올라가서 죽었어?"

다섯/ 손가락을 모아 쥐면 주먹이 된다

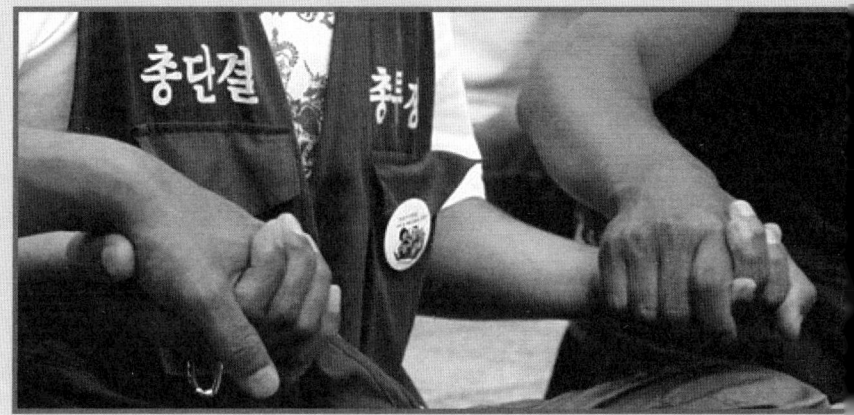

사진 ⓒ 『참세상』, 오도엽

낮은 곳에 피었다고 꽃이 아니기야 하겠습니까.
발길에 채인다고 꽃이 아닐 수야 있겠습니까. 발길에 채이지만 소나무보다
더 높은 곳을 날아 더 멀리 씨앗을 흩날리는 꽃. 그래서 민들레는 허리를 굽혀야
비로소 바라볼 수 있는 꽃입니다. 민들레에게 올라오라고 할 게 아니라
기꺼이 몸을 낮추는 게 연대입니다. 낮아져야 평평해지고 평평해져야 넓어집니다.
겨울에도 푸르른 소나무만으로는 봄을 알 수 없습니다.
민들레가 피어야 봄이 봄일 수 있지 않겠습니까.

'차부상회' 민근부의 고백

　30년이 넘도록 수리를 한 적도, 청소를 한 적도, 문을 닫아 본 적도 없는 강화도 외포리 '차부상회'의 민근부. 쉰아홉 살 우리 큰언니다. '차부상회'로 불리기도 하고, '희숙이 엄마'라고 불리기도 하지만 '약사님'이라고 불러 주는 사람에게 가장 친절하다. 외포리엔 약국이 없어 차부상회에서 파스, 멀미약, 모기향 이렇게 딱 세 종류의 약을 파는 게 그 호칭의 근거다. 그렇게 불러 주지 않는 사람들에게는 금방 불친절해져서 뒤에다 대고 "약사님'이라고 부르면 돈 들어가냐, 옘병." 그러기도 한다. 그런데 사실 가장 좋아하는 호칭은 선생님이다. 처녀 적에 신삼리 교회에서 여름 주일학교 선생을 한 달 동안 했었다는 게 그 근거다. 우리 큰언니는 하점면 명신초등학교 3학년까지 다녔단다.
　큰언니 세 살 적에 생부가 뻘건 완장 찬 사람들 따라서 이북으로 넘어가는 바람에 생과부가 된 우리 엄마가, 남북을 오가며 '전구 다마' 장사를 하다가 어느 날 갑자기 길이 막혀 이북으로 못 올라간 우리 아버지에게 재가를 하면서, 우리 큰언니는 우리 아버지의 의붓딸이 되었다.
　분단으로 우리 엄마는 월북한 남편을 잃고, 월남한 새 남편을 맞아야 하는, 자식들에게도 쉬쉬해야 하는 사연을 지닌 기구한 팔자가 되었다. 애비가 월북을 했으니 빨갱이라면 치를 떠는 이남에서 어린 새끼를 어찌 키우겠느냐며, 월남민이었던 우리 아버지에게 땅 몇 뙈기 싸들려 떠밀어 보낸 건 외할아버지였단다. 말하자면 엄마한테 땅이 딸려간 게 아니라 땅에 엄마랑 큰언니가 끼워서 간 거였다.

의붓아버지가 의붓딸을 구박하는 건 흠도 아닐 때라, 우리 큰언니 일곱 살 때 남의 집 식모살이 갔단다. 남의집살이 보낸 어린 딸내미가 눈에 밟혀, 어느 날 그 집엘 몰래 가 보니 가마솥보다 작은 아이가 부뚜막에 올라가 솥 안에 반쯤은 빠져서 가마솥을 닦고 있더란다. 우리 엄마 죽기 전에 가장 많이 한 얘기였다. '근부 팔자는 지발 내 팔자 안 닮게 해 주시겨.'

우리 엄마 기도도 보람 없이, 결혼식 날 마신 술에서 35년 동안 단 하루도 깬 날이 없는 남자에게 시집을 간 큰언니. 술김에 신나게 보증서 주는 걸 취미로 삼는 남편 덕분에, 장사하고 식당일 하고 농사짓고 개 키워서 번 돈을, 보증 선 돈의 이자로 다 쏴셔 박고도 모자라서 또 빚내고 그러면서도 그 흔한 가출도 한번 안 하고 사는 게 나로서는 참 신기해서 한 번씩 물어보면 "개밥은 누가 주냐?" 그런 우리 큰언니.

몇 년 전 설날. 진짜 추운 밤에 가게 물건 들여놓다 말고 큰언니 그런다. "내가 니헌테 죄진 거 있다." 어조가 하도 진지해서 쉽게 묻지도 못하고 있는데, "10년쯤 됐냐? 교원노조 난리 났던 게……. 그때 그 선상덜 말린다고 인천꺼정 갔었거덩." "말려? 뭘?" "아니, 선상덜이 데모덜 허니라 아이덜 공부를 안 갈킬라 그러니까 데모 겉은 거 허지 말라구." "근데 왜 인천꺼지 갔어?" "희경인 인천서 고등핵교 댕겼잖냐?"

우리 큰언니 새끼들 넷 중 그중 공부 좀 한다 싶었던 셋째 딸내미는 자기 뼛골이 빠지는 한이 있더라도 꼭 선생을 만들고 싶어 무리를 해서라도 인천까지 유학을 보냈단다. 그런 딸내미 선생 만들어 줘야 할 선생들이 데모질이나 한다고 텔레비전에서 떠들어대니 좀처럼 눈 뒤집히는 일 없는 우리 큰언니, 그땐 자기도 모르게 눈이 뒤집히더란다. 부모의 자식 사랑이란 게 때로 이렇게 맹목적이다.

89년 인천의 B여고에서 우리 큰언니에게 악다구니를 당한 선생님이 계시거들랑 우리 큰언니 용서해 주시라. 자식 하나쯤은 번듯하게 키워서 "그래도 그 집 딸내미가 선생이라던데……." 그걸로라도 무시당하지 않고 얼굴 펴고 살고 싶었다고 그 추운 겨울날 울면서 고해하던 우리 큰언니, 그 대책 없는 꿈을 부디 용서해 주시라.

박근혜에게 보내는 편지

박근혜 씨. 가관도 길어지면 민폐라 한마디 하오.

근혜 씨네 패밀리가 생산해 낸 불가사의가 한둘이 아니오만 그중 대표적인 게, 지금 생각해 보면 참으로 우스운 일을 그 당시에는 너무나 진지하게 엄수했다는 건데, 그건 아마도 나쁜 일도 집단적으로 오래 하다 보면 직업이 되기도 하는 그런 이치일 거요.

거짓말이나 사기 치는 일 같은 걸 굳이 예로 들지 않더라도 거울을 보면 쉽게 이해가 될 거요.

근혜 씨 아버지 시절. 우리는 이 땅에 역사적 사명을 띠고 아침마다 큰소리로 태어나야 했던 일이나, 이불을 뒤집어쓰고 라디오를 듣는 자를 눈 부릅뜨고 색출하러 다녔던 일이나, 토요일마다 모의 간첩이 되어 배회하던 선생을 생포해서 경찰서에 갖다 바쳤던 일이나, 그 일로 표창장을 받았던 일이나, 우린 로봇이나 컴퓨터게임이 없던 시절에도 참 기발하게 놀았소.

그중에서도 위문편지라는 게 있었소. 걸핏하면 위로를 해야 할 만큼 그 무수한 국군장병 아저씨들을 내가 군대로 보낸 것도 아닌데, 그럼에도 어린 내가 추운 날이거나 더운 날이거나 낮이거나 밤이거나 불철주야 나라를 지켜 주시는 그들의 노고에 대한 감사와, 오늘도 또한 내일도 사시사철 불구하고 용맹하게 북한 괴뢰도당으로부터 나라를 잘 지켜 주십사는 고무와 오늘 밤도 우리 국민은 아저씨들 덕분에 발 뻗고 잔다는 사생활 보고를 수시로 해야 했소. 숱하게 썼던 위문편지 중에, 근혜씨 엄마 돌아가시고 슬픔에 빠진 영식, 영애 분들을 위로해야 한다고 숙제로 내 준 위문편지를 쓴 건 압권일 듯하오.

그 뒤 두 번째 편지요. 평생을 일만 했던 우리 엄마가 입원도 못 하고 돌아가셨을 때는 근혜 씨로부터 어떤 위로도 받은 적이 없긴 하오만.

박근혜 씨. 진지하게 묻겠소.

쉰도 진즉에 넘어선 나이를 살면서 선거 때 말고, 누군가를 위해 진심으로 눈물을 흘려 본 적이 있으시오? 내가 아는 전교조 선생들은 걸핏하면 우는 못나 빠진 사람들이오.

단지 불편한 게 아니라 영혼을 파괴하는 가난 탓에 엄마는 집을 나가고 술만 먹으면 매질을 하는 아버지를 견디지 못해 가출을 일삼는 아이에게 휴대폰 번호를 쥐여 주며 배고프면 전화하거라 무력한 당부를 해 놓고는 돌아서서는 찔찔 짜는 사람들이오.

너무나 어린 나이에 세상으로부터 받았던 상처 탓에 아무에게도 마음을 열지 않는 아이를 집에 데려다가 씻기고 재워 놓고는 그 아이의 성마른 이마 위에 눈물을 떨구는 그런 사람들이오.

스승의 날. 그 아이가 제 손으로 꼬깃꼬깃 접어 책상 위에 놓고 간 종이학 천 마리를 품고는 기어이 닭똥 같은 눈물을 쏟는 대책 없이 여려

빠진 사람들이오.

공장에 실습을 나갔다가 손가락이 잘려 돌아온 아이를 보며 자신의 멀쩡한 손가락이 죄스러워 혼자 술을 마시며 훌쩍거리는 때때로 쓸쓸하기도 한 사람들이오.

이 넓은 세상에 아이에게 남았던 한 점 혈육 할머니마저 돌아가신 빈소에서 문상객 노릇에 상주 노릇에 아이의 작은 손을 잡고 할머니의 유골을 흩뿌리는 법까지 가르쳐야 하는 그런 전천후의 선생들이오.

박근혜 씨. 다시 진지하게 묻겠소.

지금까지 살면서 '나와바리'를 지키거나 더 확장하기 위해서가 아니라 온전히 누군가를 위해 단 하루라도 바쳐 본 적이 있으시오? 여태껏 살면서, 앞으로 살아 가면서도 제 발로는 서울 구경 한번 못 해 볼 장애 아이들을 데리고 제 돈 들여 홍성에서 서울 나들이를 하는 선생들이 있는 조직이 전교조요. 제빵사가 되는 게 꿈이라는 아이를 위해 일요일 제 시간 흔쾌히 바쳐 제빵 박람회가 열리는 서울까지 물어물어 기꺼이 발품을 파는 선생들이 만들어 가는 조직이 전교조요.

자기 집처럼 편안해야 아이들이 마음 터놓고 얘기를 할 수 있겠다 싶어 제 집에 있는 커튼 뜯고 액자 떼어다 상담실을 꾸미고, 상담실에 난로 하나를 놓기 위해 교장실 행정실을 겨울이 다 가도록 드나들며 수십 장의 똑같은 공문을 보내다가 결국은 제 돈으로 난로를 들여놓는 선생들이 조합원인 조직이 전교조요.

왜 그런 걸 자기 돈으로 하냐고 묻고 싶소?

근혜 씨가 장내로 들어가면 가장 먼저 날 세워 투쟁하게 될 예산 삭감

대상의 대부분은 그런 힘없는 예산들이기 때문이오. 그래서 근혜 씨는 밖에 있으나 안에 있으나 참 근심이오.

　어떻게 하면 산만한 아이가 학교에 재미를 붙일까 제 돈, 제 시간 들여 마술을 배우기도 하고, 컴퓨터게임이 놀이의 전부인 줄 아는 아이들에게 우리 놀이와 우리 노래를 가르치기 위해 이런저런 단체들을 찾아다니고, 퇴근 뒤에는 이런저런 교과 모임을 일주일에도 두어 차례, 쉴 틈 없는 각종 연수에 방학이 짧은 게 전교조 선생들이오.

　그래서 전교조는 안 무너져요. 근혜 씨 작은아버지가 그렇게 사는 게 전부인 줄 아는 선생들을 1,500명 넘게 학교에서 쫓아냈어도 전교조는 안 무너졌잖소? 그렇게 사는 게 선생의 삶인 줄 아는 선생들의 머리채를 잡아 패대기쳐 가며 닭장차 차떼기로 실어 나르고 징역을 살게 했어도 전교조는 안 무너졌잖소? 근혜 씨가 이사장으로 있었던 영남대학교를 비롯하여 비리의 종합 세트 같은 사학에서 눈 밝은 선생들을 그렇게 잘라 냈는데도 전교조 무너집디까? 그런 선생들에게 빨갱이에 좌경에 용공에 칠갑을 해서 17년째 "계란이 왔어요. 계란이 왔습니다~." 만큼이나 똑같이 외쳐도 전교조 무너집디까?

　그런 선생들이 아이들에겐 가장 존경하는 선생님으로 꼽히고, 그런 조직에 조합원이 줄지 않는다면 방법을 바꿀 때도 되지 않았소? 정상적인 사고를 지닌 사람이라면…….

　하기야 근혜 씨가 참교육을 어찌 알겠소.

　빌어먹게 길기도 하던 국민교육헌장을 아침마다 외워서 한 자 틀릴 때마다 한 대씩 맞아야 했던 기억이 없는 자가 어찌 참교육을 알겠소.

육성회비 가져오기 전에는 학교에 오지 말라는 선생의 명령에 등 떠밀려 학교를 나서면서 운동장이 얼마나 아득하게 넓은지 눈물로 흔들리던 운동장 구석에 막막히 서 본 적이 없는 자가 어찌 참교육을 알겠소. 엄마를 찾아가는 작은 발이 큰 고무신에 자꾸 미끄러지던 논둑길을 걸어 본 적이 없는 자가 어찌 참교육을 알겠소? 학교에 있어야 할 아이가 왜 논둑길을 비칠거리며 저렇게 한참을 걸어오는지 알면서도 모포기만 헤집던 엄마를 보고는 보푸라기처럼 살 껍질이 일어난 새까만 엄마의 목덜미에 흙을 집어던지며 울어 본 날이 없는 자가 어찌 참교육을 알겠소.

소풍날. 너 때문에 소풍도 못 가는 거, 우리 같이 죽을래? 눈만 끔뻑거리던 애꿎은 소를 쥐어박아 본 적이 없는 자가 어찌 참교육을 알겠소. 외양간이 텅 비어 있던 날. 소가 매여 있던 기둥을 쓸고 또 쓸며 미안하다, 진짜루 미안하다, 소야. 울며불며 소한테 편지를 써 본 적이 없는 자가 어찌 참교육을 알겠소.

여름 내내 복숭아밭에서 봉다리 씌우고 절 앞에서 '아이스케키' 팔아 모은 돈으로 겨울에 엄마 털신을 사들고 신작로를 한달음에 내달려 보지 않은 자가 참교육이 뭔지 어찌 짐작이나 하겠소.

근혜 씨랑 내가 유일하게 공통점이 있다면 우린 둘 다 참스승을 만날 수가 없었다는 거요. 학교마저 병영을 삼았던 근혜 씨 아버지 덕에 공주님 앞에선 선생들마저 설설 기었을 테고, 내가 만난 선생들은 다 근혜 씨 아버지 같은 사람들뿐이었으니까. 그때는 그래야 살아남을 수 있었으니까.

그래서 나는 권력 앞에 굴종하지 않는 전교조 선생님들을 존경하오. 근혜 씨 아버지 시절과는 반대의 삶을 사는, 강한 자 앞에서는 더욱 강하고 약한 자와는 함께할 줄 알며 나눌 줄 아는 그분들을 나는 진심으로 존경하오. 129일을 크레인 위에 매달려 있던 노동자가 크레인 위에서 목을 매는 세상에서도, 농민이 전경의 방패에 맞아 죽는 세상에서도, 그래도 내가 희망을 말하게 되는 건, 아이들에게 길가에 핀 민들레를 허리 굽혀 내려다보는 법을 가르치는 그분들이 계시기 때문이오.

우리 아이 지키기 운동을 하신다 했소? 우리 아이들, 부디 진심으로 지켜 주시오. 생존권 때문에 목을 매거나, 제 몸에 불을 붙이거나, 농약을 마시거나, 투신을 하거나, 맞아 죽거나, 그런 기가 막힌 이유들로 어린 아이들이 더는 상주가 되는 일이 없게끔. 그 올망졸망한 상주들과 맞절을 해야 하는 일이 더는 없게끔.

부모가 일하러 나간 빈집에서 불타 죽는 아이들이 없게끔. 혼자 살던 빈집에서 굶주린 개에게 물려 죽는 아이가 더는 없게끔. 그 아홉 살 아이의 친구가 '영인아, 널 지켜 주지 못해서 미안해.' 편지를 쓰는 일이 없게끔.

먹고살기 위해 일해야 하는 엄마 대신 애를 맡아 키우던 보모의 남편에게 맞아 죽는 아이가 더는 없게끔. 대물림되는 가난 때문에 실습 나간 공장에서 죽어 나가는 아이가 없게끔. 그리고 '알바'라는 이름 아래 어른들의 먹잇감으로 성적 노리개로 너무나 일찍 체념을 배우는 아이들이 없게끔.

그리하여 지금 당신이 있어야 할 자리는 그 자리가 아니오. 아무도 없는 비닐하우스에 사는 어린 제자에게 수시로 라면을 사 들고 찾아가야 했던 건 그 가난한 선생이 아니라 당신이어야 했소. 학교에 오지 않는 아이의 집에 갔다가 개에게 물어뜯겨 죽은 아이를 보고 충격과 자책감에 입원을 해야 했던 것도 그 착한 선생이 아니라 당신이어야 했소.

　혼자 아이를 키우기 위해 밤에도 일해야 했던 엄마 대신 세 살짜리 하나를 맡아 키워야 했던 곳도, 자기 새끼들 키우기도 버거워 피폐해졌던 그 보모의 포악한 가족이 아니라 바로 입만 열면 민생을 외치는 당신들의 한나라당이어야 했소.

　근혜 씨가 지닌 힘과 돈과 권력을 제대로만 쓴다면 그토록 목청 높여 외치지 않아도 우리 아이들은 저절로 지켜질 거요.

　내심으로야 이왕 나간 김에 물대포도 맞아 보고 방패에도 찍혀 보면 아버지 그늘에서 벗어나 늘그막에나마 철이 좀 들려나 싶기도 하지만 무현 씨가 연정을 품은 이에게 그럴 리는 만무할 테니 이제 그만 집에 가시오.

　한겨울에도 치마 입고 '빨각다리'로 궁궐을 벗어나 본 적이 없는 공주님한테야 장외에서의 장장 한 시간이 얼마나 길고 지루하오? 대권이 걸린 일이라 사나흘 만에 접기 뻘쭘하면, 그건 어떻겠소? 눈만 내놓은 채 천원짜리 장갑 하나를 팔기 위해 혹은 배추 한 포기를 팔기 위해 또는 신발 한 켤레를 팔기 위해 간절하게 오가는 사람들을 바라보고 있어 보는 건, 그건 어떻겠소? 근혜 씨도 이 나라에서 예순 번 가까운 겨울을 지내면서 적어도 살을 에는 추위가 어떤지는 겪어 봐야 하지 않겠소.

눈이 없는 용

30여 년 전쯤에 옷 만드는 공장엘 함께 다녔던 순임이라는 언니가 있었다. 죄 열서너 살의 나이에 집 떠나와 고된 공장일하며 밥 같지도 않은 '짬밥'을 먹으며, 밤새 빈대에 뜯기며 자도 잔 것 같지 않은 기숙사 칼잠을 자며, 노란 배추 잎사귀처럼 시들어 가던 시절에 순임이 언니의 존재는 내남없이 큰 위안이었다. 아이들이 불량을 내도 인상을 찌그리거나 그 흔한 "문디 가스나 직이 삘라." 하며 쪽가위를 집어던지는 패악 한 번 없이 불량을 손질해 주고, 집에 모내기하는 날이라고 찐 감자를 한 다라이씩 들고 오거나 고구마 '빼대기'(고구마를 쪄서 말린 것)를 들고 와, 집의 것에 기갈난 아이들의 허기를 채워 주기도 했다.

기숙사 아이들에겐 무엇보다 절실했으나 기숙사에선 도저히 해결할 수 없었던 게 속옷을 삶는 일이었다. 토요일에 순임이 언니가 들고 갔다 월요일에 뽀오얗게 삶아 온 고이 접은 속옷에 코를 대면 코허리가 뻐근해지던 고향의 햇살 냄새, 까슬까슬하던 청결의 감촉들.

그래서 아이들은 모처럼 특근이 없는 일요일이면 단체로 양산 정관에 있던 순임이 언니네 자갈논에서 모를 내고, 손가락이 다 까지는 일도 기꺼워하며 그렇게라도 보답하는 일에 진정을 내곤 했다. 마음이 없으면 할 수 없는 일들을 그렇게 나누며 13조 열세 명의 아이들에게 순임이 언니는 그 고단하고 강퍅한 객지 생활과 공장 생활을 견디게 하는 크나큰 힘이었다.

무엇보다 아이들이 순임이 언니에게 마음을 열어 놓을 수 있었던 건, 순임이 언니가 조장이 아니었기 때문이다. 조장이나 검사를 나타내는 완장이나 스카프의 표식 등 어떤 권력의 상징도 그에겐 없다는 사실이, 우리는 같은 편이라는 동질감을 만들어 냈던 가장 큰 이유였을 게다.

만약 순임이 언니도 완장을 차고 있었거나 스카프의 줄이 두 개였다면 반장이나 주임에게 얻어터진 날이나, 엄마 생각이 나 미싱 바늘에 실도 꿸 수 없을 만큼 눈물이 흐르던 날이나, 미싱 바늘이 손가락을 타 넘은 날, 화장실에서 그 언니의 품에 안겨 그렇게 서러이 울 수는 없었을 게다. 순임이 언니도 조장이었다면 손가락에서 뚝뚝 떨어지는 핏방울을 보며 손가락보다 피 묻은 옷감을 먼저 걱정했을 게다. 만약 순임이 언니에게서 티끌만 한 권력의 기운이 느껴졌다면 고무줄 늘어나고 누렇게 찌든 빤쓰를 그렇게 무람없이 내밀진 못했을 게다.

그런 순임이 언니가 아침 조회 시간 주임에게 귀싸대기를 심하게 터진 날이 있었다. 막상 자신들이 터졌을 때는 소리 내어 울지도 못하던 아이들이, 울자고 해도 울 곳도 울 시간도 마땅치 않아 삼키는 데 익숙했던 아이들이 소리 내어 울었다. 사무실 마이크에서 "열세조! 안 그치나. 느그 에미가 죽었나. 느그 애비가 디졌나. 열까지 시아릴 똥안 안 그치머 보따리 싼다. 하나아아~ 두우우우울~~." 열까지 몇 번을 셌는데도, 마침내 마이크에서 "어이 씹세조! 느그가 해 보자는 기가?" 소리까지 나오고 조장 반장

주임들이 '기레빠시'를 집어던지는 지경까지 갔는데도, 그침 없이 공식적으로 인가받은 날처럼 그날은 다 울었다.

아침부터 시작한 울음이 잔업 시간까지 이어져 그날 생산3부 생산3과 13조 아이들의 눈이 다 떡단시가 되었다. 눈이 안 보여 미싱 전선에 걸려 넘어지기도 했던 그날의 동해처럼 철벅거리던 설움이 30년이 지난 지금도 가슴속 어딘가에 고여 찰박거리곤 한다. 그 퉁퉁 부은 눈으로 그날 아이들은 순임이 언니에게 몇 번씩이나 다짐을 하고 또 했었다.

"낼 꼭 나올 끼제?" "낼 꼭 출근해야 된데이."

전교조가 박근혜나 지만원이나 이재민이나 김진경이나 그런 등속들에게 맞으면, 나는 순임이 언니가 맞을 때처럼 그렇게 아프다. 그때와 차이가 있다면 그때는 적절한 이유도 없이(아마도 완장도 아닌 게 아이들의 불온한 구심이 되어 가는 데 대한 차단의 의미를 갖는 매질이었을) 맞는 순임이 언니가 불쌍했는데, 지금은 때리는 등속들이 더 불쌍하다는 것이다.

일본에도 서식하는 동종의 박근혜나 지만원이 등속들처럼 한 번씩 뜬금없이 "독도는 다케시마다." 복창해야 '나와바리'가 지켜지는 것들. 그들을 보면 징역에서 목격한 조폭들이 생각난다. 그 무리도 나름대로 치열한 경쟁 사회라 감옥에 격리된 채로는 '나와바리'를 지킬 수 없다는 위기감 때문인지, 형님이 카리스마를 유지하는 방법이 참으로 기묘하고 쿨하기 짝이 없다. 똘마니들이 면회를 오면 수감 중이신 형님께서 다짜고짜 면회실 철창에 대가리를 "퍽" 소리 나게 들이받는다. 마빡에서 피가 질질 흐르는 일진 형님을 보고, 호시탐탐 일진의 자리를 넘보던 이진을 비롯한 똘마니들은 일제히 "형님!" 복창을 하고 허리를 푹 꺾는다. "퍽"과 "형님!" 외엔 어떤 말도 한마디 안 나눈 그걸 면회라고 하고, 형님이 아직도 마빡에 피를 질질 흘린 채 특유의 걸음으로 사동 복도를 걸어오면 방방이 면회 나가시는 형님을 기립한 채 기다리던 똘마니들이 "형님!"을 외치며 또 푹 찌그러진다. 조직을 보위하기 위한 형님의 변함없는 용맹함과 일신을 돌보지 않는 처절한 헌신성에 필받아 우는 놈도 보았다. 덩치는 산만한 깍두기가.

논리도 없고 정당성도 없는 권력을 유지한다는 게, 남들이 볼 땐 엽기적이고 별스러운 구경거리지만 지들끼리는 이렇게 피나는 절박함도 있더구만. 더군다나 만취한 사람이거나 정신이 아픈 사람에게서 연필 깎는 칼이든 털 다듬는 칼이든 칼침이라도 맞았다면 그 극적 효과나 카리스마의 극대화란 말해 무엇할까.

그건 곧 나라가 백척간두의 위기와 도탄 지경에 빠졌다는 방증이거니와 형님께서 장렬히 한 몸 희생하야 나라를 다시 부흥케 할 다시없는 기회이거늘.

조폭들도 먹고 자고 나면 여자 얘기, 연장 얘기만 하는 게 아니라 나라 걱정 꽤 한다. 감옥 안에서도 부재자투표는 꼭 한다. 걔들은 전라도 경상도도 없고 굳이 교선을 안 해도 꼭 찍는 데만 다 같이 찍는다. 개만도 못한 인간이란 얘기를 곧잘 한다.

그러나 항문과 머리가 병렬로 놓인 개보다야 그래도 머리가 높은 곳에 놓인 인간이 개보다는 진취적이다. 개는 종소리가 들려야 침을 흘리기 시작하지만, 인간은 침을 먼저 흘리고 종을 울리기 위해 지 머리를 종에다

들입다 들이받기도 하거든. 그렇게 저 혼자 종 치고 민주화됐다고 믿는 인간이 수요 이상으로 출하된 게, 어쩌면 이 시대의 비극일 것이다.

　자발적 굴신, 혹은 굴종. 이들이 지금 간신히 뼈대고 들어간 집단에서 폐기처분되거나 폐인이 되지 않기 위한 길은 끊임없이 부정하는 것뿐이다. 자신이 몸담았던 집단에 대해서, 자신을 자가발전시켰던 논리에 대해서, 자신을 지탱해 왔던 신념에 대해서, 그리하여 마침내 자신의 존재와 영혼에 대해서조차. 까치에겐 탁란의 둥지가 필요했을 뿐이다.

　열다섯 살에 가출을 했다. 그전에도 소소하고 미미한 가출이 없었던 건 아니었지만 날 수로나 중간고사 기간을 택한 용의주도함으로나 '가출'의 반열에 남부끄럽잖게 등재할 만한 건 그때가 아닐까 싶다.
　집이나 학교를 떠날 수밖에 없는 사연은 너무나 기구하고도 장대하기만 한데, 이 넓은 지구 위에 막상 아무 데도 갈 데가 없다는 게 가출이 지니는 보편성이다. 나는 너무나 절박한데 세상 그 무수한 인류 중에 아무도 나를 이해해 줄 것 같지 않은 격절감, 그리하여 차라리 아무도 나를 모르는 곳으로 가자. 근데 그곳이 어딘지 도통 떠오르지 않는 게 가출이 지니는 한계다. 왠지 가출의 품위가 떨어지는 듯해서 그 당시 찜질방이 있었다 해도 거긴 안 갔을 것이다.
　죽기엔 좀 모자라고, 있던 자리에 태연히 눌어붙어 살기엔 끓어 넘치는 뭔가를, 지금도 여전히 설명하긴 좀 그런 무엇인가를, 잔뜩 그러안고 표표히 입산을 하여 백련사라는 절엘 들어갔다.
　백련사 들어가는 초입의 국화리 가게에서 칫솔 한 개를 사며, 백련사가 얼마나 걸리냐, 거긴 누가 사냐, 가면 잠은 재워 주냐, 이불이나 베개가 있긴 하냐……. 가게 아주머니가 대답할 수 있는 재량권을 넘어서는 질문을 몇 개 했던 건, 내 인상착의를 굳건히 각인시키기 위한, 이를테면 종적을 남기자는 교활한 계산이었다.

누군가가 나를 찾으리라는 걸 전제로. 대충 헤아려도 열 명은 넘을 듯했다. 별들이 떠돌아다니는 소리조차 들릴 듯한 그 적요로운 절집에서 벌레 소리, 바람 소리, 나뭇잎 소리가 들리면 구멍 숭숭 뚫려 숨을 쉴 때마다 펄럭거리던 창호지에 눈을 박곤 했다. 그래서인지 지금도 누군가를, 무언가를 기다리는 일이 종종 서럽곤 하다.

밤이면 별들이 와르르 산사태처럼 소리 내며 쏟아져 내렸다가 새벽이면 다시 수증기처럼 하늘로 올라가던 날들이 꽤 이어지도록 아무도 오지 않았고, 그러다 마침내 나의 부재를 아무도 모르고 있는 건 아닐까…….

그 절망에 이르러서는 결국 아버지 표현대로 두 발 달린 짐승이라 제 발로 다시 기어들어 가고야 말았다. 누군가와 싸우려고 시작한 일이 아니었음에도, 그냥 나를 좀 봐 달라는 일인 시위였음에도, 그날 이후 나는 그 일을 계속 패배로 여기게 된다.

누구한테서도 위로받지 못했다는 패배감은 거듭 확대 재생산되었다. 그 극심한 패배로부터 놓여나기 위해, 열다섯 살짜리가 아는 방법 중에 한 가지였던 셋째 언니가 모아 둔 수면제를 한 움큼 삼켜 버렸고, 이틀 만에 아버지 표현대로 '돼지잖쿠 꾸역꾸역 살아나', 마치 패배나 외로움 따위를 확인하기 위해 살아 있는 듯한 날들을 열다섯 살짜리가 살게 된다. 열다섯 살, 제까짓 게 외로움이나 패배가 뭔지 알겠나 싶은 그 나이에

극렬히 외로웠고 번번이 시시각각 무참히 패배했다.

 그때 외로웠노라는 말보다 더 확실히 말할 수 있는 건, 그때 전교조 선생님이 한 분만이라도 있었다면, 나 같은 것도 어쩌면 한 날쯤은 빛나는 날이 있지 않았을까…….

 육성회비를 제 날짜에 못 내더라도, 체육복을 못 빌렸더라도, 크레용이나 조각칼이 없었더라도, 소풍을 못 가더라도, 입학식 날 교복을 못 입었더라도, 손톱 밑에 새카만 때가 끼었더라도, 얼굴에 버짐투성이더라도, 국민교육헌장을 못 외우더라도, 건곤감리 자리를 제대로 못 찾더라도, 애국가를 4절까지 못부르더라도, 어머니날 엄마가 옷이 없어 학교에 못 오시더라도, 송아지가 아파 학교를 못 가더라도, 그래도 괜찮다고 말해 주는 선생님이 한 분이라도 계셨다면, 그랬더라면 나 같은 것도 어느 한 구석쯤 빛나는 구석이 있지도 않았을까. 세상 어디에도, 누구와도, 눈 맞출 곳 하나 없던 아이가 무슨 어깃장을 놓더라도 그냥 바라봐 주는 눈빛 하나만 있었다면. 그랬다면…….

 남루한 작업복을 입고 멀찌감치서부터 화색이 만면한 채 달려왔던 노동자가 기름때 묻은 장갑을 벗어 덥석 잡았던 건, 내 곁에 계시던 전교조 선생님의 손이었다. 검은 손이 세상을 만드는 손이란다 가르치셨을 선생님. 제자가 거기서 일하는 줄 모른 채 지나가시던 선생님의 손을 굳이 잡아 자기가 일하는 지하 곳곳을 안내해 드리던 백화점 보일러실의 노동자. 일하는 사람이 귀한 사람이란다 가르치셨을 선생님. 버스터미널에서 만난 제자가 함께 있던 일행에게 우리 선생님이라고, 힘들지만 자랑스럽게 소개를 하던 장애아이. "장애는 부끄러운 게 아니란다." 그 아이와 울고 웃으며 가르치셨을 선생님. 아빠가 해고당한 아이에게 자기 돈으로 우유 급식을 해 주시던 선생님.

열다섯 살 아이들이 남의 나라 병사들의 장갑차에 짓뭉개졌을 때, 그때 어느 노조의 깃발도 없을 때, 전교조의 깃발은 있었다. 두꺼비 몇 마리 지키겠다고 밤마다 모이던 원흥이방죽에도 그 깃발은 있었다. 천성산 도롱뇽의 비명을 지율스님과 함께 들었던 것도 전교조 선생님들이었고, 스님을 위해, 스러져 가는 천성산을 위해 촛불 밝히며 울었던 것도 전교조 선생님들이었다.

교원평가제로도 성과금으로도 전교조를 굴복시킬 순 없을 거라는 전교조를 향한 내 믿음의 근거는 이외에도 장황하다.

다만, 학교 내 비정규직, 나아가 보육 교사나 학습지 교사를 바라보는 눈길이 아이들이 바라보는 눈길만큼 따사로웠으면 하는 게 바람이다. 육아 휴직 중이던 선생님의 자리에서 아이들 곁에 머물렀던 기간제 선생님이 그 자리를 떠날 때 어떤 마음일까 헤아리는 일. 급식소에서 온종일 물에 질척거리며 무거운 자루를 옮기고 불가마에서 찜질하는 노동으로 만들어지는 점심에 아이들이 숭고함을 갖게 하는 일. 핏발 선 눈으로 아침에 학교를 나서는 경비 아저씨들의 외롭고 긴장되던 밤을 아이들이 기억하게 하는 일. 보조라는 이름에서부터 굴종이 전제된, 그러나 그들도 간절히 지니고 싶을 자긍심과 자랑을 나누는 일.

부디 그들 개인을 보지 말기를 바란다. 그릇된 선생 하나의 잘못으로 조직 전체를 매도하는 일에 우리가 얼마나 치를 떨어 왔던가. 그들과 흔연히 하나가 될 수 있을 때라야 전국교직원노동조합이라는 이름에 값할 수 있을 것이다.

내 걸 나눌 수 있을 때 진정한 연대는 가능하고 그래서 연대는 용기이다. 밥을 벌지 않고 빌어먹는 이들의 입에서 나오는 말에 상처받지는 말 일이다. 그러나 인사도 못 한 채 아이들 곁을 떠나야 하는 기간제 선생님의 소리 없는 눈물에는 상처받아야 한다. 변절을 합리화하기 위한 참새보다 얇은 혓바닥에 노하기보다는, 최저임금에도 못 미치거나 겨우 미칠 급식 노동자들의 형편에 분노할 일이다. 전교조엔 그 화룡점정의 과제가 남아 있다.

봄은 만인에게 평등했는가

 봄은 만인에게 평등했는가. 열 몇 살 아이들이 아파트 옥상에서 동백꽃처럼 낙화하고 무덤조차 없는 아이들의 뼛가루가 황사처럼 날리는 땅. 이 척박한 땅에서 봄은 과연 만인에게 평등했는가. 자식들하고 발 뻗고 누울 게딱지만 한 집을 지키겠다고 살인범이 되어 세 시간의 물대포와 최루탄에 생쥐처럼 끌려 내려오던 철거민들. 그들의 손목에 채워진 수갑 위에서 빛나던 햇살은 얼마나 따사로웠는가.
 월남전 파병 용사에 해외 산업 역군에 60 평생 일만 해 온 늙은 노동자가 외친 "서러움이 뭔지를 알려거든 나를 보아라." 그 외마디 절규에 600명을 연행하고 마흔두 명을 구속시키는 걸로 화답했던 참여정부의 곤봉과 군홧발 위에도 햇살은 자애로웠는가. 아이들과 선생님들이 집으로 돌아간 텅 빈 학교에서 한 달 60만~70만 원으로 당직을 서며 혼자 라면발을 건져 올리는 경비 용역 아저씨들의 젓가락질 위에도 햇살은 온화했는가.
 급식 종사원인 엄마와 학생인 아들이 아침마다 가는 목적지가 같건만 단 하루도 함께 등교해 본 적이 없다는 신발 공장 해고 노동자 출신의 정희. 매일 아침 엄마에게 등을 돌린 채 뛰어가는 아들의 그 작은 등에서 잔인하게 부서져 내리던 햇살은 얼마나 찬란했는가. 그 아들을 불러 세워 함께 가자 단 한 번도 얘기할 수 없었다던 정희는 "난 다시 태어나면 우리 재경이 학교 선생으로 태어날 거야. 그래서 하루만이라도 재경이 손잡고 학교에 같이 가 보는 게 소원이야." 꺼이꺼이 울며 술주정마저 서럽던 못난 에미의 눈물 위에도 햇살은 눈부셨는가.

그 정희를 처음 만난 건 그 아이 열두 살 때였습니다. 열세 살 아래는 취업이 안 되니까 이름도, 나이도 두 개인 소위 생계형 위장 취업자였던 아이. 목표량 달성이 생명보다 중요했던 공장에서 부산 사투리를 잘 못 알아들어 조장에게 터진 날 밤 기숙사 옥상에 올라가 보면, 영어를 몰라 미싱사한테 엉뚱한 라벨을 갖다 줘서 목덜미까지 손가락 자국이 선명했던 그 아이가 쭈그려 앉아 울고 있곤 했습니다.

그 아이의 꿈은 미싱사가 되는 거라 했습니다. 우리가 최대한 아낄 수 있는 시간은 점심시간 20분이 전부였던 시절. 밥을 굶어 가며 미싱을 배워 마침내 장군처럼 미싱을 타게 된 정희는 열네 살 때 이미 미싱 바늘에 찍혀 손톱 두 개가 없었습니다. 대학생하고 연애한다는 소문이 기숙사 3동에 파다해져 영웅처럼 의기양양하던 영자를 보면서 정희의 소원은 대학생하고 연애 한번 해 보는 걸로 바뀌었습니다.

그때 우리들 사이에선 영자처럼 두꺼운 책을 옆구리에 끼고 다니는 게 유행이었고 헤세나 니체 같은 책들을 미싱 바늘 갈듯이 서로 바꿔 가며 끼고 다니다가 밤엔 베고 자고 그랬습니다. 교복 입은 또래들을 보면 처음엔 눈물이 나다가 나중엔 저절로 욕이 나온다던 그 공순이들이 군복 입은 사람들을 보면 처음엔 무섭다가 나중엔 저절로 욕이 나오게 된 게

87년 꼭 그맘때였습니다.

   그때 우리가 거리에서 만난 건 영자의 돈도 빼앗고 몸도 빼앗고 꿈마저 짓밟은, 사장보다 더 나쁜 대학생이 아니라, 또는 시내버스 안내양 시절 대학생 회수권을 들고 버스에 올라서는 파마 잘 나오는 미장원 얘기 부츠 세일하는 얘기나 늘어놓던 한심한 대학생이 아니라, 최루탄이 안개처럼 뒤덮인 거리를 질주하던 진짜 대학생들이었습니다.

   준비물을 안 챙겨 갔다고 국민교육헌장을 못 외운다고 모내기하는 날 결석했다고 코피가 나도록 쥐 패던 수많은 박정희들이 아니라 세상의 주인은 노동자라던 믿어지지 않는 말씀을 하시던 여러분들 참스승들이었습니다. 그 뒤로 우리들은 더 이상 읽지도 않는 책들을 옆구리에 끼고 다니지도 않았고 안내양 하면서 삥땅해 됐다가 다른 버스 탈 때 마패처럼 내밀곤 하던, 몇 년이 지난 대학생 회수권도 비로소 버릴 수 있었습니다.

   16년 전 오늘, 그 아이들이 얼마나 여러분들을 자랑스러워했는지 아십니까? 정문 앞에서부터 쫓기고 쫓기는 숨바꼭질 끝에 부산대학교 기계관 앞에서 마침내 하늘을 향해 오르던 전교조 부산지부의 깃발을 보며 그 아이들이 얼마나 울었는지 아십니까? 16년 전 오늘, 그렁그렁 눈물 매달고 선생님들을 지켜보던 그 아이들의, 수천 마리 새들의 비상처럼 터져 나오던 갈채 소리를 아직도 기억하십니까?

   그때 그날 신용길 선생님이 형형한 눈빛으로 읽어 가던 축시를 들은 뒤, 정희는 시인이 되는 게 꿈이라 했습니다. 준재를 두고 떠나는 그 오죽한 순간에도, 눈을 세상에 남겨 전교조 합법화의 그날을 보리라던 꼭 신용길 선생님의 현신 같았던 조직. 1,500명의 선생들을 학생들마저 폭력 혁명의 도구로 삼는 좌경 용공 의식화 교사로 내몰고도 꺾을 수 없었던 조직.

학부모의 손에 머리채가 잡혀 정문 밖으로 끌려 나가는 선생님들을 울며불며 따라오며 선생님들을 돌려 달라고 목 놓아 울던 아이들을 가졌던 참 행복한 조직. 그 조직을 아이들로부터 분리해 내는 게 이제는 강압이 아니라 자발적 복종으로 이루어지게 하는 너무나 인텔리스러운 방식의 구조조정이 교원평가제입니다.

수백만 개의 사업장은 말할 것도 없고 금융, 철도, 통신, 전력, 도로 건설, 운송, 다 휩쓸어 버린 신자유주의자들의 오직 단 하나 마지막 남은 미션, 학교입니다. 신입 사원이 들어와도 비정규직이니 환영식도 없고 수시로 잘려 나가니 환송식을 할 수도 없는 수많은 현장들. 아무도 노 젓는 법을 나누지 않고 친구의 노를 몰래 부러뜨려 놓아야 내가 강물을 건널 수 있다고 믿었던 자들은 결국 그 강의 끝이 유토피아가 아니라 망망대해로 이어져 혼자 탄 뗏목으로는 난파할 수밖에 없다는 걸 처음엔 잘 몰랐습니다.

제일은행 노동자들이 잘릴 때 주택은행 노동자들은 시금치를 무치거나 아이의 장난감을 고르는 일이 더 중요했고, 현대자동차 노동자들이 잘릴 때 대우자동차 노동자들은 대부분 잔업을 하거나 축구를 보고 있었습니다. 여성 노동자들이 먼저 잘릴 때 남성 노동자들은 이제 시집이나 가라고 농담처럼 말했고 형님들이 잘릴 때 동생들은 '헹님은 인자 낚시도 실컷 댕기고 땡잡았네.'라고 웃으면서 말했습니다. 웃으면서 했던 똑같은 말을 울면서 듣게 되는 데는 오랜 시간이 걸리지 않았습니다.

수백만의 머리에 총알이 박혔지만 아무도 자기가 그 대상이 되리라는 걸 상상할 수 없는 이 짜릿한 러시안룰렛게임. 이미 1,300만 중에 840만이 비정규직이지만 아직도 내가 비정규직이 되리라는 걸 예상하지 않는 이제는 자본과 노동의 전선이 아니라 정규직과 비정규직의 전선이 돼 버린 이 스릴 넘치는 치킨게임.

급식 종사원, 당직 경비, 영양사, 사서, 각종 보조의 이름으로 불리는 학내 비정규직들에게 익숙해진 우리들은 머잖아 하청 교사, 용역 교사에게도 서서히 익숙해질지도 모릅니다. 이 미션 임파서블은 거기까지입니다. 신자유주의의 관리자거나 희생양이거나 두 종류만 키워 내면 되는 학교에서 아무도 참교육을 말하지 않는 그때까지……

열심히 일한 당신 떠나라고 밀어내는 것도 자본이고, 이제 와서 아빠 힘내시라고 노래 불러 주는 것도 자본이고, 집도 사고 차도 사야 하는데 당신이 아프면 큰일이라고 걱정해 주는 것도 자본이고, 사고가 나면 남편보다 먼저 달려와 주는 것도 자본이고, 소리 없이 세상을 움직이는 것도 자본이고, 또 하나의 가족이 된 자본은 이제 안아 달라고 부르짖습니다.

그들과 우리가 공평할 수 있었던 단 하나의 영역이 그것들도 죽는다는 사실이었는데, 황 박사의 생명 연장의 꿈은 결국 자본 연장의 꿈이 될 것입니다. 상위 10%에 비해 하위 10%의 사망률이 다섯 배가 높은 나라에서 노무현이가 보톡스 맞듯이 쌍꺼풀 수술하듯이 줄기세포 갈아 끼우고 죽지도 않고 러시아로 행담도로 삽질하러 다니는 상상을 해 보십시오.

이건희 명예박사 사건, 일명 이명박 사건으로 존재감을 뿌듯하게 확인한 이건희하고 똑같은 게 수십 개 수백 개가 여기저기 돌아다닌다고 상상해 보십시오. 고문 기술자 이근안 같은 것들을 아예 프레스로 찍어 낼 수도 있다는 상상만으로도 저는 벌써 소름이 끼칩니다.

동지 여러분, 아이들을 일진이라고 때려잡던 소탕 작전은 마무리됐습니까? 사립학교법 죽어라 반대하는 한나라당, 학생과 교사를 좌경과 건전으로 분리해 좌경 학생을 격리 조치하고 좌경 교사를 감찰하라는 신선한 발상이 화수분처럼 샘솟아 오르는 교육인적자원부, 천성산에는 철도를 놓고 아이들의 머리에는 고속도로를 내서 살기 좋은 새마을을 만들고 싶어 환장을 한 아직도 건재한 수많은 이 땅의 박정희들.

진짜 일진은 그것들 아닙니까? 국민의 주머니를 털고 동료들 사이에 왕따를 조장하고 폭력으로 '나와바리'를 유지하는 그들이야말로 우리 시대 진정한 일진들 아닙니까? 이 일진 세력들을 그대로 둔 채 교원평가제가 시행되면 아이들은 저절로 영악해지고 선생들은 알아서 비겁해질 겁니다.

아이들은 꿈을 잃어 가고 선생들은 영혼을 잃어 가는 학교에서 중간고사 끝난 나른한 봄날의 4교시, 선생님께 첫사랑 이야기를 조르는 아이들도 더는 없을 테고 그 아이들에게 진달래를 불러 주는 친구 같은 선생님도 더는 없게 될지도 모릅니다. 선생님을 상대로 첫사랑의 황홀한 꿈을 꾸는 아이들도 없을 테고 선생님들은 더 이상 가슴에 카네이션을 달지 않게 될지도 모릅니다.

학교가 아닌 아파트 옥상으로 등교하는 아이들은 점점 많아질 테고 그때 우리는 아이들의 책상만이 아니라 옆 자리 선생님의 빈 책상 위에도 하얀 국화꽃을 올려놓게 될지도 모릅니다. 아이들을 사랑하는 것밖에는 별로 할 줄 아는 것도 없는 여러분들. 나는 그 아이들을 답삭 안아 주고 싶어 다가가는데 가까이 갈수록 멀어지는 아이들, 그럼 어쩌시렵니까?

나는 아이들에게 밤새워 메일을 쓰는데 한 번도 답장을 하지 않는 아이들. 그런 시간이 쌓이고 쌓여 '보내기' 대신 '취소'를 누르며 긴 밤을 서성거릴 때, 그 뜨거운 마음들을 다 어쩌시렵니까? 쏟아 내지지도 않고 내려놔지지도 않은 채 자갈처럼 굴러 온 가슴을 헤집고 다닐, 결국에는 상처가 될 그 걷잡을 수 없는 사랑들을 다 어쩌고 사시렵니까?

권미경이라는 노동자가 있었습니다. 초등학교를 졸업한 열세 살 때부터 홀어머니와 정신이 온전치 못했던 오빠와 어린 동생 둘을 먹여 살리는 가장이 되어야 했습니다. 글재주가 유난했던 영민한 아이였습니다. 똑똑하면 안 되는 자리에 있는 사람이 똑똑하다는 게 얼마나 큰 고통인지 혹시 아십니까?

미싱만 잘 밟으면 되는 공순이가 그림 잘 그리는 저주를 받아 초등학교 6년 내내 게시판에 걸렸던 그림을 기억해야만 하는 것이 얼마나 상처가 되는지 혹시 상상해 보셨습니까? 미경이의 글재주는 작업 시간에 빵 먹었다고 조장한테 터지고 온 날, 구비구비 서러운 일기를 써 내려가는 데밖엔 써먹을 데가 없었습니다. 매일매일이 유서 같았던 일기장을 몇 권이나 남겨 놓고 공장 옥상에서 고단하기만 했던 스물두 살의 몸뚱이를 끝내 날렸던 미경이의 유서는 그러나 막상 짧기만 했습니다. "……내 이름은 공순이가 아니라 미경이다."라고 왼쪽 팔뚝에 볼펜으로 비명처럼 새겨 넣고 갔습니다.

미경이를 신용길 선생님의 바로 앞자리에 묻으면서 신 선생님께 부탁

했습니다.

"작가가 되는 꿈을 꾸었으나 살아서는 도저히 그 꿈을 이룰 수 없었던 미경이가 선생님 곁으로 갔습니다. 수만 벌의 옷을 만들었지만 단 한 벌의 주인도 될 수 없었던 미경이의 소원은 제비꽃 한복을 입어 보는 거였습니다. 여기저기 터지고 부러진 스물두 살 몸뚱이 여미서 그 옷을 수의로 입혀 보냈습니다. 비록 눈으로 보실 수는 없더라도 제비꽃 향기가 나는 아이가 있거들랑 시도 읊어 주시고 문학도 가르쳐 주시구려."

미경이 같은 아이들이 가진 꿈을 살아서 이룰 수 있는 무상교육, 전 그게 꼭 됐으면 좋겠습니다.

전교조 부산지부 동지 여러분, 16년 동안 정말 고생 많으셨습니다.

2005년 6월 10일 부산교사결의대회에서

······
사랑하는 나의 형제들이여
나를 이 차가운 억압의 땅에 묻지 말고
그대들 가슴 깊은 곳에 묻어 주오.
그때만이 우리는 비로소 완전히 하나가 될 수 있으리.
인간답게 살고 싶었다.
더 이상 우리를 억압하지 마라.
내 이름은 공순이가 아니라 미경이다. _권미경의 왼쪽 팔뚝에 쓰인 유서

학번에 대하여

언젠가 한번은 이 얘길 꼭 하고 싶었다. 학번에 대하여……
많이 들어서 익숙할 때도 되었건만 아무리 들어도 익숙해지지 않는 학번이란 말. 우린 모이면 자연스럽게 학번을 이야기한다. 96학번, 95학번, 또는 94학번……. 낯선 사람을 만나 소개를 할 때면 으레 학번을 앞세워 소개하곤 한다. 중산리 민박집에서도 그랬고 언양 버스 정류장에서도 그랬고, 언양에서 빙 둘러서서 자기소개를 할 때도 "96학번 누굽니다. 95학번 누굽니다."

차례가 돌아갈 그때 나는 엉뚱한 걱정으로 마음을 졸이고 있었다. 혜진이가 학번이 없으면 어쩌나. 저 나이에 학번이 없다면 재수생이거나 아침에 눈 뜨는 게 별로 희망적이지 않은 직장인일 텐데, 그럼 어쩌나. 다행히 혜진이는 학번이 있었고 나의 염려는 기우에 머물고 말았지만 만약 그때 혜진이에게 학번이 없었더라면 그 자리가 상처가 될 수도 있었겠다는 생각을 지금도 한다. 내가 혜진이 또래였다면 나는 분명히 상처를 받았을 테니까.

학번을 얘기하는 모습을 볼 때면 묘한 울타리 같은 게 느껴진다. 끼리만의 울타리. 학번이란 말에선 기득권의 냄새가 난다. 특히 우리 사회에서 학번이 가지는 울타리는 참으로 견고하다. 나는 의사들 폐·파업 사태에서 그 울타리가 얼마나 큰 위력을 가진 아집이 될 수 있는가를 보면서 전율했다.

학번을 앞세워 소개하는 게 별 뜻 없이 그저 익숙한 방식이라는 것을 모르지 않는다. 그러나 학번이 단순히 학교 안에서 학년을 구분 짓는 효율적인 숫자가 아니라 신분의 높낮이를 규정하고 나아가 차별의 근거가 된다면 그건 또 다른 권력의 의미일 수도 있지 않을까.

우리 사회에는 학번 없는 사람들이 훨씬 많다. 그리고 그 학번 없는 사람들이 세상을 움직여 간다고 나는 믿는다. 학교를 떠나 우리가 만나는 사람들도 아마 학번 없는 사람들이 대부분일 것이다.

학번이 없다는 이유만으로 한 번도 빛나는 자리에 서 보지 못한 사람들. 한 번도 스스로가 자랑스러워 보지 못한 채 평생을 살아가는 사람들. 자신의 대에서 이루지 못한 학번의 꿈을 자식 대에서라도 이루기 위해 불나방처럼 뛰어드는 무모한 돌진. 그 무모함이 만들어 내는 온갖 왜곡되고 기형적인 현상과 구조들. 그건 우리가 바꿔야 할 모순의 가장 밑바탕이기도 하다.

알다시피 나는 학번이 없다. 고등학교도 졸업을 못 했기 때문이다. 그게 내가 치를 떨며 아버지를 원망했던 가장 큰 이유이기도 했다. 가출하면서 반드시 이루리라 다짐했던 건 '대학생이 돼 보자는 거였다. 강화에서 부산까지 질질 끌고 왔던 큰 가방 보따리엔 참고서가 가득이었다.

그 가방 보따리보다 더 컸던 '대학생'의 꿈. 그 꿈을 이루고야 비로소 인생의 성공을 얘기할 수 있을 거라 굳게 믿었다. 그날을 위해 모든 걸

유예하고 미루고 그렇게 살기로 했던 것이다. 예사로 쥐어박고 먼지를 걷어내듯 아무렇지도 않게 발길질을 해대는 관리자들을 보면서도 '대학생이 되는 날 그때까지만 기다려라, 반드시 복수를 하고야 말 테니.' 하면서 이를 갈았다. '대학생이 되어 있는 내 앞에서 쩔쩔매는 글마들을 상상하는 걸로 그날들을 견뎌 냈다.

자본주의가 얼마나 웃기는 건지. 보세 공장에 가면 검사라는 사람들이 있다. 보통 한 라인에 검사가 한 명씩 있는데 이들은 완성된 제품을 검사하는 사람으로 고등학교를 나온 사람들이다. 공장 안에서는 인텔리 계층이다. 조장들도 완장이 없는데 이 사람들은 완장을 차고 다닌다. 그것도 영어로 인스펙터라고 큼지막하게 새겨서 다닌다. 사실 조장이야 똑같이 실밥 따고 초크 지우며 빡빡 기던 시다에서 시작해서 미싱 타고 '짬밥' 그릇 수가 늘어나면 될 수 있는 거니까 현장에선 별로 권위가 없다. 그러니까 고함지르고 욕하고 쥐어박는 걸로 지도력을 유지하는 것이다. 그런데 이 검사라는 이들이 땍땍거리는 건 사람을 상당히 주눅 들게 한다. 그래도 고등학교까지 나온 것들이니 우리하곤 다르다는 의식이 끊임없이 작용한다. 초등학교 나온 애들, 중학교 나온 애들한테 고등학교까지 나온 사람들은 자신들이 이루지 못한 꿈의 세상에서 내려온 사람들이기 때문이다. 사실 실밥 터진 거 찾아내고 주머니 '삐뚜루' 달린 거, 단추와 단추 구멍이 '찐빠' 난 거 찾아내는 걸 굳이 고등학교 나온 사람들에게 검사라는 직책을 줘 가며 맡길 일은 아니다. 불량은 오히려 시다가 더 잘 찾아내는 법이다. 그럼에도 굳이 일당 몇 십 원 더 줘 가며 검사라는 직책을 유지하는 건 권력을 만들기 위해서다.

학벌로 누르는 권력. 이 사람들은 배운 사람들이니까 함부로 달려들지 마라. 고함지르고 쥐어 패는 것보다 그게 오히려 잘 먹히기도 한다.

나도 작은 공장 다닐 때 검사 행세를 해 본 적이 있었다. 고향이 멀어서 졸업 증명서가 도착하려면 시간이 좀 걸린다면서 검사 행세를 하다가 몇 번 독촉을 받고는 한 달 만에 그 공장을 그만둔 적이 있다. 짭짤했다. 그전엔 작업복 갈아입을 때마다 죽으러 가는 심정이었는데 완장 딱 차고 나서부터는 자꾸만 작업복이 입고 싶어지고 점심시간에도 별 볼 일 없이 여기저기 어슬렁거리고 밥 먹으러 갈 때도 검사님들 하고만 다니고, 그런 나를 사람들이 한없이 부러워하는 것 같고, 어깨에 힘이 딱 들어가고…….

'진짜 대학생'이 되고 싶다는 생각. 그것은 하루도 포기하거나 타협할 수 없는 마지막 꿈이었다. 지옥 같은 현실에서 구원해 줄 유일한 꿈. 현실이 부조리할수록, 나날이 힘겨울수록 풍선처럼 커지기만 하던 꿈.

한진중공업에 입사하고 얼마 안 됐을 때였다. 유예된 꿈을 위해 서서히 비상을 준비해야 할 때라고 생각했다. 하늘 같은 과장님한테 갔다. "저~ 공부 땜에 잔업을 못 할 것 같은데요." "공부? 뭔 공부?" "방송통신과정으로 검정고시 쳐 보려구요." 그때까지만 해도 이 훌륭한 결단을 다 같이 칭송하고 너 같은 애가 현장에서 썩긴 아깝다며 일제히 고무 찬양해 줄 줄 알았다.

돌아온 과장의 대답은 청천벽력이었다. "회사가 오데 자선 사업하는 덴 줄 아나? 공불 할라면 회살 관두고 하든지 말든지 해야지. 니 공부 하라꼬 회사에서 비싼 밥 멕이고 월급 주는지 아나? 어이?" 다리가 후들거렸다. 그래도 포기할 순 없었다. 과장은 워낙 무식하니까 얘기가 안 통하고 좀 배운 노무과 사람들이라면 다를 거라 생각하고 며칠을 벼르다가 노무과엘 갔다. 힘들게 얘기를 꺼낸 나를 향해 묘한 웃음을 흘리던 노무과 대리의 그 표정을 지금도 잊을 수가 없다.

그때부터 입시철만 되면 온통 세상을 들쑤시던 입시생들 얘기, 학교 정문 앞에 엿을 붙여 놓고 기도하던 어머니들의 사진, 과외 공부를 하지도 않았는데 수석 합격을 했다는 해마다 빠지지 않던 감동적인 사연, 칠전팔기 끝에 서울대에 합격한 어느 가난한 이의 입지전적인 성공 스토리와 해마다 반복되는 뻔한 얘기에 해마다 처음인 듯 되살아나던 상처들. 진심으로 빌었다. 제발 입시철엔 어디론가 사라졌다가 입시가 끝나면 다시 나타나게 해 달라고……. 예비고사가 학력고사로 바뀌어도 그 기도는 바뀌질 않았었다.

하늘을 올려다보면 눈물이 쏟아질 것 같아 차마 하늘을 올려다볼 수 없었던 20대 청춘의 잔인한 겨울. 해고되고는 싸우느라 바빠서 그랬지만, 그 뒤 어느 때부턴가 더 이상 아프질 않았다. 학번 없는 사람들이 자랑스러워지고부터였을 게다. 그들이 세상의 주인이라는 믿음이 생기고부터였을 게다. 난 그걸 믿는다. 세상을 주인에게 돌려주고자 하는 투쟁. 그 투쟁에서 당신들은 나의 소중한 동지들이다. 자기소개할 때 학번 넣지 말잔 얘기를 참 길게도 했다. 그쟈?

여섯/상처

어머니 기억나시는지요. 오락가락하던 비가 개이고
혈구산에 걸린 무지개를 잡을 거라고 따라가다 길을 잃어 울며 돌아 온 제게,
무지개는 사람 손으로 못 잡는 거라고 말씀 하셨더랬죠. 아버지처럼 땅 두더지는 되기 싫다고,
고깃국에 하얀 쌀밥만 배터지게 먹고 살 거라고 사립문을 박차고 나와
부산행 기차에 몸을 실은 지 십 수 년이 지났건만, 무지개 같은 건 사람 손으로 못 잡는다는
그 말씀만큼은 차마 잊혀지질 않습니다.

어머니, 내 사랑하는 어머니

어머니 생각나세요? 제가 중학교 때던가요, 그 몹시 춥던 겨울날 말이에요. 고무신에 버선을 신으면 신발이 자꾸 벗겨진다는 말씀 듣고 신문 배달해서 어머니 털신 사 들고 집으로 뛰어들던 날. 전 사실 그날 막 뛰어가서 숨이 가빴다기보단 어머니의 기뻐하시는 모습을 생각하며 가슴이 벅차 숨이 가빴던 것 같아요.

전 그때 어머니가 '어이구, 내 새끼.' 끌어안고 굉장히 기뻐하실 줄 알았거든요. 제가 더 이상 어린아이가 아니라, 어머니를 위해 거뜬히 한몫할 수 있다는 걸 인정받고 싶었던 거지요. 그런데 어머닌 오히려 역정을 내셨지요.

"에미가 니보고 추운데 나가 신문 배달해서 털신 사오라고 시키디? 왜 시키지도 않는 짓을 사서 햐?"

생각나세요? 이제사 드리는 말씀인데 그때 참 많이 섭섭했습니다. 어찌나 서럽던지 공책에 막 낙서하면서 울기도 했습니다. 엄마가 참 내 마음을 몰라준다고, 자식 마음도 몰라주는 게 무슨 엄마냐고, 동네 할아버지 말씀대로 난 정말 다리 밑에서 주워 온 자식인지도 모른다고. 그리고 어머니는 그 긴 겨울이 다 가도록 그 털신을 한 번도 안 신으시더군요. 그 털신을 그만 아궁이 속으로 확 던져 버릴까 오기가 생기기도 했었습니다.

어느 날 벽장 속에서 뭘 찾다가 종이에 몇 겹으로 싼 게 손에 잡히길래 먹을 건가 싶어 펼쳐 보니 그 털신이었습니다. 그리고 얼마 뒤 집에 다니러 오신 이모님이 제 어깨며 궁둥이를 몇 번이나 두드리시면서 말씀하시더군요. "아이구, 착한 내 새끼, 니가 벌써 커서 엄마 발 시릴까 봐 털신을 다 사 오고, 니 엄만 인자 세상에 부러운 게 하나도 없단다. 그 털신만 보면 힘이 나서 세상살이가 거뜬하단다. 그 털신이 억만금짜리라고 아까워서 못 신겠단다. 니가 효자다, 효자. 아이구 내 새끼." 처음엔 엉덩이를 자꾸 두드려대는 게 좀 그랬지만 그날 제 키가 하늘만큼 커 버린 느낌이었습니다. 어머니에게 미운 감정을 가졌던 것도 그렇게 죄스럽고, 다 표현해 내지 못하는 어머니의 깊은 마음에 대해 처음으로 생각했었습니다.

다 지난 옛날 얘기를 뭐하러 하냐구요? 그냥 생각이 나네요. 날이 많이 추워져서 그렇겠지요. 우리 엄마 이젠 누가 털신 사다 줄까? 우리 엄마 시린 가슴 누가 어루만져 줄까? 그런 생각을 하면 그냥 막막해져요. 이런 날은 있는 식구 방 안에 꽉 차게 들어앉아도 뭔가 휑한 느낌이 드는 법인데, 오늘 어머니 가슴에 드나드는 바람은 황소바람이겠지요?

어머니보고 이제 면회 오시지 말란 말씀드렸을 때 어머니 눈에 얼핏 물기가 스치는 걸 봤습니다. 방 안에 돌아와서 많이 후회했습니다. 돌아가시는 내내 눈물 바람이셨겠구나. 그 생각만 하면 지금도 가슴이 미어집니다. 어머니보다 동지들이 더 많이 보고 싶어서도 아니었고, 어머니보다 더 귀한 사람이 있어서도 아니었습니다. 그냥 나날이 흰머리가 늘어 가는 우리 엄마. 그 먼 길을 차멀미에 온종일 시달리시며 오셔서는 손 한번 잡아 볼 거라고 안타까이 유리벽을 그 주름진 손바닥으로 하염없이 쓰다듬는 모습을 어찌 더 두고 보겠습니까?

그렇게 오셨다가 허허로움만 태산처럼 안고 돌아가실 어머니 무너지는 가슴을 제가 왜 모르겠습니까? 밥은 잘 먹냐? 그 예사로운 한마디에 절절이 묻어나는 자식 걱정을 제가 왜 모르겠습니까? 그저 몸성히 있다가 한시라도 빨리 나오는 게 효도다 하시는 그 말씀 속에 숨겨진 어머니의 그리움을 제가 왜 모르겠습니까? 그날, 저 구속되던 날. 안기부 앞에서 왜 자식 얼굴도 못 보게 하냐고 싸우시다가 많이 맞으셨단 말씀 나중에 듣고, 그런데 뭣 하러 가셨냐고 했더니 어머니 그러셨지요. "그땐 니 얼굴 한 번 볼 수 있다면 세상에 무서운 게 하나도 없더라." 이제 그러지 마세요. 남의 자식들처럼 월급 받아 따뜻한 갈비탕 한 그릇 사 드릴 수도, 목돈 쥐었다고 해외여행 근사하게 시켜 드릴 생색도 낼 수 없는 이 자식이 어머니에게 할 수 있는 효도란 게 어머니의 무사하심을 비는 것, 그것밖엔 더 있겠습니까?

어머니에게만큼은 제 사상이 옳다고 제 신념이야말로 진리고 정의라고, 그 신념 때문에 이 고통조차도 달게 받는 거라고 큰소리로 외칠 수가 없네요. 전두환 정권 앞에서도 노태우 정권 앞에서도 김영삼 정권 앞에서도 불벼락처럼 쏟아 붓던 그 서릿발 같은 신념들을 어머니 앞에선 참 한마디도 할 수가 없었습니다. 그래도 "내가 니 때문에 세상을 많이 깨달았다. 니가 이 못난 에미 선생이다." 하시던 어머니. 제가 받는 고통보다 억만 배 더 불지옥 같은 고통 속에서 10년 같은 하루를 살아 내실 어머니,

세상 사람이 다 저를 외면하는 상황이 온다 해도 끝까지 저를 따뜻한 눈빛으로 지켜봐 주실 어머니, 사형선고를 받아도 무기징역을 받더라도 끝내 마지막까지 저를 기다려 주실 내 어머니.

　며칠 전 신문을 봤습니다. 50년 만에 정권 교체를 이루어 냈다는 승자 앞에 여전히 보랏빛 수건을 두른 채 웃고 계시던 어머니들. 그것도 그가 지나는 길목을 지키고 섰다가 어렵사리 잠깐의 만남이 이루어졌다지요? 그 어머니들의 실박한 미소 앞에 함께 웃던 그 승자의 웃음도 진정 그러리라고 바라고 또 바랐습니다. 하지만 그 짧은 순간 어머니 가슴에 쌓인 봇물 같은 한이 씻겨지던가요? 그래도 만나 준 것만도 어디냐고, 방패가 먼저 나와 가로막던 그 막막하던 시절에 비하면 세상이 얼마나 달라졌냐고 그렇게 생각하셨나요?

　천금 같은 아들을 가두고, 만금 같은 자식을 죽인 자들의 사면을 먼저 실행한 자 앞에 어머니의 호소가 얼마나 초라한 것이었나를 굳이 생각하고 싶진 않습니다. 지푸라기라도 잡고 싶은 심정이셨을 거라는 거 다 압니다. 알다마다요. 그러나 어머니, 약한 자들, 빼앗기기만 했던 자들은 서로가 서로에게 지푸라기가 될 수밖에 없음을…… 그 지푸라기들을 모아 든든한 동아줄을 만들어 갈 수밖에 없음을 역사의 이름을 빌려 굳이 말씀드릴 수밖에 없다면 너무 가혹한 건가요?

　어머니, 전 그런 세상을 믿어요. 앞서 간 사람들의 피를 윤활유 삼아 역사의 수레바퀴가 굴러간다 해도 어머니가 살아가시는 세상, 내 아이들이 살아갈 조국을 위해서라면 아직도 바쳐야 할 끓는 피가 남아 있음이 얼마나 다행인지요. 오로지 정권을 잡기 위한 목적으로 이루어지는 야합이란 태생적 한계를 지닐 수밖에 없음을 확인하는 건 소위 문민정부 하나로도 충분하다고 생각합니다. 더군다나 경제 주권마저 빼앗긴 상황에서 대통령을 뽑은 게 아니라 총독을 뽑았다는 느낌은 날이 갈수록 강해지고, 자식을 잃은 어미가 갇힌 자식을 둔 어미에게 그래도 언젠가 볼 수 있으니 얼마나 다행이냐고 위로해야 하는 기막힌 세상을 얼마나 더 이어 가야 끝이 날지 막막하기만 합니다.

성탄절을 손꼽아 기다리시다 그래도 행여 삼일절을 목 놓아 기다리시다, 광복절, 개천절, 그렇게 기다리시다 내 죽기 전엔 나오겠지, 그 하염없는 기다림이 끝날 날도 언젠간 있겠지요. 아무것도 안 넣고 끓여도 어머니 손이 가면 그렇게 맛나던 얼큰한 김치찌개 생각이 왠지 간절해지네요.

어머니, 내 사랑하는 어머니.

1998년 어느 집회에서 민가협 어머니들께

해고된 동지에게

해고된 어떤 동지의 글을 읽으면서, 오랫동안 잊고 있었던 8년 전 돌아가신 아버지가 생각났습니다. 그럴 수가 없게 앙숙이었죠. 현실이 힘들 때마다, 아무리 기를 써도 그 현실에서 벗어날 수 없다는 자괴감이 들 때마다 아버질 씹는 걸로, 그 양반에 대한 미움을 키우는 걸로 긴 시간을 보냈습니다.

86년도에 한진중공업에서 잘렸습니다. 텔레비전만 틀면 전두환이가 나오던 시절이었습니다. 그땐 다 그랬던 어용노조를 민주화해 보겠다고 나섰다가 잘렸습니다. 잘릴 수도 있겠다는 생각을 전혀 안 한 건 아니었지만, 막상 그 일이 현실이 되니……. 하늘이 무너지면 그럴까요. 밥을 먹을 수도 없었고, 잠을 잘 수도 없었고, 한 달 만에 몸무게가 12킬로그램이 줄었습니다.

아침 6시 반이면 회사엘 갔습니다. 만날 그 시간이면 출근했으니까. 용접 불똥 맞아 뚫어진 구멍들을 테이프로 누덕누덕 기운 넝마 같은 작업복, 안전화, '화이바', 공구통 길바닥에 내놔 봐야 아무도 안 주워갈 그런 것들이 미치도록 그리웠습니다. 저를 막는 경비 아저씨들에게마저 통사정을 했습니다. "아저씨. 내 작업복이랑 안전화랑 잘 좀 챙겨 주세요." 그땐, 머잖아 되돌아갈 거라고 생각했습니다. 처음엔 경비 아저씨들만 막았습니다. 어느 날부턴가 회사 관리자들 수백 명이 막아서고, 어느 날부턴가는 닭장차가 오고, 전경들이 시커멓게 깔리고.

그땐 '출투'라는 말도 모를 때였는데, 그냥…… 갈 데가 거기밖엔 없었습니다. 내 작업복이 있고, 내 꿈이 있고, 그리고 아저씨들이 있는 곳. 만날 쥐어 터지고 길바닥에 패대기쳐지면서도 '가야 할 곳'인데, 회사 관리자들이 그러더라구요. 넌 이제 이 회사 사람도 아닌데 왜 만날 오냐고. 그땐 그 말이 그렇게 서러울 수가 없었습니다. 넌 이 회사 사람이 아니란 말.

대공분실에 세 번을 끌려가고, 영도 경찰서 유치장을 안방처럼 들락거리고, 하도 머리채를 잡혀서 아침에 일어나면 이불 위에 머리카락이 수북하고, 머리 밑이 아파서 머리 감기가 고통스러웠습니다. 손가락에까지 피멍이 들어 버스를 타면 손잡이를 잡을 수도 없었습니다. 제 눈빛을 제가 마주 바라보기가 쉽지 않았던 시절이었죠.

그런 날들의 어느 날. 아버지가 오셨습니다. 강화도에서 부산까지 새벽차를 타고 기차를 타고 열 시간 가까이 다리를 저는 아버지가 절룩거리며 오신 겁니다.

경찰들이 집에 들락거릴 땐, 그냥 다 한동네 뉘 집 아들이고 하니까 그냥저냥 받아넘길 수 있었는데, 하루는 안기부에서 나오더라는 겁니다. 당신 딸이 북한의 공작을 받고 체제 전복을 꾀하고 있다. 자기네들도 처음엔 단순한 노사분규라고 생각했는데, 뒤를 캐 보니 조총련과 연결돼 있더라. 지금이라도 딸을 단도리하지 않으면 개의 인생뿐만 아니라 패가망신

할 수도 있다. 우리 아버진 이북 사람인데 아버지 가계를 줄줄 꿰더랍니다.

부산까지 오신 아버질 집에 모시고 갈 수도 없고, 다방에 모시고 갈 주변머리도 없을 때라 그냥 부산역에 앉았던, 그날까지 아버지 자식으로 살면서도 그때가 난생처음 아버지와 단둘이 앉았던 처음이자 마지막 기억입니다.

처음에 아버지가 부산역에 오셨다는 연락을 받고 부산역으로 갈 때만 하더라도, 아버지 손에 맞아 죽는 거 아니면 머리채를 잡혀 강화로 질질 끌려가는 상상을 하면서 대공분실보다야 더하겠냐 하고 나갔는데…….

아버지의 첫마디는 "다친 덴 없냐?"였습니다. 처음으로 정말 난생처음으로 아버지에게서 연대감을 느꼈습니다. 그날 아버지의 손을 처음 봤습니다. 거북이 등 같은, 마른 장작개비 같은 아버지의 손. 그 손을 힐끔거리며, 더듬거리며, 제가 억울하다는 얘길 한참 했던 것 같습니다.

만 원을 쥐어 주시며 밥 굶지 마라, 그러시곤 입석을 끊어서 기차에 오르셨습니다. 쩔룩거리는 다리로 여섯 시간 넘도록 선 채로 서울까지 가셔서 다시 버스로 갈아타 신촌까지 가셔서 시외버스 타고 강화까지 가셔서는 다시 버스를 갈아타고 집에 가셨겠지요. 그러고 몇 년 뒤, 그 다리를 아예 못쓰게 되어 자리에 누우셨습니다.

수배 생활로, 감옥으로, 몇 년에 한 번씩 뵙게 되는 아버진 그때마다 영 다른 사람의 모습이곤 했습니다. 제가 가면 첫마디가, "복직했냐?" 누우신 지 4년째부터는 말씀을 못 하셨는데, 그래도 절 보면 입모양으로만 물으셨습니다. "복직했냐?"

그땐 제가 옳다고 얘기해 주는 사람이 한 사람도 없었습니다. 같이 일하던 아저씨들을 마주쳐도 슬슬 피하고, 전화도 안 받으시고. 저마저도 저를 믿을 수가 없었습니다. 제가 진짜 간첩일지도 모른다는 생각이 불현듯 들곤 했으니까요.

20년 가까이 초지일관 불굴의 신념으로만 버텼겠습니까? 그 폭력 앞에서 한없이 비굴해지던, 살려만 준다면 글마들 발톱의 때라도 핥을 만큼 비굴해지던 스물여섯의 제 모습이 떠오르면 지금도 소름 끼칩니다.

오히려 그런 모습들 때문에 용기라는 게 얼마나 소중한지, 용기야 말로 얼마나 찬란한 자유인지, 뼈가 저리지요. 스스로에게 부끄러워지지 않는 것. 그것만큼 소중한 게 또 있을까요.

돌아온 아이

　그 아이는 내 조카 아홉 명 중 여덟 번째 아이다. 없는 집구석에서도 외아들 하나는 신줏단지처럼 모셨던 아버지 덕분에 세상에 저만 있는 줄 알고 자란 남동생의 큰딸이다. 이 아이 백일 날 생모가 가출을 하고, 언제든지 기회만 닿으면 곧바로 룸펜으로 전환할 만반의 준비를 갖추었던 애비도 새끼 내팽개치고 행방불명이 된 뒤, 다섯 걸음 움직이는 데 10분쯤 걸리는 늙은 할아버지가 이 아이를 키웠다. 때 되니 걷기 시작한 아이가 뽈뽈거리며 싸돌아다니는 걸, 다리 저는 할아버지가 따라다닐 수가 없으니 기저귀로 책상다리에 묶어 놓고 아이를 키웠다.
　기저귀에 묶여 있는 것보단 낫겠다 싶어 이 아이 18개월 때 내가 부산으로 데리고 왔다. 고모이기 이전에 해고자였던 내게 와서, 먹을 게 없어 노상 굶은 아이가 울 기운도 없어 걍걍거리고. 전두환 이순자 구속하라고 한참 데모할 때, 등에 업힌 아이가 최루탄에 그 여린 살갗이 벌겋게 허는 데도 연고 한번 못 발라 주었다. 이러느니 차라리 기저귀에 묶여 있는 게 낫겠다 싶어 아이는 다시 강화 외포리 책상다리에 묶이게 되었다. 아이를 굶긴다는 게 얼마나 무참한 일인지, 난 그 뒤 단 한 번도 이 아이의 눈을 똑바로 쳐다보질 못했다.

떠돌아다니던 지 애비가 여자랑 살림을 차리게 되면서 이 아이에겐 새엄마가 생겼다. 아이 학교 가는데 아침밥은커녕 내다보지도 않는……. IMF가 터지고 그나마 알량한 장사를 하던 동생은 알거지가 되었다. 마누라는 작은아이 데리고 떠나고, 누나들에게 돈 내놓으라고 패악을 부리고 그 돈으로 술이나 먹던 동생은 노숙자가 되었다. 애비로부터 두 번이나 버림받았던 아이는, 새끼 넷 키우며 최소한 다섯 가지의 직업을 가지고 앉은자리에서 밥 한 그릇을 다 먹지 못할 만큼 바쁜 외포리 큰고모 집으로 다시 가게 된다.

품행이 방정하고 음전한 범생이가 되는 게 오히려 비정상이었던 아이는 열여덟 살까지 용케 견디다가 가출을 했다. 있는 집 아이가 유학이라도 간 것처럼, 이 아이에겐 그게 당연한 수순이었던 듯 아무도 이 아이를 찾지 않았다. 다만 명절날 아침, 말없이 끊는 전화가 외포리로 걸려 오면, 그 다음부터 아무도 웃지 못했을 뿐이고 음복주 한 잔에 큰언니가 꺼이꺼이 울었을 뿐이다. 주유소를 지나치다 미장원을 지나치다 그 또래 아이들이 보이면 한 번 더 뒤돌아봤을 뿐이다. 그때마다 울 기운도 없이 하얗게 누워 바라보던 어린아이의 눈빛이 떠올랐을 뿐이다. 어디서 뭔 짓을 하든 굶기는 고모보다야 못하랴 자위했을 뿐…….

그런 아이가 2년 만에 외포리로 돌아왔다. 제 발로 나간 아이가 남의 손에 이끌려 돌아왔다. 나갈 땐 멀쩡했던 아이가 미쳐서 돌아왔다. 2년 만에 만난 아이가 내게 제일 먼저 한 인사는 땅바닥을 버르적거리며 괴상

한 소리를 내며 꺽꺽 숨넘어가게 우는 일이었다. 남자들만 보면 괴성을 지르며 불화살 맞은 짐승처럼 날뛰었다. 남자 목소리만 들려도 그게 고모부든 사촌 오빠든 기겁을 했다. 이 작은 아이 하나 보살피지 못했던 무책임한 어른들에게 복수라도 하듯, 괴롭히며 긴긴 하루를 보내는 게 이 아이의 일과였다. 이 아이에게 무슨 일이 있었는지 짐작만 할 뿐, 그게 사실로 굳어지는 저주가 내릴까 봐 아무도 입 밖에 내질 못한다.

자랄 때 제대로 먹질 못해 키가 150센티미터를 넘지 않고, 업으면 애기 때랑 똑같이 마른 삭정이 같은 조카는 이쁜 '여자'도 아니고, 섹시한 '여자'도 아니다. 이 아이에게 도대체 무슨 일이 있었던 걸까. 이 아이에게 세상은 도대체 무슨 짓을 한 걸까.

부고 없는 죽음

동생이…… 죽었다.

그 전화를 받은 건 설날 아침이었고, 경찰서라 했다. 김진수로 보이는 사람의 변사체가 발견되었으니 가족들이 와서 신원을 확인해 달라는 비교적 간단한 용건이었다.

제사도 없이 명절에만 차리는 부모님 차례 상을 물리고 엄마의 산소를 막 다녀온 참이라 가족들이 모여 있었고, 30년 넘도록 단 하루도 문을 닫지 않았던 차부상회를 봐야 하는 조카 하나와 조카며느리를 외포리에 남겨 두고 나머지 식구들이 경찰서로 향했다.

명절이라 차가 많이 막혔고, 막혔다가 찔끔거리며 움직거리는 차처럼 큰언니가 찔끔거리며 울었다. 나는 눈물을 한 방울도 안 흘렸다. 아니 눈물이 한 방울도 안 나왔다.

우리 일행이 경찰서에 들어서자, 설날을 유치장에서 맞이한 머리카락도 풀리고 옷도 풀리고 양말도 풀리고 눈도 풀린 인사 하나가 유치장 안쪽에서 심심한데 잘됐다는 듯이 철창으로 가까이 다가앉았고, 저러고 사느니 차라리 죽는 게 나은지, 저렇게라도 살아 있는 게 나은지 어이없게도 헷갈렸다.

"나이 46세, 이름 김진수, 특이 사항 변사체"라는 글이 칠판에 적혀 있었다. 누구의 동생도 누구의 아빠도 누구의 남편도 누구의 아들도 아닌 다만 변사체가 그를 규정하는 정체성이었다. 변사체 직전엔 노숙자가 그를 규정하는 정체성이었다. 10년 동안……

그가 왜 그렇게 살게 되었는지, 왜 빈 소주병 열 한 개가 뒹굴 뿐인 쪽방에서 열두 개째 소주병을 끌어안고 죽었는지, 사실은 우리도 잘 설명하기 어려운 질문들에 대해 큰언니의 동문서답식 답변 태도가 그때만큼 적절해 보인 적이 없었다.

원한 관계는 없었는지 지병이 있었는지 따위를 누가 봐도 건성인 태도로 더 묻고, 경찰 둘이 같이 들어갈 수 없게 좁아터진 쪽방에서 그렇다고 시체보고 걸어 나오랄 수도 없어 아주 혼났다며, 그 상황에서도 웃음을 잃지 않을 정도로 대한민국 경찰은 달라졌다. 계단과 골목이 어찌나 좁은지 고인이 말라서 참 다행이었다는 변화된 경찰관의 기품 있는 유머를 결론으로 듣고, 큰언니는 연신 "네, 네, 그러셨겠져. 어련허셨겠으니까. 애덜 쓰셨시다." 고개 숙여 인사를 하고 경찰서를 나와 그 다름 아닌 변사체가 있다는 영안실로 갔다.

잊고 있었다는 듯 큰언니가 다시 울기 시작했다. 가게를 보던 조카가 "엄마, 와사비 얼마야?"라고 묻는 전화가 오면 "큰 거? 짝은 거?" 묻고는 "짝은 건 820원." 대답하고는 다시 우는 사이, 폐암 투병 중인 안산 셋째 언니네 식구들이 도착했다.

마치 예배 보는 것처럼 그들이 옹기종기 머리를 맞대고 모여 새롭게 우는데도, 그때까지 눈물이 한 방울도 안 나오는 나는 형부랑 빈소를 차릴 건지 관을 얼마짜리로 할 건지 등의 그 변사체가 남긴 귀찮기 짝이 없는 실무를 처리해야 했다.

그때까지 아무도 온 사람이 없었고 올 사람도 없었다. 월마트를 이마트가 인수해서 마트밥 먹은 뒤 설날 공식적으로 노는 건 처음이라는 큰조카는 "오삼춘은 죽어도 왜 해필 노는 날 죽냐." 하고 불만이었는데 아무도 오지 않는 장례식의 이유로 설날만큼 적절한 경우를 난 아직까지 본 적이 없다.

아무도 오지 않은 장례식. 문상객이 단 한 명도 없어 빈소가 아무짝에도 쓸모가 없었던 장례식. 10년 전엔 그의 딸이었고 누나였고 매형이었으나, 지금은 다만 변사체일 뿐인 '그'의 연고자 열세 명이 모여 그중 아홉 명만이 울었던 죽음.

"저거 불쌍해서 어트거냐. 지대로 입지두 못허구 먹지두 못허구 저렇게 가는 저거 불쌍해서 어트게 보내냐. 을마나 췄을까, 을마나 배가 고팠으까……." 큰언니만 그나마 꺼이꺼이 울었던 죽음. "새끼 두구 어트게 가냐, 고작 스물 살기를 남덜 칠십 살기만침이나 고단헌 저거 두구 혼자서 어딜 가냐……." 큰언니만 냐옹냐옹 울었던 죽음. 그러나 아빠가 살아 있다 하더라도 이미 오래전에 버려진 아이의 팔자가 달라질 건 없었기 때문에 전혀 동의할 수 없는 내게는 다만 소음일 뿐이었다.

아무튼 동생은 죽었다. 부고를 띄울 수 없는 죽음도 세상엔 있었다. 추모할 수 없는 죽음도 어쨌거나 있었다. 10년 동안 걔는 그렇게 죽을 거라는 내 예견에서 단 한 치의 오차도 없는 그 모습 그대로 죽었다.

술로 연명하던 그 노숙자에게 흔쾌히 송금할 술값이 없었던 내 '배창시'는 공중전화를 통해 수시로 뚫렸고, 불 싸지를 용도로라도 집을 반드시 마련해야 하는 거 아닌가 싶을 정도로 그 노숙자는 없는 집에 시도 때도 없이 불을 싸질렀다. 그 새끼 죽어도 코빼기도 안 내밀 거라던 내 다짐은 설날 귀향 중이었기에 이룰 수가 없었고, 죽었대도 눈물 한 방울 안 흘릴 거라던 내 오랜 꿈은 급기야 이루었다. 죽고 나면 몹시 후련할 줄 알았던 예견은 틀렸고, 어디선가 빚덩이가 고구마 넝쿨처럼 딸려 나오리라던 예감은 적중했다.

단 한 사람에게만 그의 죽음을 중언부언 설명했을 뿐이다. 49재마저 지난 지금도 난 그 죽음을 일목요연하게 설명할 수가 없다. 혹시…… 내가 설명할 수 없었던 건 그의 죽음이 아니라, 넌 뭐했냐고……, 네 동생이 노숙자로 저러고 있을 동안 넌 뭐했냐고……, 그의 몸과 영혼이 그토록 피폐해질 동안 오지랖 넓은 넌 뭐했냐고……, 그거 아니었나 싶다. 이제 와서…….

우리들의 행복한 시간

〈우리들의 행복한 시간〉이라는 영화를 본 김에 뜬금없는 용기를 내 본다. 사형수, 그들이 다 강동원처럼 잘생겼거나 한마디 말을 해도 심금을 울리는 말만 했다면 세계적으로도 희귀하다는 사형 제도의 운명이 좀 달라졌을까.

내가 아는 사형수는 생긴 것부터가 엽기였고 한마디 말을 해도 꼭 정나미 떨어지게 했다. 저 사람이 유명한 노조 위원장이었다면 생긴 거 가지고 환멸을 느꼈을까? 그의 말 한마디로 그 인간 전체를 싸잡아 부정했을까? 시시각각 내 쪼잔한 인류애를 모진 시험에 들락거리게 하던 사람이었다.

이름보다는 5010번이라는 수번으로 불리던 사람. 정부와 공모해서 남편을 독살한 사람. 그 천인공노할 범죄의 주인공이 내가 들어간 방에서 어서 오라고 반가이 맞아 주며 자기 옆에 이불까지 손수 펴 주며 과도한 친절을 베푸는 바람에 자세 한번 못 바꾸고 고이 찌그러져 첫 징역의 첫 밤을 날로 깠다. 소내 투쟁 때면 오랏줄로 똘똘 말아 징벌방에 쑤셔박아 놓고 죽 한 그릇씩을 던져 주고는 식구통으로 막대기를 넣어 내 몸을 이리저리 찔러 보는 방법으로 생사를 확인하던 교도관들보다 이제야 말이지만 난 이 여자가 훨씬 더 무서웠다.

묶여 있으니 혓바닥으로 죽 그릇을 핥고, 입은 채로 싸는 주접스러운 상황에서도 막대기로 찌르면 꿈틀거리며 생존을 확인해 주던 징벌방에서 나는 참 많이 외로웠다. 이러다 죽으면 그걸 누가 알까. 그 징벌방에서 부댓자루처럼 끌려 나온 날, 내가 제일 먼저 들었던 말은 5010번이 내 이름을 부르며 며칠을 울었단 얘기였다.

아, 내가 그러고 있을 동안 나를 기억하는 사람이 있었구나. 사지가 풀리긴 했으나 묶여 있는 거랑 진배없어 손가락 하나 의지대로 움직이지 못하고, 똥과 오줌으로 벌창이 된 내 몸을 닦아 주면서, "살아 있어서 참 좋다. 참 고맙다."라는 말을 계속 주절거리며, 눈물 콧물을 크리스마스트리처럼 주렁주렁 매달고 있던 걸로 보아 충분히 진심으로 사료되었다. 그 눈물이 한 방울씩 내 몸에 떨어질 때마다 촛농처럼 뜨거웠다.

부모 잃고 가난한 숙부 집에서 어려서부터 갖은 노동을 하며 매질을 밥으로 욕을 반찬으로 자란 사람. 숙부의 집을 나와 식모살이를 하던 집에서 열네 살 때부터 주인아저씨와 아들의 몸뚱아리 밑에서 밤마다 번갈아 깔렸다던 사람. 온종일 이어지던 숙모의 부지깽이 매질보다는 차라리 그 짓이 나았다던 사람. 남이 해 주는 밥은 징역 살면서 처음 먹어 본다던 사람. 공범이 돼 버린 정부에게서 받은 머리핀 하나가 세상에 태어나 받은 유일한 선물이었다던 사람. 그래서 그 사람이 그렇게 좋았다던 사람.

내게 집행유예가 선고되던 날. 두고 온 딸내미 이름을 수백 번도 더 명토 박으며 그 아이를 꼭 좀 찾아봐 달라고 신신당부를 하던 사람. 진숙 씨는 아는 사람 많으니까 탄원서를 꼭 좀 넣어 달라던 사람. 천 명쯤 서명을 받으면 나라에서 살려 주지 않겠냐던 사람.

윤수가 죽던 날, 그도 죽었다. 짤막한 신문 기사를 통해 그의 형 집행 소식을 접하면서야 탄원서를 넣어 주겠노라던 도무지 지킬 길이 없어져 버린 그 약속이 생각났다. 세상 어느 누구도 그를 사랑한 적이 없는데 누구에게 그를 죽일 권리가 있는가라는 허탈한 질문과 함께.

항소이유서

　물이 0도에서 얼듯이 세상 만물은 영하로 내려가야지만 얼어붙는 줄 알았습니다.
　출감한 뒤 따뜻한 방 안에서 발가락이 몹시 가렵고 잠시도 못 참고 긁어대면서도 그저 무좀이려니 했습니다. 발가락을 끊임없이 긁어대는 걸 보다 못한 친구가 제 발가락을 들여다보더니 화들짝, "동상이다!" 하길래 그때서야 발을 자세히 들여다보니, 정말 새끼발가락부터 빙 돌아 뒷꿈치까지 벌겋게 얼어 있었습니다. "부산엔 한 번도 영하로 내려간 적이 없는데 발을 우쨌길래 이래 되 뺏노?" 하는 친구의 핀잔을 들으며 가만히 생각하니 짚이는 구석이 있더군요.
　제가 있던 독방은 누우면 머리끝과 발끝이 벽에 닿을 정도로 좁았습니다. 자연히 '뻥끼통'으로 불리는 변소 문짝이 발끝에 닿았죠. 담요를 덮으면 발치께 담요 한 자락이 변소 안으로 들어가 버립니다. 아크릴로 된 변소 문짝이 달려 있긴 해도, 밑이 휑 뚫려 있어서 잠결에 여차하면 담요 자락이 그리로 들어가 버리거든요. 그래서 의식적으로 담요를 자꾸 위로 끄집어 당기고, 잘 때도 그런 잠재의식이 작용을 했던지 발이 시려서 새벽 6시 기상 전에 늘 깨곤 했습니다. 물론 양말은 신었지요.

영하가 아니더라도 얼어 버리는 게 있다는 사실을 무슨 귀중한 진리나 되는 듯 깨닫습니다. 엄동설한 얼음이 꽁꽁 얼어 있을 줄 알았는데 단풍이 들어 있더군요. 하늘도 너무 파랗고요. 오랫동안 불치병을 앓다 방금 일어나 새로운 생명을 얻은 사람의 희열이 이만할까요?

길거리에 뒹구는 은행잎 하나도 예사롭질 않고 골목 모퉁이 집 대문 사이로 빼꼼 보이는 국화 한 송이에도 문득 목이 메는 요즈음입니다. 너무 호들갑스럽지요?

사람들의 알록달록한 옷 색깔도 소중하게 눈에 들어오고, 낯선 이의 웃는 얼굴에서 십년지기를 만난 듯 가슴이 뭉클하기도 합니다. 그런 것들을 그만큼 간절하게 그리워해서 그럴 거예요. 온종일 보이는 거라곤 높다란 회색 담만큼이나 암울한 그곳 사람들의 표정, 사방 회색뿐인 벽, 회색 철문, 횟가루 떨어져 내리던 관 뚜껑만 한 천장. 그런 것들에선 바람만 나올 뿐이었죠. 햇볕 한 부스러기 기웃거리지 않는 외진 독방엔 한낮에도 손을 내놓지 못하게 하는 독사의 혓바닥 같은 시린 바람만 온종일 날름거리며 소름 끼치게 온몸을 핥을 뿐이었습니다.

열심히 살아야겠구나. 내 인생에 최선을 다해야겠구나. 나가면 사람들한테도 잘해야지. 어떤 경우라도 부끄럽지 말아야지. 그런 다짐들도 어째 그리 절박하던지.

노태우 씨도 그럴까요. 그는 무슨 다짐을 하면서 징역살이를 깨고 있을까요. 아주 근엄했던 사람. 그가 노동자 문제에 대해서 언급을 하는 경우는 지극히 한정되어 있었던 걸로 기억합니다.

"불법 노사분규 엄단, 국가의 기반을 흔드는 근로자들의 집단행동에 대해선 법에 따라 엄중히 처벌······." 그런 발표가 있을 때마다 어김없이 노동자들이 굴비 두름처럼 줄줄이 엮여 감옥으로 끌려갔고, 저 역시 그 행렬의 틈바구니에 끼어 90년에 145일 동안 복역하기도 했습니다.

　구더기가 꾸물꾸물 기어 나오는 한여름 징역을 살면서도 법이 그러니까 감수해야 한다고 생각했습니다. 나는 옳고 그래서 이렇게 갇혀 있는 건 부당하다는 울분이, 진동하는 똥 냄새보다 진하게 격격 숨통을 막아도 법을 어긴 현실은 쇳덩어리 철창처럼 요지부동이기만 했습니다.

　그 근엄하기만 했던 대통령께서 어느 날 갑자기 못난 노태우가 되어 눈물을 찔끔거리며 0.75평 제 독방에까지 찾아들었습니다. 비자금이라고도 하고 '도자금'이라고도 하는 그 돈이 5,000억이라고도 하고 그보다 훨씬 많다고도 합니다. 억대라 하면 만져보기는커녕 평생을 가 봐야 먼발치서 구경할 일조차 쉽지 않은 노동자들에겐, 5,000억이 만 원짜리 지폐로 5톤 트럭 열한 대가 꽉 찬다고 해야 서서히 입이 벌어집니다.

　그러면서 40년 혹은 50년 자신들의 노동자 인생을 가만히 헤아려 봅니다. 20여 년 전 부인이 시집올 때 가지고 와 이제는 거울이 뿌옇게 벗겨져 흰 머리카락도 제대로 뽑을 수 없을 만큼 낡은 여덟 자짜리 장롱과, 펴고 접을 때마다 벌건 녹이 가루져 내리는 '호마이카' 밥상, 군내 나는 보온밥통과 때 절은 신앙촌 담요 뭉치까지 다 합치고, 아이들 초등학교 교과서까지 구석구석 실어 봐야 5톤 트럭 두 대를 미처 못 채울 자신들의 인생 전부에 대해서 말입니다.

　노태우 씨가 국민 앞에 청렴결백을 맹세하며 대통령 취임 선서를 한 날로부터, 역사에 한 점 부끄러움 없는 대통령으로 남게 되어 감개가 무량

하다는 퇴임사를 한 날까지, 5년 동안 공장에서 일을 했던 노동자의 퇴직금이 500만 원을 넘기가 쉽지 않은 게 이 땅 노동자들의 현실입니다.

제가 한진중공업에서 받은 퇴직금은 113만 원이었습니다. 찬란한 미래로 가는 희망의 꽃가루인 듯, 온몸에 용접 불똥을 뒤집어쓰고 여름이면 55도가 넘는 선박 탱크 안에서 손톱 밑에까지 땀띠가 박혀 귤껍질 같은 온몸에 소금을 벅벅 문질러 가며(소금을 문지르면 덜 가렵거든요), 죽음과 산재 사고로부터 한순간도 자유로울 수 없었던 5년의 세월 동안, 결근은 물론 지각 한 번 안 하고 받아 든 퇴직금 113만 원은 서러워 목이 메는, 제 일생에 처음 만져 보는 큰돈이기도 했습니다.

지루하시죠? 그래도 기왕 읽으신 거, 제가 살아온 인생 얘기 한번 들어 보시겠어요? 열여덟 살 순진한 근로자가 왜 싸우는 노동자가 되고, 서른여섯 장년이 되어 두 번의 전과 기록을 가진 전과자가 될 수밖에 없었는가 하는 사연을.

끝까지 읽어 주시면 그것만으로도 저에겐 큰 격려가 될 것 같습니다. 이 글을 쓰는 저는 지금 회한의 늪으로 자꾸만 빠져 드는 심정이거든요.

열여덟 살. 누가 그랬지요. 숫자만으로도 찬란한 축복받은 나이라고. 그 나이에 공장 생활을 시작했습니다. 반여동 대우실업, 가난한 농촌 출신인 저에겐 어마어마한 공장 건물과 100대가 넘는 통근 버스를 가진 회사라는 것만으로도 가슴 벅찬 자랑거리이기에 충분했습니다. 시키는 대로 일을 했지요. 선적이 바쁠 때는 일주일 동안 곱빼기 철야까지 해 가며, 비록 점심시간에 기다랗게 줄을 서서 밥을 타는 순서를 기다리는 동안 서서 졸지라도, 철야를 못 하겠다거나 오늘은 좀 쉬고 싶다는 생각은 감히 엄두도 못 낼 일이었습니다.

　손가락에 물집이 가실 날이 없어도, 쪽가위질이 서툴러 옷감을 상하게 하고 그때마다 볼때기를 쥐어박히고, 행동이 빠릿빠릿하지 못하다고 발길질에 이리 차이고 저리 차여 종아리에 시퍼런 멍이 가실 날이 없었어도 매월 7일 월급날을 기다리는 기쁨 하나로 버텼습니다. 기숙사에 돌아와서는 저녁마다 베갯잇이 흠뻑 젖어 아예 베개 위에 수건을 덮어야 하고, 하얀 벽 위로 새카맣게 기어오르던 빈대에 물어뜯기면서도 그 생활이 기꺼울 수 있었던 건 희망 때문이었죠. 이 악물고, 어머니 말씀대로 이 악물고 몇 년만 고생하면 나도 보란 듯이 잘살 수 있다는 희망이 큰 만큼 욕심도 많았습니다. 내 공부도 하고 싶고, "니가 좀 고상이 되드라도 저거 하나만 니가 맡아서 높은 핵교만 마쳐 주면 내가 여한이 없겠다." 하시며, 하나뿐인 아들인 남동생 진학을 간절히 바라시던 아버지 소원도 들어 드려야 하고, 고생만 하신 부모님 호강도 시켜 드리고 싶고, 하루 스물네 시간은 정해져 있는 거고, 남들보다 빨리 성공하는 건 그만큼 부지런한 거밖에 없다는 걸 좌우명으로 삼기까지는 채 1년이 걸리지 않았습니다.

　여름에는 해운대 백사장에서 아이스크림 장사를 했습니다. 고되고 자존심이 상해서 그렇지, 벌이는 공장보다 낫다기에……. 그해 여름 태풍이 불어서 아이스크림 장사는 보증금 3만 원만 떼이고, 밥 대신 주식으로 삼았던 라면 외상값만 고스란히 빚으로 남더군요.

　신문 배달도 했죠. 새벽엔 조간, 오후엔 석간. 낮 시간 동안엔 서면 일대 다방들을 돌아다니며 땅콩도 팔고, 주간지도 팔고 그랬습니다. 팔아 줄 때까지 끈적거리며 붙어 있다고 예사로 쥐어박으며. 열아홉의 시퍼런 자존심보다는 풀칠해야 할 입이 훨씬 더 절박했죠.

새벽 4시 통행금지가 해제되자마자 우유 배달도 해 봤습니다. 오후 2시쯤 배달이 끝나면 싸구려 샴푸나 주방 세제 외판원이 되기도 했습니다. 하루 종일 걸었죠. 한 걸음 한 걸음이 돈이다 생각하니 발목이 퉁퉁 부어도 아픈 줄을 몰랐습니다. 한겨울에도 연탄불을 못 피운 방에서, 이불 하나 가지고 한 자락은 깔고 한 자락은 덮어 가면서 3년을 살았습니다. 스펀지 깔개 하나를 3년 만에 장만하고 어찌 그리 좋던지……. 계획만큼 욕심만큼 통장이 따라와 주는 건 아니고, 꿈과 통장 사이에 서서히 체념이라는 게 자리잡아 가기 시작하더군요.

남들도 다 이렇게 사나. 울긋불긋 모자 쓰고 놀러 가는 또래 아이들을 보면 괜히 우울하고 일할 맛도 안 나고. 인간답게 사는 걸 포기해야 했습니다. 현실이 그걸 강요했죠. 동생은 이미 대학에 입학을 했고 그전의 벌이로는 동생 하숙비조차 빠듯했습니다.

결단을 내리듯 찾아든 곳이 버스 회사였습니다. 122번. 시내버스 안내양이 된 거죠. 그때만하더라도 안내양은 운전기사나 배차 주임의 밥이고 안내양은 갈보보다 더한 창녀라는 소문 때문에 안내양이라면 버린 여자 취급하던 그런 시절이었습니다. 아무리 어려워도 절대 술집이나 버스 차장만큼은 안 된다시던 어머니와의 약속을 어겼습니다. 나만 깨끗하면 어머니도 이해하실 거라 생각했습니다.

보세 공장이나 가방 공장, 신발 공장의 세 배가 넘는 월급보다 더 중요한 건 아무것도 없었습니다. 새벽 4시 15분, 김해에서 첫차로 나오면 충무동까지 하루 여섯 번 왕복. 차고지에 돌아가 입금하고 속옷 구석구석까지 홀딱 벗고 항문까지 몸 검신당하고, 다시 나와 '빠께스'에 하이타이 풀어 수세미로 차 청소하고 숙소에 들어가면 일러야 새벽 1시 30분. 2시를 넘기가 예사였습니다. 그리고 또 4시 15분. 이틀에 한 번씩 쉬게 해 준다는 건 그림의 떡이었습니다. 오히려 배차 주임이 쉬라 할까 봐 조마조마했죠. 규정대로 휴일 찾아 먹다간 수입이 3분의 1로 줄어들거든요. 자면서도 잠꼬대를 하는 건 물론, 밥을 먹으면서도 '주례 삼거리 나오세요.' 소리가 저절로 나왔습니다. 아침에 학생들 등교 시간이면 문을 닫지도 못하고 버스는 출발하죠. 김해 대저에서 구포까지 그냥 대롱대롱 문짝에 매달린 채 구포다리를 건넙니다.

    손님 수십 명의 생명이 제 두 팔에 매달려 있다는 생각. 난 언제까지 이 무게를 버티며 살아야 하나. 그렇게 구포다리를 지날 때면 문득문득 그 팔을 그만 놓고 싶다는 생각을 날마다 했습니다. 고향을 떠나올 때 꼬깃꼬깃 접은 5,000원짜리를 쥐여 주시며 "객지 밥이 오죽허겄냐, 밥이나 굶지 마라." 하시며 내내 우시던 어머니가 아니라면, 합격 통지서를 들고 "우리 집안은 인자 고생 끝났어." 하며 환하게 웃던 동생의 그 말이 아니었다면 전 그 질긴 유혹을 떨쳐 버리지 못했을지도 모릅니다.

    설날도 고향엘 못 가고 색동옷의 손님들을 온종일 실어 나르고 숙소에 돌아가니 어머님의 부음이 기다리고 있더군요. 처음엔 장난인 줄 알았어요. 워낙 돈독 오른 깡다구로 통했으니까. 그렇게라도 하지 않으면 고향엘 한번 다녀오라고 해도 안 갈까 봐, 일부러 고향 보내 주려고 그런 농담을 하는 거려니 했지요.

    그날 아침에 이미 위독하시다는 전보가 도착해 있었는데도, 대신 일해 줄 사람이 마땅치 않아 알리지 않았다는 배차 주임의 평소와 다른 변명에 그제야 무릎이 툭 꺾이더군요.

임종도 지키지 못한 장례를 치르고 돌아와서도, 버스회사가 있던 김해 쪽으로는 고개도 돌리기 싫었습니다. 신문광고를 보고 이곳저곳 기웃거리다가 찾아간 곳이 영도에 있는 대한조선공사(현 한진중공업)였습니다.

용접이 뭔지도 모르고, 그저 남자들이 하는 일이니 다른 공장보다 돈이 많을 거라는 그 생각뿐이었습니다. 사내 직업훈련소에서 기술을 배우고 용접기능사 자격증을 따고 배치받은 현장은 지옥이 이러랴 싶었습니다.

여기저기 철판들이 괴물처럼 솟아 있고, 몇 발자국을 떼기도 전에 용접 불똥과 그라인더 쇳가루가 정신을 차릴 수 없게 덮쳐 왔습니다. 이곳에서 일을 해야 한다니. 저 높은 배 위를, 저 아슬아슬한 사다리를 타고, 한쪽 어깨엔 40킬로그램짜리 홀더를 메고, 또 한쪽 어깨엔 작업 공구통을 메고 안 떨어지고 오르내릴 수 있을까. 용접 가스와 그라인더 먼지, '가우징' 가스에 뒤덮여 발끝이 보이지 않는 탱크 안에서 질식하지 않고 살아서 빠져나갈 수 있을까. 가용접해 놓은 철판이 바로 옆에서 텅텅 소리 내며 쓰러지고, 수십 킬로그램짜리 철판이 족장 위에서 미끄러져 코앞에 떨어지는 일은 예사였습니다.

비오는 날 수십 미터 족장 위를 미끌거리며 곡예하듯 홀더를 끌고 작업을 해야 하고, 바람이 몹시 부는 날 바다에 떠 있는 선박 표면을 용접할 때면, 폭 30센티미터짜리 족장 위에 서 있는 것 자체가 묘기였습니다.

마침내 올 것이 오고야 만 듯이 넘어지는 철판에 깔리는 사고를 당하고 그 사고로 지금도 오른쪽 발목이 온전치를 못합니다. 그때 병원에 문병을 오셨던 동료 분들이 그러시더군요. "기름밥 묵기가 쉬분 줄 아나. 그래야 옳은 땜쟁이가 되는 기디. 3년 넘은 사람 중에 빙신 아닌 사람이 하나또 없다."

저도 그렇게 옳은 땜쟁이가 되어 갔고, 그렇게 서러운 기름밥 그릇 수가 쌓여 갔습니다. 그때만 해도 노동조합이 뭔지도 몰랐고, 그런 게 제 인생에 어떤 영향을 미칠 거라곤 꿈에도 생각해 볼 여유가 없었습니다. 아침 출근 타각기를 찍을 때 내가 무사히 살아서 저녁 퇴근 타각기를 찍을 수 있을까 두려울 뿐이었고, 저녁 퇴근 타각기를 찍을 때면 오늘도 살아 냈구나 안도하는 그런 생활일 뿐이었습니다.

13만 원 가량의 기본급으로는 방세 3만 원 내고, 이래저래 한 푼씩 갈라붙이고 나면 작업복 빨아댈 빨랫비누 하나 못 사 쓸 형편이라, 잔업 한 시간이라도 더 하려고 아등바등하고, 철야라도 있는 날이면 제일 먼저 철야 신청을 하면서 나이 드신 분들한테 "딸린 식구도 없는 기 벌써 저래 돈독이 올라가 우짜노." 핀잔을 들어도 그저 칭찬이려니 했습니다. 새벽부터 밤 늦게까지 철판에 코를 박고 그렇게 청춘이 흘러도 잔업 시간이 채워지는 기쁨 하나로 살았습니다.

친구 만나서 마시는 커피 한 잔 값도 목돈이고, 친구들이 놀러 오면 하다못해 새우깡 한 봉지 값이라도 들여야 하는 게 아까워, 만나는 친구 하나 없이 20대 청춘을 살았습니다.

그렇게 5년을 보내던 해. 노동조합 대의원 선거가 있던 겨울이었습니다. 주변에 같이 일하시던 아저씨들이 "니는 처자식 맥여 살릴 걱정도 없고, 찍혀 봐야 우리보단 헹펜이 안 낫나. 니가 총대 한번 메 봐라." 하시면서 대의원 출마를 권유하실 때만 해도 귓등으로 들어 넘겼습니다. 그런 건 노동법에 대해서도 많이 알고 남 앞에서 말도 잘하는 똑똑한 사람들이 하는 거라 생각했지, 저 같은 건 언감생심 꿈도 못 꿀 일이었거든요.

그때 제가 일하던 배에서 사고가 났습니다. 작업 중이던 갑판 위에서 동료 한 분이 수십 미터 바닥으로 떨어져 뇌가 수박처럼 쪼개져 즉사했습니다. 발도 얼고 손도 얼고 몸이 꽁꽁 얼어붙어 손발이 의지대로 움직여지지 않을 만큼 추운 날이었습니다. 아, 그때의 그 추위를 어떻게 설명해야 할지요. 안전과에서 관리자들이 찾아오고 사고 보고서를 작성한다고 목격자들의 진술을 받더군요. 그런데 바람도 많이 불고 몹시 춥고, 그래서 바람막이 하나 없는 바다 위 갑판 작업은 무리였다는 얘기는 하나도 없고 그저 그들이 작성해 온 문구는, 사고자가 옷을 너무 많이 껴입어, 행동이 둔해서 추락한 걸로 적혀 있고 거기에 지장만 찍으라더군요.

비오는 날 감전 사고로 숯덩이처럼 새카맣게 그을은 주검, 족장 위에서 바다로 떨어져 일주일 만에 찾아낸 퉁퉁 불은 주검, 떨어지는 철판에 깔려 형체도 알아보지 못할 주검. 1년에도 수차례 일어나는 동료들의 주검 앞에 그런 보고서가 작성되었을 거고, 제가 그렇게 죽어도 저런 보고서가 작성되려니 생각하니 그저 남의 일일 수만은 없었습니다.

가족들이 시신을 회사 문 앞에 갖다 놓고 울부짖어도 그들은 눈도 깜짝하지 않았습니다. 그저 본인 부주의로 인한 실족사라는 말만 되풀이 할 뿐이었습니다. 목격자들이 다 있는데 어디 와서 생트집이냐고, 죽은 시체 놓고 한 밑천 잡으려 한다고. 고추장에 비벼 놓은 퉁퉁 불은 라면처럼 쏟아져 나와 뒹굴던 그분의 깨진 뇌수가 며칠을 눈앞에 어른거려 라면 봉지만 봐도 도익질이 났습니다.

보상이라도 제대로 받게 해 드려야겠다는 생각이 들더군요. 어린애들 학교라도 마치게 하는 게 그분의 마지막 소원을 지켜 드리는 일 같았습니다. 자식들만큼은 높은 학교 보내서 애비처럼 험한 고생시키지 않겠다는 게 노동자들의 한결같은 소원이니까요. 제 주위 분들 중에는 자식들 상고는 보내도 절대 공고는 보내지 않는 게 무슨 불문율처럼 돼 있거든요. 상고를 보내면 볼펜을 굴리지만 공고 보내 봐야 공돌이밖에 더 되겠냐며.

그렇게 해서 대의원에 출마했습니다. 순진했죠. 대의원 등록부터 우여곡절과 흑백논리의 시작이었습니다. 대의원 등록 서류를 가지러 노조에 가니까 노조에서 그러더군요. 니네 부서엔 이미 출마할 사람 다 정해져 있다고. 사실 그렇게 해 왔습니다. 저도 5년 동안 대의원 선거라곤 제가 출마하던 해에 처음 해 봤으니까요.

자기네들끼리 이름 써서 올리면 그게 대의원이고, 그중에서 돈 좀 쓰면 간부 되고 더 쓴 놈이 위원장 되는 거고 그랬습니다. 그래서 현장 노동자들은 몇 년 가야 노조가 어디 있는지 위원장이 누군지 알 수도 없고 관심을 가질 여유도 없었습니다.

천신만고 끝에 투표가 끝나고 대의원에 당선되어 대의원대회에 참석하니 전부 완장(관리자들) 일색이었습니다. 몇 번을 손을 들어도 발언 기회가 주어지지도 않고 일사천리였습니다. 회의가 끝나자 일제히 송도횟집으로 모셔져 진탕 먹고 간부라는 사람들은 어디서 데려왔는지 색시들과 쌍쌍이 춤판이 벌어지고……

물론 현장에선 조합원들이 죽음을 넘나들며 작업할 시간이었죠. 돌아오는 길에 차비나 하라며 봉투를 하나 건네주더군요. 좋은 게 좋은 거라며. 집에 와 열어 보니 10만 원이 들어 있었습니다. 기본급 13만 6,100원이던 86년도에.

　아무 소리도 안 하고 자기들 하는 대로 박수 치면 따라서 치고, 손 들라면 손이나 들어주고 그러면 최소한 이런 건 보장되겠구나 하는 갈등이 없진 않았습니다. 아니 좀 더 솔직해져야겠군요. 밤새 천장에 새파란 종이돈이 왔다갔다하고 가슴이 벌렁거리고 그랬습니다. 그래도 그 돈을 받으면 저를 대의원으로 뽑아 준 아저씨들을 똑바로 쳐다볼 수가 없을 것 같았습니다. 평생을 짓밟히고 억눌려 살아온 그분들의 기대를 배신하면 벌 받을 것만 같아 결국 그 돈을 돌려줬습니다. 그 돈은 수십 명 조합원의 목숨 값이었거든요. 그날로 찍힌 거죠.

　노동조합의 예산 결산 보고서는 그야말로 코미디 각본이었습니다. 멀쩡히 살아 계신 저희 아버지도 돌아가신 걸로 되어 상조비가 지출되어 있고, 10년 전에 환갑이 지난 분이 작년에 환갑 경조비를 타 먹고, 돌아가신 분이 환생을 해서 환갑을 치르고, 초등학교 다니는 딸내미가 결혼을 해서 축의금을 타 먹고(이런 사실은 이미 폭로되어 신문에 기사화된 적도 있습니다).

　그뿐이 아니었습니다. 조합원 중에 산재를 당하면 노조에서 지급하게 되어 있는 위로금은 장부상으로는 분명히 지출되었음에도 막상 당사자는 그런 게 있다는 사실조차도 모르고 있었습니다. 조합원 3,000명을 26년 동안 그렇게 우롱해 온 것입니다. 조합원의 권익 단체인 노동조합에서.

　점심 식대는 개인당 630원씩 부담했고, 쌀이나 부식은 노조에서 결정

하는 대로 지급되었는데 식사의 질은 형편없고, 하다못해 안전화, 작업복도 마찬가지였습니다. 장부상으로는 만 원짜리를 구입한 걸로 해 놓고 실제론 8,000원짜리를 지급하는 식으로.

공식적으로 징수되는 조합비를 착복하는 걸로도 모자라 온갖 명목과 구실로 조합원들의 목숨을 갉아먹던 노동조합은 비리의 온상 복마전이었습니다.

그런 사실들이 하나하나 폭로되고, 저에겐 부서 이동이라는 명령이 떨어졌습니다. 영도 공장에서 버스로 한 시간도 넘게 걸리는 우암동에 있는 직업훈련소로 가라더군요. 조합원들은 영도에 있는데 우암동 직업훈련소로 발령을 내는 건(당시 직업훈련소에는 강사들만 열다섯 명 정도 근무를 했고 그중 조합원은 여덟 명) 노조활동 탄압이라고 거부하다가 명령불복종으로 해고되었습니다. 86년 7월 전두환 군사 정권 시절의 일이었죠.

노조 간부들을 싸그리 잡아다 삼청교육대에서 병신 만들어 내보내던 그런 시절이었습니다. 이런 거 저런 거 다 알고 세상 물정에 훤했다면 저도 비겁해졌겠죠. 그땐 몰랐어요. 정말 아무것도. 다만 제가 옳다고 생각했고 기름 범벅 손으로 제 등을 두드려 주시던 조합원들의 손길이 천군만마일 뿐이었습니다.

86년 7월 14일 해고 통지서를 받아 들었을 때 그냥 다, 전부 다, 쏴아 빠져나가는 느낌. 모든 게 와르르 소리 내며 무너지는 느낌. 하늘이 무너지면 그럴까요. 습관처럼 회사로 갔습니다. 매일 새벽 5시 30분에 일어나 6시 30분이면 출근 타각을 찍었던 오래된 습관 그대로 회사엘 갔습니다.

막더군요. 노조 간부들이랑, 관리자들이랑, 경비 아저씨들이랑. 넌 이제 이 회사 사람이 아니라며. 그땐 그 말이 그렇게 가슴에 사무칠 수가 없었어요. 넌 이 회사 사람이 아니란 말.

철조망이 쳐진 담장 안 저곳에 내 꿈이 있고 내 청춘이 고스란히 있는데……. 내 손때가 묻은 용접 홀더, '깡깡망치', '화이바', 불똥 맞아 끈 떨어진 안전화, 테이프로 누덕누덕 기운 작업복이 그대로 있는데……. 난 저길 들어가야 한다고, 제발 좀 들어가게 해 달라고, 아스팔트 바닥에 내동댕이쳐지면서도 또 쫓아가 매달리고, 윗도리 단추가 다 떨어지고 바지 지퍼가 다 뜯어져도, 눈물 콧물 범벅이 된 채 발버둥 치며 울부짖었습니다. 세상에서 할 줄 아는 일이란 그것밖에 없고, 그 일을 위해 태어난 사람처럼. 두 달 동안…….

연약한 여자의 몸으로 용접을 하는 게 대단하다고, 불량 안 내고 일 잘한다고, 연탄가스에 중독된 채 출근한 날은 회사에 도착해서 쓰러지자, 다들 저런 애사심을 본받아야 한다고, 당신들 입으로 그러지 않았냐고, 그러던 당신들이 어떻게 나한테 이럴 수가 있냐고, 내가 뭘 잘못했냐고…….

온몸이 멍투성이가 되어 목이 쉬도록 버둥거리다 돌아오면 손가락 하나 꼼지락거릴 기운도 없이 온종일 누워 있다, 떨어진 단추 달고 바지 기워서 꿰입고 다음 날 아침 또 나가고…….

회사 앞에서 장사하시는 아줌마들까지 나오셔서 그러시더군요. 그래 뚜디리 맞으면서 말라꼬 만날 오냐고, 그러다가 진짜로 빙신이라도 되면 내만 서러븐 거 아니냐고, 막말로 니 하나 죽어도 눈 하나 깜짝할 놈들이 아니라고, 내 같으면 더러버서라도 잘 묵고 잘 살아라 하고 치아 삐리겠다고, 니 몸띠가 쇳덩어리라 캐도 저래 큰 회사하고 싸워가 이길 수 있을 거 같냐고, 회사는 권력이 다 뒤를 봐주고 있다고…….

이튿날부턴 닭장차까지 와서 막더군요. 그러고는 매일 영도 경찰서로 실려 갔습니다. 도로교통법 위반이라더군요. 그래도 갔어요. 아무 데도 갈 데가 없었거든요. 맞아 죽더라도, 도로교통법을 자꾸만 위반해서 사형을 당하더라도 거기밖엔 갈 데가 없었거든요.

표창장을 받고, 잔업을 100시간(한 달) 이상씩 하면서 희망을 가꾸어 가고, 그 희망에 빨간빛도 칠해 보고 파란색도 입혀 가며 무지갯빛을 만들어 가던 곳. 거기 말고 어딜 가란 말입니까. 한 달도 아니고 두 달도 아니고 1년도 아니고 2년도 아닌 꽉 채운 5년인데. 눈매가 선하던 아저씨들. 그저 등을 토닥여 주는 것만으로 백 마디 말을 대신하던 아저씨들. 눈을 감으면 그 아저씨들의 얼굴이 선하고 눈을 떠도 천장엔 온통 그분들의 까만 얼굴들뿐인데.

그날 이후로 전 어딜 가나 3자였습니다. 88년 한진중공업 노조에서(87년 7월 노동자 대투쟁 때 한진에서도 파업으로 어용노조 집행부를 몰아내고 민주노조 집행부를 마침내 세웠습니다) 해고자 복직 문제로 파업을 할 때, 안건이 안건이니 만큼 제가 참석해서 해고자들이 어떻게 살아왔고, 이번 기회에 확실히 단결해서 기필코 해고자 없는 세상을 만들자고 조합원들을 선동했다고 3자개입으로 90년 구속이 되었습니다.

3자. 그게 참 우습더군요. 해고된 당사자가 복직의 정당성을 주장하는데도 3자라더군요. 감옥 안에서 아무리 생각해도 전 그 논리를 이해하기가 참으로 힘들었습니다. 최근 들어선 3자개입금지법이 국내뿐만 아니라 국제적으로도 부당성이 제기된다는 말을 듣고 이해 못 하는 사람이 나 말고도 또 있구만 하는 생각이 들어 내가 머리가 나빠 그런 것만은 아니었구나 하는 안도감이 들더군요.

저는 악법도 법이니까 지켜야 한다는 쪽보다는, 어느 한쪽만 일방적으로 피해를 당하는 나쁜 법은 자꾸 문제를 제기해서 깨 버리자는 논리에 더 수긍이 갑니다. 사실 3자개입금지법은 그동안 노동자 쪽에만 일방적으로 적용되어 노사 형평의 원칙에도 많이 어긋나고 그로 인해 단결권이 제약받아 온 게 엄연한 현실이거든요. 오죽하면 다른 나라에서까지 남의 나라 법에 입을 대고 그러겠습니까.

여기저기서(사용자만 빼고) 다 나쁘다는 법은 이미 법으로서의 권위를 잃고, 그 법을 적용해 봐야 개과천선을 기대하거나 평화를 도모하기는 힘들지 않겠습니까. 아, 어느덧 3자개입금지법 쪽으로 흘러가 버렸군요. 그 말씀은 나중에 말미에서나 언급하려고 했는데.

이번에는 제가 연행될 당시의 제 사정 말씀을 좀 드려도 될까요? 많이 길어졌는데 그래도 한 사람의 인생이 걸린 문제려니 읽어 주셨으면 합니다.

올해 4월에 부산노동자연합 의장직을 사퇴했습니다. 6년 동안이나 해 왔고 여러 가지 정세가 많이 변하고 있는데 역량이 전혀 발전하지도 못한, 그런 노력도 못 해 온 제가 그 자리를 계속 맡고 있기는 참 부담스러웠습니다. 그렇더라도 전 노동운동만이 우리 사회를 건강하게 가꾸어 나가고 발전시켜 나간다는 생각에는 지금도 변함이 없습니다.

추악한 정치인들이나 돈 가진 사람들만 살았다면 우리나라는 벌써

망해 버렸을 겁니다. 묵묵히 일하고 성실하게 땀 흘리는 노동자들이 있고 그 노동자들의 힘이 있기에 썩어들어간 환부를 도려내고 닦아 내고 새살이 채워진다고 생각하거든요.

　　95년 들어서면서 제가 세운 목표는 다시 일하는 노동자로 살자는 것과 한 달에 20만 원 정도는 저축을 하자는 것이었습니다. 취직을 하기로 한 거죠. 나이가 들어 더 건강이 안 좋아지더라도 주변 동지들한테 더 이상 짐이 될 수도 없고 해서 노후대책(?)으로 방 한 칸은 마련하기로 한 것입니다.

　　해고자 생활 만 10년입니다. 일정한 수입도 없고 그러니 생활이 불안정하고 한진 노조에서 생계 보조비가 약간씩 지급되긴 하지만 그 역시 조합원들의 목숨 값이고, 저도 몸뚱아리 움직여 월급봉투를 받고 그 돈으로 고생하는 동지들 밥도 한 번씩 사 주고, 몇 년이 걸릴지는 모르겠지만 제가 자물쇠를 따고 들어가는 골방이라도 하나 있었으면 하는 게 몇 년 동안 유예돼 온 아주 간절한 바람이었거든요.

　　취직은 예상보다 훨씬 힘들었습니다. 용접 경력 하나만 믿고 찾아갔던 몇 군데의 철공소 같은 공장들은 제 기대를 무참히 깨 버리기 위해 존재하는 것만 같았습니다. 하루 1만 7,000원의 일당, 열한 시간의 노동, 물론 연장 수당이나 초과 근로 수당 같은 건 없구요.

　　며칠 일했던 감전동 새벽 시장 부근의 어떤 공장에서 일하시던 아주머니는 자기 딸네 회사는 생리휴가가 다 있더라면서 여자가 생리를 하는데도 회사에서 수당을 다 준다면서 웃으시더라고요. 그곳에선 며칠 일하고

3일을 꼬박 몸살을 앓았습니다.

〈벼룩시장〉이나 〈문전옥답〉 같은 정보지를 보고 몇 군데 신평 쪽까지 가 봤습니다만 사정은 비슷비슷하더군요. 그래도 월급이 좀 웬만하고 근로기준법대로만 지켜져도 그럭저럭 다닐 수밖에 없었겠지요. 다닥다닥 붙은 그런 공장들은 그야말로 무법천지였습니다. 법으로부터 버림받은 사람들, 그들은 제가 그랬던 것처럼 지금도 근로기준법이 있다는 것조차 모르고 살겠지요.

노동조합만 있어도 그 정도는 아니었겠지요. 저는 비겁했습니다. 감옥에 앉아서 생각을 하니 그때 제가 그런 현실들을 외면하고, 나 혼자만 좀 더 나은 밥벌이를 찾아 헤맨 게 결국 벌 받은 거라는 생각까지 들더군요.

네댓 명 혹은 열 명. 그런데 들어가서 노동조합을 만들 엄두도 안 나고, 설사 만들었다 해도 사장과 싸우고(노동조합을 선선히 받아들이는 사장은 아직 이 땅엔 없으니까요) 그런 과정에 또 업무방해니 뭐니 해서 코가 걸릴 건 뻔하고, 이 나이에 감옥살이를 또 하고 출감해서도 기다리는 건 해고 통지서……. 어휴, 그 짓을…… 도저히 엄두가 안 나더군요. 그런 상상만으로도 아득해지더란 말입니다.

법적으론 하나도 없지만 현실적으로 너무나 많은 그런 공장들을 몇 군데 옮겨 다니면서 저는 분노하기보다는 무력감을 주체할 수가 없었습니다. 제가 노동운동을 해 왔다는 사실이 처음으로 부끄럽기도 했습니다. 그래도 민주노조가 있는 사업장들은 그 정도는 아니니까, 설마 그런 곳이 아직까지 있으랴 싶었어요. 국민소득 만 불을 넘었다는 대한민국에.

이 시간에도 그분들은 여전히 그렇게 사시겠지요. 누가 시키지 않아도 일이 밀리면 자연히 잔업하고, 명절에도 보너스가 아니라 참치 통조림이나 미원 선물 세트 한 상자씩 주면 입이 벙그러져 사장님 칭찬에 침이 마르면서. 검찰에서 저를 조사하셨던 분에게 그런 말씀을 드렸더니, 에이, 지금이 뭐 60년대요? 하시더군요.

그래서 제가 그랬지요. 검찰에서도 모르고 계시는데 목구멍이 포도청인 사람들이야 찬밥 뜨신 밥 가려 먹을 형편이 되겠냐고, 근로기준법 위반 사업장이라고 안 가고 그런 형편이라도 되면 오죽이나 좋겠냐고, 노동쟁의조정법으로 구속되는 노동자는 숱하게 봤어도 근로기준법 위반으로 구속되는 사용자는 몇 명이나 되느냐고.

여기는 정말 마지막이다 하는 심정으로 〈벼룩시장〉 보고 찾아간 곳이 큰 제과점의 빵 공장이었습니다. 아침 7시 30분, 작업 시작 시간은 있는데 마치는 시간은 없는 곳. 그냥 일 끝나는 시간이 퇴근 시간인거죠. 저는 음식을 만드는 곳이라 상당히 위생적이고 청결할 줄 알았는데 그곳 역시 분위기는 다른 공장과 다를 바가 없더군요. 온종일 서서 일하며 무릎 한번 구부릴 여유가 없어 점심 먹으려고 앉으면(하루 중에 유일하게 앉는 시간입니다) 무릎에서 뚝 소리가 납니다. 빵을 굽는 철판을 한 개도 무거운데 열 개씩 포개 나르고, 상자에 빵을 담고, 담겨진 빵 상자를 키보다 높게 쌓아서 곡예하듯이 나르고, 조금만 늦으면 빵이 산더미처럼 쌓여 혼을 빼고.

거긴 점심시간도 따로 없어요. 빵 굽는 가마 보는 아저씨들이 밥 먹으러 가서 빵 나오는 게 잠시 주춤하면(그 아저씨들도 교대로 식사를 해서 온전하게 비는 시간은 없습니다) 뛰어가서 밥을 후루룩 마시고는 또 쫓아 올라와야 합니다. 점심시간이라고 늘어지면 쌓이는 빵을 감당 못 하거든요. 한 달

내 일해야 쉬는 날이라곤 매월 둘째 주 화요일 정기 휴일과 한 달에 한 번, 비번 날 두 번뿐이었습니다. 그곳 노동자들 소원은 하루라도 남들 노는 일요일 날 노는 거래요.

그렇게 일하고 제가 받기로 한 월급은 40만 원이었습니다. 그것도 한두 달 일하는 거 봐서 정식 직원으로 채용되면 지급한다는 조건으로 말입니다. 일이 워낙 힘드니까 대부분 며칠을 채우지 못하는 사람이 워낙 많고, 그렇게 소소하게 나가는 돈도 아까워서 그런 모양이에요.

일 잘한다며 포장하고 운반하는 일은 이제 그만하고, 오늘부터 반죽하는 일을 배우라고 해서 어깨가 빠져라 반죽을 돌리다가 밀가루 범벅이 되어 빵 모양을 한 채 저는 연행되었습니다. 저항하기는커녕 마음이 홀가분해지더군요.

내일부턴 여길 다신 안 와도 되는구나. 발바닥이 부어서 어기적거리면서도 전쟁터에 나가는 것처럼 뛰어서 출근하는 그걸 안 해도 되겠구나. 40킬로그램짜리 용접 홀더보다 무거운 빵 철판과 키를 넘는 빵 상자를 들고 곡예를 하는 그 짓을 이젠 안 해도 되겠구나. 그 일보다는 차라리 감옥생활이 편하지 싶더라구요.

발바닥이 부르튼 거보다 전 발가락에 동상 든 게 훨씬 나아요. 동상이 든 건 신발을 좀 큰 걸 신으면 그런대로 걷는 데 큰 지장이 없지만, 발바닥이 아프니까 정말 죽겠더라고요.

그나마 간신히 얻은 직장마저 더 이상 다닐 수가 없게 돼 버렸으니 또 어딜 알아보고 무슨 일을 해야 할지 슬슬 걱정이 되기 시작하더군요. 출감하고 삼사일은 그저 기쁘고 정신없기만 했는데.

재판장님. 혹시 노동자를 직접 구속해 본 적이 있으세요? 그런 경우가 있으셨다면 물론 법을 집행하시는 분이시니까 법리적 해석과 현명하신 판단에 따라 결정을 하셨겠지요. 저 한 몸 잘되고 호강하자고 하는 일도 아닌데 그들이 왜 법을 어겨 가면서까지 투쟁을 하는지도 물론 생각해 보셨겠지요.

저는 감옥 안에서 노태우 씨 '도자금' 문제를 지켜보면서 그런 생각이 들더군요. 그 돈의 주인은 노동자들 아니겠어요. 노태우 씨가 강제로 빼앗았든 알아서 상납을 했든 결국은 해당 기업체에서 뼈 빠지게 일했던 노동자들의 몫이 아니었을까요. 이 사회에서 유일하게 재화를 생산해 내는 건 노동자들뿐이니까요. 그 돈만이라도 제대로 임자를 찾아갔더라면 저는 노동자들이 해마다 줄줄이 감옥으로 끌려가는 숫자가 훨씬 줄었을 거라고 감히 확신합니다. 노동자들은 3만 원 혹은 5만 원의 임금 인상 때문에 투쟁을 하고, 그로 인해 해마다 줄지 않는 굴비 두름의 참담한 행렬이 감옥으로 향할 수밖에 없는 게 현실이거든요. 3만 원 혹은 5만 원의 돈이 1년 동안 그들의 생계에 숨통을 트이게도 하니까요.

열 포기밖에 못 했던 김장을 올해는 열다섯 포기 할 수도 있고, 작년 추석에는 고향 갈 때 정종 한 병밖에 못 사갔는데 올해는 소고기 두어 근 묵직하게 들고 갈 수도 있고, 그게 고향에 계신 부모님들에겐 다음 명절까지 내내 자식 자랑이 되기도 하고 그렇거든요. 임금 인상이 제대로 안 되면, 물가는 자꾸 오르고 명절이 돌아오는 것도 무섭고, 애들 학교에서 운동회 한다 해도 한숨부터 나오고 그러는 게 그들의 삶이기 때문에 그렇습니다.

해마다 서슬 퍼렇게 엄단을 해대고 그 칼날에 수많은 노동자들이 피를 뚝뚝 흘리면서도 노동자들의 투쟁이 끊이질 않는 건 그렇게라도 하지 않으면 안 되고, 그렇게 할 수밖에 없기 때문에 그렇습니다.

엄마마저 돈 벌러 나가고 없는 집을 지키다가, 친구가 다니는 유치원 담벼락에 쪼그리고 앉아 친구 나올 때까지 기다리며 하루를 보냈다는 작은아이에게 노란 유치원 가방을 당당하게 매 주고 싶어서이고, 애들이 우리 김밥은 안 먹는데 하며 소풍 도시락을 그대로 들고 와서는 내팽개치는 큰아이의 소풍날, 속으론 울면서도 야단을 쳐야만 하는 못난 부모가 아니라 올봄 소풍날엔 우리 아이 김밥에도 쇠고기 볶아 넣고 햄도 큼지막하게 썰어 넣어 주고 싶어서입니다. 고무 공장에서 신발 밑창에 풀칠을 해대느라 갈라 터진 아내의 손바닥을 볼 때마다 죄스러움으로 외면하는 게 아니라, 가슴 떳떳하게 펴고 이제는 정말 그 손을 따뜻하게 잡아 주고 싶어서입니다.

그래요. 저는 5년 전에도 똑같은 죄목으로 구속된 적이 있는 전과잡니다. 대통령은 바뀌었어도 노동자를 둘러싸고 있는 노동 현실이 전혀 변하지 않았다는 게 이유라면 지나친 자기 합리화일까요?

제가 3자개입할 수밖에 없었던 동래봉생병원 노동조합은 합법적 절차에 따라 설립되었습니다. 당연한 수순처럼 탄압이 따랐지요. 동래봉생병원은 유독 그 정도가 심했습니다. 저는 전국병원노동조합연맹 소속도 아니고 병원 쪽 상황에 대해선 사정이 어둡습니다.

93년이었죠. 9월쯤이었나. 봉생 노조라면서 전화가 왔더군요. 노조 설립을 해서 노조 전임자와 노조 사무실 문제를 놓고 병원 측과 교섭을 하는데 정의화 원장은 교섭 석상에 한 번도 안 나오고 계속 관리자들을 통해서 조합원 탈퇴 공작을 일삼고 있으니, 지역에서 원장 면담을 요청해서 원장을 한번 만나 봤으면 한다고요. 노동조합에선 아무리 보자 해도 콧방귀도 안 뀐다면서.

그때 당시 '공투본'이라는 지역 노동조합들의 한시적 연대 기구가 결성되어 있을 때라 면담 대표는 공투본 중심으로 구성이 되었고, 저는 상황도 파악할 겸 전화를 받고 안 가 볼 수도 없고 털레털레 가 봤습니다. 저는 이미 그동안 그런 상황은 백번도 더 봐 온 일이기에 긴장도 없고 분노도 없고 그저 강 건너 불구경 가듯이 갔습니다. 예정 시간보다 한 시간이나 늦게 도착하니 원장실이 있다는 입구 계단에 조합원들이 쭉 앉아 있더군요. 면담 대표들은 원장실 복도 앞에 한 시간 전부터 와서 기다리고 있는데 원장이 있는 건지 없는 건지 아무 응답이 없다면서, 밖에서 기다리는 사람들은 그저 끼리끼리 앉아 잡담도 하고 음료수도 마시고 그런 분위기였습니다.

그리고 며칠 뒤 아침에 다급한 목소리가 수화기 저편에서 울고 있었습니다. 동래봉생인데 파업 현장에 관리자들이 쳐들어와 대자보를 뜯고 조합원들을 폭력적으로 끌어내고 그래서 여러 명이 다쳤다고.

또 갔습니다. 첫날 가 봤을 때 조합원 대부분이 나이 어린 아가씨들이었다는 생각이 들더군요. 제 눈앞에 펼쳐진 상황은 예상보다 훨씬 처참했습니다. 노란 티셔츠가 여기저기 뜯겨 머리를 산발한 채 끌려 나와 밖에서

서로 얼싸안고 우는 아가씨들이 제일 먼저 보이고, 그들의 파업 농성장이었다는 병원 로비에선 그때까지 병원 측 남자 관리자들의 광란의 현장이었습니다. 바닥에 깔았던 스티로폼을 뜯어내 폭격 맞은 전쟁터 같은 그곳에서 그들은 닥치는 대로 뜯어내고 깨고 부쉈고, 밥을 해 먹었던 밥그릇, 수저, 김치 쪼가리 등이 그들의 발길에 이리저리 차이고 있었습니다. 그때까지 기운이 남아 울부짖으며 매달리던 조합원 아가씨들의 머리채를 잡아 짓밟는 그들은 이미 인간이 아니었습니다.

그들의 손아귀에 잡혀 있는 아가씨들을 빼내는 것 외에 제가 할 수 있는 일이란 없었습니다. 그냥 놔두면 마음먹고 달려든 그들의 손에 누군가가 목숨을 잃거나 크게 다칠 수밖에 없는 다급한 상황이었습니다. 찢기고 밟히고 차여 만신창이처럼 짓이겨진 조합원 아가씨들의 헝클어진 머리를 매만져 주는데 머리카락이 한 움큼씩 빠지더군요. 그 머리카락들을 수북이 모아 놓고는, 이거라도 가발 공장에 팔아 치료비나 보태 쓰자는, 누군가의 울음기 가시지 않은 코맹맹이 소리에 허탈하게 웃기도 했습니다.

노조 사무실 마련, 전임자 인정, 그리고 임금 인상. 이 요구조건 어디에 병원 측 남자 관리자들을 대거 동원하여 머리채를 잡아 질질 끌어내고, 스물 몇 살 채 피지도 못한 꽃봉오리들을 우악스럽게 짓밟아야 할 이유가 있단 말입니까.

담당 검사님은 그러시더군요. 병원에서 폭력을 휘둘렀다면 사진을 찍어 놨다가 고발을 하지 그랬냐고. 물론 노조 측에서도 사진을 찍었지요. 역시 카메라는 빼앗겨서 박살이 났구요. 그들 숫자가 훨씬 많았고 힘도 훨씬 셌으니까요. 그중 심하게 다친 조합원들 열 명이 전치 10일에서 4주까지 진단서를 첨부해 폭력을 주도했던 병원 측 관리자 스물한 명을 고발도 했구요.

그러나 처벌받은 사람은 아무도 없다더군요. 노조 측에선 열세 명이 사법 처리당하고 세 명이 구속되었는데도 말입니다. 새삼스럽게 법은 만인 앞에 평등해야 되는 게 아니냐며 흥분하려는 건 아닙니다. 제가 겪은 법은 늘 그래 왔으니까요. 그걸 다시 한 번 확인했을 뿐이었습니다. 아주 생생하게.

그래서 법의 테두리 안에서 하라는 검사님의 충고도, 목적이 아무리 옳아도 불법에 대해선 처벌할 수밖에 없다는 판사님의 지엄하신 판결에도 얼른 고개가 끄덕여지질 않는 겁니다. 그래서 이렇게 구구절절한 항소이유서를 쓰는 거구요.

계란으로 바위치기래도 할 수 없고 대답 없는 메아리래도 어쩌겠습니까. 힘이 약해 만날 당하고 깨지기만 하는 약자들은 본능적으로 서로를 알아보고 그렇게라도 서로에게 힘이 될 수밖에 없는 것을.

조합원 대부분이 스물을 갓 넘은 아가씨들인 일흔여 명의 작은 노동조합. 병원 측의 잔인하고도 악랄한 탄압과 일상적인 폭력을 그들만의 힘으론 도저히 막아 낼 수가 없었습니다. 그래서 전 그들과 함께했고 저의 작은 힘이나마 보태 노조가 지켜졌다면 전 제가 할 수 있는 일을 해낸 거라는 생각으로 오히려 가슴이 뿌듯합니다.

이 땅 어느 구석에선가 가난하고 힘없는 노동자가 탱크 앞에서 맨주먹으로 자기는 노예가 아니라고 외치며 대항할 때, 우리가 외면한다면 도대체 우린 무엇이란 말입니까.

정의화 원장은 이미 좌천동 봉생병원 노조 역시 무력화시킨 전력이 있는 사람인데, 합법적인 노조활동조차 자유롭게 할 수 없다면 도대체 법의 테두리라는 건 어디서 어디까지란 말인지요.

병원은 대부분 학연과 혈연으로 구성되어 있더군요. 학교 선배인 수간호사를 통한 끊임없는 탈퇴 압력, 친척인 관리자의 보증으로 입사를 한 조합원에게 집안까지 동원한 관리자들의 탈퇴 압력은 차라리 고문이었다더군요. 어떤 조합원은 노조 가입 한 달 만에 몸무게가 4킬로그램이 빠졌다며 그런 압력을 받을 때보다 차라리 까놓고 두들겨 맞는 게 속은 훨씬 편하다더라구요. 몸이 고달파서 그렇지.

전 왜 제가 폭력으로 꼬인 건지 아직도 잘 모르겠습니다. 맞긴 우리가 훨씬 더 맞았는데. 힘 있는 자가 휘두른 폭력은 합법이고 한 대라도 덜 맞기 위해 몸부림쳤던 약자의 방어가 불법이란 논리가 성립되는 것도 아닐 텐데. 성공한 쿠데타는 합법이라더니 무조건 싸워서 이기기만 하면 합법인가요?

이제 마무리를 해야겠군요. 참, 면회 왔던 봉생 친구들에게 들으니 조합원이 4분의 1로 줄어 있다더군요. 끊임없는 탄압의 성과라면서. 제가 그랬어요. 그래도 그게 어디냐고. 내가 봉생 건으로 구속되었는데 노조가 아예 와해되었다면 얼마나 부끄럽고 민망할 뻔했냐고.

이 글을 쓰고 있는 동안 뉴스에서 5·18특별법을 제정하기로 결단을 내리셨다는군요. 제가 감옥살이하는 동안에도 어지간히 시끄러운 것 같더니만. 옆에서 뉴스를 듣던 친구가 오징어를 질겅거리며 검찰은 좆 됐네, 하는군요. 도대체 어느 장단이 옳은 가락인지 한동안 또 혼란스럽게 생겼습니다. 법이 노동자에 대해서 단호한 만큼 권력에 대해서도 그렇게 냉정하고 단호했으면 좋겠어요. 노동자들에 대해선 가차 없기가 추상같지 않습니까. 만날 힘없는 사람들에게만 호통 치지 말고 진짜 단호할 데서 단호했더라면 이 땅에 부정과 비리는 애초에 근절되지 않았겠습니까. 정말 국가 기반을 흔드는 싹은 다른 곳에서 열심히 무럭무럭 자라고 있는데. 제가 아직도 너무 순진한 건가요?

　사법부가 권력의 시녀니 어쩌니 해도 전 막상 법 앞에 서면 겉으론 안 그런 척해도 속으론 많이 떨려요. 이번에 선고받을 때도 판사님 말씀 하나하나가 제 운명이고 인생이라 생각하니 그저 공자님 말씀이 따로 없고 하느님이 따로 없으니 그저 하느님! 왼눈이라도 살짝 떠서 부디 굽어 살피소서 하는 기도가 저절로 나오더라구요. 끝내야지 하면서도 자꾸 미련이 남아 질질 길어지는군요.

　마지막으로 한 말씀만 더 드릴께요. 법이 곧 정의였으면 좋겠습니다. 우리같이 가진 것 없고 배운 것 없는 사람들이 배가 등가죽에 붙어 가면서 정의를 소리 높여 외치지 않더라도 그저 법이 정의이기만 하다면. 그렇다면…….

1995년 11월 27일

......

1995년 10월 13일 동래봉생병원 노동조합 파업과 관련하여 3자개입, 집시법 위반 등으로 구속되었고, 11월 20일 1심 공판에서 징역 1년 6개월, 집행유예 2년으로 석방되었다.

부록 / 조공노동자신문과
조선공사 노동조합

한진중공업의 전신인 대한조선공사는 일제 식민지 때인 1937년 조선중공업주식회사로 출발, 해방 뒤인 1950년 대한조선공사법에 따라 반관반민 형태의 주식회사로 설립되었다. 오랜 역사는 물론 규모나 시설 면에서도 우리나라 조선 산업 역사와 궤를 같이하는 대표 조선 업체였다. 노동조합도 1960년대 초반에 이미 설립되었으나 1986년까지 이름뿐인 노동조합이었다. 1986년 "대의원대회를 다녀와서"라는 유인물을 배포한 세 사람의 대의원(김진숙, 박영제, 이정식) 해고를 계기로, 도시락 투쟁과 생활임금 투쟁 등 열악한 노동 조건을 개선하려는 조합원들의 열기가 분출되었다. 이듬해 노동자 대투쟁의 원년인 1987년, 마침내 조선공사 노동조합은 어용노조를 청산하고 민주노조를 건설하게 된다. 그 뒤 여섯 명의 노조 위원장 중 두 명이 투쟁 과정에서 목숨을 바쳐 산화하였고, 세 명이 수배와 투옥을 거듭한 치열했던 현장이다. 「조공노동자신문」은 민주노조 건설의 시발점이 된 1986~1987년 조합원들의 투쟁이 기록되어 있는 한진중공업 노동운동의 귀중한 자료이다.

「조공노동자신문」 제7호 1면 (1988년 1월 19일)

하나의 마무리는 또하나의 시작입니다

이가 시린 아침. 저절로 맞부딪치는 어금니를 사리물고 뿌연 입김을 날리며, "안·전·제·일" 구호를 외치며 '도크'를 한 바퀴 돌아, 제자리 뜀뛰기를 하고 체조를 하고, 그렇게 한다고 꽁꽁 언 손발이 풀린다면 겨울은 그래도 견딜 만한 것입니다.

심장까지 얼어 버릴 것만 같은 추위에 온몸을 내던지고 저녁이면 하루 종일 웅크렸던 어깨가 저려 오고, 절단기를 잡을 때의 그 진저리 쳐지게 싫은 느낌과 쇠사다리에 손이 쩍쩍 들어붙는 추위가 아니라면, 우리는 굳이 조선공사 현장을 시베리아 벌판이라고 부르지도 않을 것입니다.

쉬는 시간. 남이 입다 버린 걸레 조각 같은 걸 걸치고, 양지바른 곳을 찾아 병든 병아리처럼 쭈그리고, 동상 걸린 귀를 문지르지 않아도 된다면, 금방 절단해 놓은 철판이나 따뜻한 기운이 남아 있는 앵글에 '궁뎅이'를 들이밀고 작업등을 끌어안고 언 몸을 녹일 수 있는 자유만 있어도 우리 그다지 노가다 신세가 처량하지도 않을 것입니다. 아 아, 그러나 조선공사 겨울. 그 혹독한 추위를 모르고 어찌 눈물로 먹는 빵 맛을 얘기할 수 있겠습니까? 인간답게 살고 싶다는 그 피맺힌 절규를~.

조합원 동지 여러분! 얼마나 고생이 많으십니까? 따뜻한 물은 잘 나오는지요? 배추 한 포기에 1,000원을 넘어섰다고 아우성인데 김장은 하셨는지 모르겠습니다. 해마다 이맘때면 김장 김치를 들고 와 벌겋게 버무린 김치를, 입을 후후거리며 먹는 맛에 점심 시간을 기다리고 했었지요. 그 모든 기억들이 어제 일처럼 생생하게 눈에 밟혀 오는데, 그럴 때마다 북받치는 설움을 쓸어내리며 지낸 세월 1년 5개월.

아직도 여러분들이 저희들을 잊지 않고 계시는데, 어찌 저희들이 조선공사 앞에 뼈를 묻겠다던 그 맹세를 잊겠습니까? 저희 해고자를 위한 성금 53만 원. 불똥 맞아 가며 번, 여러분들의 피나는 노동이 끈끈하게 묻어 있는 그 소중한 돈을 받아 들고 한참을 목이 메었습니다. 여러분들의 걱정과 관심 속에 올 겨울을 따뜻하게 날 수 있는 저희들은 그래도 행복한 사람들입니다.

얼굴 드러내 놓고 할 수 없는 일이기에 곳곳에서 번득이는 감시의 눈초리 속에서도 동료들이 기다리니까 뿌려야 한다며 남몰래 노동자신문을 돌려 오셨던 분들. 빨갱이 앞잡이라고 몰아붙이는 기가 막힌 탄압 앞에서도 굽힘 없이 정의를 위해 희생해 오셨던 분들. 그분들의 보이지 않는 희생이 있었기에 성과를 함께 누릴 수 있는 기쁨도 있는 게 아닌가 합니다.

한 알의 밀알은 땅에 떨어져 썩으면 열매를 맺고, 양초는 제 몸을 태워 주위를 밝힌다고 했습니다. 정의를 행함이 죄가 되고 소리쳐 진리를 외칠 수 없는 세상 탓에 아직도 보이지 않는 손으로 이 신문을 돌리실 여러 동지들의 수고가 결코 헛된 게 아님을 우리는 굳게 믿습니다.

노조에 대한 문제를 어떻게 다루어야 할지를 몰라 오랜 갈등 끝에 이제야 『노동자신문』 7호가 나가게 되었습니다. 아마 이런 곤혹스러움은 조합원 여러분들도 마찬가지일 것입니다. 난산 끝에 죽은 산모의 배를 가르고 낳은 아이마저 인큐베이터 속에서 서서히 죽어 가는 장면을 지켜보는 아버지의 심정이 이럴까요?

사실은 사실대로 알리고 잘못된 것은 잘못됐다

고 지적하는 것이 노동자신문의 도리이기에 과감히 지적하기로 했습니다. 이 글을 읽고 자기반성을 하는 가운데 노조의 발전이 있으리란 기대를 다시 한번 가져 보면서…….

온 나라를 선거 열풍의 회오리가 휩쓸고 지나간 뒤, 국민학교 다니는 조카놈까지도 "우리 엄마 아빠 1번 안 찍었다던데." 하며 의외의 결과에 고개를 갸우뚱거리는 의문을 풀어 보기 위해 이번 7호에서는 부정선거에 대한 기사를 실었습니다. 단지 하나의 사건에 대한 해명이 아니라 그런 부정이 어떻게 가능했으며, 그것이 앞으로의 우리 생활과 어떤 관련이 있는가라는 문제를 생각해 볼 수 있는 계기가 된다면 더 바랄 게 없겠습니다.

정치는 정치인들이나 하는 거라는 사고는 독재자들이 우리에게 세뇌한 잘못된 사고 때문입니다. 노조에 대한 무관심이 어용을 낳고, 정치에 대한 무관심이 독재를 낳는다면 지나친 말일까요?

생존은 전쟁입니다. 갓난아기 때 입었던 옷을 일곱 살 먹은 아이에게 입힐 수는 없습니다. 성장한 만큼 몸에 맞는 옷을 갈아입는 작업. 이것이 우리가 계속 투쟁을 해 나갈 수밖에 없는 이유입니다.

부록/조공노동자신문과 조선공사 노동조합 279

조선공사 노동조합 정상화추진위원회 (1988년 3월)

외주업체, 조선공사의 이방지대인가?

외주업체 노동자 여러분, 추운 날씨에 얼마나 고생이 많으십니까? 단지 외주라는 이유 하나 때문에 일은 뼈 빠지게 하면서도 정당한 대우를 받지 못해 철새처럼 이곳저곳을 기웃거리며 떠돌아다니면서 받은 설움은 진정 외주업체 노동자들이 알아주지 않으면 누가 알겠습니까? 직영이 공짜로 점심을 제공받고 있을 때도, 외주는 똑같은 밥을 먹으면서도 식대를 물어야 했고, 직영이 상여금 받을 때 외주는 손가락이나 빨고 있을 수밖에 없었습니다.

그뿐입니까? 안전화, 작업복, 연월차, 모든 대우에서 외주는 소외당하고 버림받아온 걸 생각한다면 누구보다도 먼저 일어서야 할 사람들이 바로 여러분들입니다. 직영 조합원들이 오늘날 이만한 대우라도 받을 수 있는 건 끊임없이 단결해서 싸운 고통의 결실입니다. 피나는 노력의 대가인 것입니다. 우리의 권리는 누가 알아서 갖다주는 게 아니라, 우리가 뭉쳐서 싸울 때 비로소 찾을 수 있다는 평범한 진리를 직영 조합원들은 직접 몸으로 실천했던 것입니다.

조선공사 외주에선 더러워서 일 못 해 먹겠다고, 거제도로 울산으로 훌쩍 떠났다가 1년을 못 넘기고 다시 들어와서는 더러워도 참는 게 상책이라고 체념한다면 우리는 만날 다람쥐 쳇바퀴 도는 생활을 면치 못할 것입니다. 회사에서 외주를 자꾸 늘리는 것은 여러분들에게 일자리를 제공하기 위한 것이 아니라, 그만큼 여러분들을 '호구'로 봤기 때문입니다. 직영에 비해 외주의 근로조건이 형편없다는 것은 누구나 다 알고 있는 사실입니다. 그게 바로 문제입니다. 회사에선 직영을 늘리는 것보다 외주를 늘리는 것이 돈이 싸게 들기 때문에 자꾸만 외주를 늘려 나가는 것입니다. 그만큼 여러분들이 제 몫을 못 찾아 먹고 있다는 것입니다. 여러분들이 정당한 대우를 못 받고 있다는 것은 여러분들에게도 피해가 크지만 직영 조합원들에게도 심각한 영향을 미칩니다.

왜냐구요? 회사에선 자꾸만 직영의 작업량을 외주로 빼돌리기 때문입니다. 지금 현재도 외주가 자꾸 늘어나는 것은, 직영 조합원들이 3월부터 임금 인상 투쟁을 벌일 것에 대비해서, 파업이 한 달 이상 지속되더라도 외주만 작업이 된다면 회사에선 별다른 손실을 입지 않으리라고 벌써부터 작전을 짜고 있다는 명백한 증거인 것입니다.

작년 7월에도 직영에선 인간답게 살아 보자고 목이 터져라 싸우고 있을 때 몇몇 외주업체에서 작업을 했기 때문에 회사에선 배짱을 튕길 수 있었던 것이고, 결국 7월 투쟁이 실패로 끝나고 말았던 한 가지 원인이 되었던 것입니다. 그러면 이제 어떻게 해야 할까요?

외주나 직영이나 모두 뭉쳐야 삽니다. 사장이 다르다고 해서 절대 남의 일로 생각해선 안 됩니다. 우리는 조선공사라는 한 배를 탄 같은 처지의 사람들입니다.

지난 2월 4일부터 희성사라는 외주업체에서 생존권 투쟁을 했던 사실을 여러분도 아실 것입니다. 그 싸움이 왜 깨졌습니까? 단결이 안 되었기 때문입니다. 최소한 외주업체끼리만이라도 연대가 되고, 직영에서 지원 사격을 했더라면 이 추운 날 마흔 명이 한꺼번에 길거리로 나앉는 일은 막을 수 있었을 것 아닙니까? 외주만 해도 800명이고, 직영까지 합치면 4,000명이라는 엄청난 힘이 됩니다. 희성사에서 문제가 터지니까 옆에 있는 순흥기업에서도 분위기가 들썩거리기 시작했고, 순흥기업 사장이 낌새를 알아채고 재빨리 임금 15% 인상을 약속했답니다. 불씨가 번져 나갈 것을 두려워했기 때문에 발등의 불부터 끄고 보자는 식이었지요. 그만큼 외주엔 불만이 누적되어 있고, 한꺼번에 폭발할 소지가 많다는 증거 아니겠습니까?

외주업체 한 군데서 싸움이 터진다면 회사에선 그 외주업체를 간단히 내쫓아 버릴 수 있지만 모두가 뭉쳐서 싸운다면 요구조건을 안 들어 줄래야 안 들어 줄 수가 없겠지요. 희성사 노동자들이 내걸었던 요구조건 여덟 가지도 가장 기본적인 최소한의 요구조건이고 모든 외주업체 노동자들이 공통적으로 느끼는 불만 사항이기 때문에 단결만 되었다면 충분히 이길 수 있는 싸움이었습니다. 직영에 구정 상여금이 100% 지급된다는 소식을 듣고, 윤창기업에서 2월 12일부터 전원이 북 치고 꽹과리 치고 현장을 돌아다니면서 하루 종일 싸운 덕분에 악덕 기업, 족벌 체제로 소문난 윤창 김봉호 사장이 노동자들에게 굴복, 윤창도 상여금 100%를 따냈고, 조공중기, 정호 등의 계열 기업에서도 100%로 타결이 되었답니다. 직영 노조에서 지원을 했고, 강력하게 밀었기 때문에 성공한 것입니다.

외주업체도 노동조합을 설립할 수 있습니다! 종전에는 종업원 서른 명 이상, 또는 종업원 5분의 1 이상이 모여야 노동조합을 만들 수 있었으나, 새로 개정된 노동조합법 13조에는 두 사람만 모여도 노동조합 설립이 가능하도록 보장되어 있습니다. 또한 영세 사업장들이 다수 밀집되어 있는 곳의 경우, 지역 노동조합을 설립할 수 있으며 업종별이나, 직종별 노동조합도 설립할 수 있

도록 법으로 보장되어 있습니다.

외주의 경우, 대부분 영세 사업장들이 한 회사 안에 밀집되어 있고, 금속이라는 같은 업종이기 때문에 단결만 된다면 충분히 노동조합을 설립할 수가 있는 것입니다. 몰라서 못 찾아 먹는 건 할 수 없지만, 알면서도 안 찾아 먹는 건 불만을 얘기할 자격도 없는 사람들입니다. 반장한테 술 받아 준다고 문제가 해결됩니까? 불만 있다고 몇 사람이서 제긴다고 문제가 해결됩니까? 그런 식으로 한다면 평생 가 봐야 내 집은커녕 달셋방 신세도 면하기 어려울 겁니다.

올해도 만약 직영에서 임금 인상 싸움을 하고 있을 때, 외주에선 작업이나 하고 있다면 그건 스스로 무덤을 파는 자멸 이상은 아무것도 아닙니다. 같이 살길을 찾읍시다. 외주에선 무엇보다도 연대해서 한시바삐 노동조합을 설립하십시오. 그래서 최소한 임금 인상 투쟁에 동참해서 승리의 기쁨을 함께 나눌 수 있도록 합시다.

외주 노동자도 인간이다. 인간답게 살아 보자!
외주업체 단결하여 민주노조 설립하자!